이것이
ESG다

이것이
ESG다

매일경제 ESG팀 지음

매일경제신문사

"ESG가 뭔가요? 이거 꼭 해야 하는 겁니까."

불과 1년여 전만 해도 이런 질문을 하는 사람들이 적지 않았다. 잠깐 떠오르다 마는 유행어 아니냐는 반문도 나왔다. 하지만 2021년 들어 이와 같이 묻는 사람들은 찾아보기 힘들다. 적어도 ESG가 뭔지, 왜 이걸 실천해야 하는지를 어렴풋이 이해하게 된 것이다.

2018년 11월, 미국 캘리포니아 북부 뷰트 카운티에 위치한 파라다이스 타운. 시뻘건 산불이 마을 전체를 덮치면서 순식간에 잿더미로 변했다. 캘리포니아 역대 최악의 산불로 기록된 당시 화재는 무려 17일간 계속됐다. 산불로 불에 탄 면적은 404㎢, 서울시 면적의 3분의 2에 달했다. 파라다이스 타운은 매년 여름과 초가을에 10여 개의 폭풍이 지나가고 5인치(약 12.7㎝) 가량 비가 내리는 곳이었다. 하지만 2018년 대형 산불 당시의 강우량은 0.7인치에 불과했다. 기상 전문가들은 '기후변화'로 인해 캘리포니아가 한층 건조해지고 화재에 취약한 환경으로 전락하고 있다고 경고했다.

캘리포니아 산불이 남의 나라 일이라고 치부한다면 큰 오산이다. 기후 변화는 알래스카, 시베리아, 호주, 남극 등 지구 곳곳을 파고들고 있다. 한국의 벚꽃은 관측 100년 이래 가장 일찍 폈다. 서울 종로구 서울기상관측소에 자리 잡은 벚꽃 기준 표준목에서 2021년 3월 24일 개화가 관측됐는데 1922년 이후 가장 이른 개화였다. 10년 전만 해도 4월 15일에 서울 벚꽃이 폈다. 이번 세기에는 세계의 해수면이 1m 정도 상승한다고 한다. 1억 명 넘는 사람들이 해발고도 1m 이하 지역에서 살고 있다. 또한 해수온도가 1.5도 상승하면 산호초의 70~90%가, 2도 상승하면 산호초의 99%가 사라진다. 산호초만 소멸되는 게 아니라 바닷속 생태계가 대거 무너질 수 있는 위기다.

굳이 ESG(환경·책임·투명경영)의 근원을 따질 것도 없다. 현 세대와 우리의 후대가 살아가야 할 터전이 무너지는 걸 막기 위해 기업의 친환경(E) 경영, 사회적 책임(S), 지배구조(G) 개선 노력은 불가피한 당면 과제가 됐다. 세계 최대 자산운용사인 블랙록의 'ESG 요구 서한'이나 2050년 '넷제로(Net Zero) 선언'은 ESG가 더 이상 피할 수 없는 전 세계적 현상임을 보여주는 단면이다.

소프트웨어 황제에서 환경운동가로 거듭난 빌 게이츠는 그의 저서 〈기후재앙을 피하는 법〉에서 이렇게 밝혔다. "오늘날 배출되는 온실가스의 20%는 1만 년이 지나도 대기권에 남는다." 이대로 가면 지구의 존속을 담보할 수 없으니 혁신 역량을 총동원해 2050년까지 넷제로를 달성해야 한다는 주장이다. 이산화탄소가 배출되는 양과 제거되는 양이 같은 '탄소중립'이 되려면 온실가스 배출을 줄이는 노력 못지않게 이미 나온 온실가스를 어떻게 없애느냐가 관건이다. 물을 잠그는 것뿐 아니라 배수구를 열어 물이 빠지게 해야 한다는 얘기다. 전 세계의 이산화탄소 배출량은 510억 톤인데 이걸 0으로 만들자는 게 넷제로의 담대한 목표다. 기후 위기에 대처하는 활동은 기업들에게 부담스럽기만 한 일일까. 빌 게이츠는 "이는 자선사업이 아니며 새로운 산업을 위한 기회"라고 진단했다. 실제로 ESG 혁명이 확산되는 중에 새 비즈니스 기회가 포착될 수 있다는 기대감도 엿보인다. 기업들이 ESG에 끌려다니는게 아니라 그 흐름에 올라탈 자세를 취하고 있는 건 다행스럽다.

산업화 시대에는 빈부 격차와 인간 소외 현상에 대해 제대로 밀착하지 못했다. 먹고 사는 일에 급급했기 때문이다. 경영 실적이 탄탄하거나 좋은 제품을 생산하면 기업이 사회적 물의를 일으켜도 주주나 소비자에게 용서받기도 했다. 하지만 ESG 시대에선 그런 관용을 기대하기 힘들다. 직원 갑질, 경영진 횡령, 환경·안전 사고에 대한 국민들의 잣대가 높아졌고 자칫하면 불매운동과 시장 퇴출의 날벼락을 맞을 수 있다. 고객, 근로자, 협력사, 지역사회 등 다양한 이해관계자들과 공존을 모색하는 건 지속가능 경영을 위한 필수 덕목이 되고 있다. 최태원 SK 회장은 최근 보아오 포럼에서 "ESG는 기업의 생존이 걸린 문제가 됐다"고 단언했다. ESG는 불가역적(不可逆的)인 것이라고 답한 경영자도 있었다. ESG는 누가 뭐라고 하든 따라야 하는 글로벌 메가트렌드가 되고 있다는 인식이다.

사실 ESG는 많은 기업들에게 고민일 수밖에 없다. 참고할 만한 선례가 별로 없고 이를 친절하게 가르쳐주는 매뉴얼도 찾기 힘들다. 유럽과 미국에서 촉발된 ESG 경영을 국내 실정에 맞게 어떻게 접목하느냐도 만만찮은 과제다. 국내외 평가기관들의 ESG 평가에도 대응해야 한다. 매일경제는 ESG의 역사와 의미부터 최신 경영사례까지 ESG의 궁금증을 풀어보는 기획을 여러

차례 진행했다. 신문 지면의 제약으로 충분한 설명을 덧붙이지 못한 아쉬움도 있었다. 기왕이면 하나의 책 안에 ESG의 '알파와 오메가'를 담을 수 있다면 독자들의 갈증을 조금이나마 해소할 수 있겠다는 판단이 들었다. 2021년 본격적인 흐름을 탄 ESG의 여정을 독자들과 함께 해보자고 다짐하게 됐다.

프롤로그에 ESG의 개념과 역사, 오해와 진실을 담았고 1장에는 ESG 경영을 촉발한 블랙록의 공습과 각국의 정책 대응을, 2장에는 ESG를 비용이 아닌 투자 개념으로 접근해야 하는 이유를 설명했다. 3장은 국내 주요 기업과 연기금의 ESG 최근 동향을 언급했으며, 4장은 ESG 평가의 실체를 심층 분석해봤다. 5장에선 ESG를 적극적으로 펼치는 기업들의 생생한 사례를 조명했고, 6장에선 ESG 전문가들의 알토란 같은 지식과 인사이트를 소개했다. 지속가능보고서 작성법과 ESG 정보 출처, 외국 기업 사례 등을 담은 부록도 독자분들의 흥미를 끌 것으로 기대한다.

이 책이 나오기까지 김명수 매일경제 편집국장의 지원과 격려가 컸다. ESG사무국 초기 멤버인 강계만 차장, 정승환 재계·ESG전문기자, 장나영 연구원을 비롯해 편집국 ESG취재팀 기자들의 노력에도 깊은 감사를 드린다. 좀 더 가독성 높은 책을 만들기 위해 '럭셔리 경제월간지' 럭스멘의 김병수 부장 등 취재인력과 공조했는데 큰 힘이 됐다. 글로벌 세상의 새 트렌드를 신속히 포착해 독자들과 공유하는 건 '지식신문' 매일경제의 오랜 전통이자 DNA다. 매일경제 ESG팀이 또 하나의 벽돌을 쌓는 심정으로 이 책을 내놓는다.

2021년 6월, ESG의 아름다운 동행을 꿈꾸며
황인혁 매일경제 증권부장

Contents

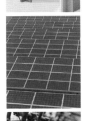

왜 지금 ESG가 주목받는가

ESG(환경·책임·투명경영)가 지구촌 최대 화두로 부상하고 있는 이유는 무엇일까. 왜 우리는 ESG에 주목하고 있는가. 그냥 하면 좋은 '선택적 상황'에서 더 이상 안 하고 버티기 힘든 '의무적 상황'이 된 것. 특히 기업들이 ESG경영을 안 하면 안 될 사회적 분위기가 조성된 데는 몇가지 촉매제가 있었다.

유럽을 비롯해 ESG 공시를 의무화하는 나라가 늘어나고 애플 등 글로벌 기업들이 협력업체에게 탄소 감축 목표를 제시하면서 ESG를 시행하지 않으면 기업들의 수출과 투자 유치가 힘든 환경이 성큼 도래했다. 아울러 기업들에게 위기감과 충격을 준 계기는 세계 최대 자산운용사 블랙록의 래리 핑크 최고경영자(CEO)가 꺼내든 연례서한이었다.

래리 핑크 회장은 2020년 1월, 주요 기업 CEO에게 ESG 성과를 관리하라는 서한을 보냈다. 앞으로는 기후변화와 지속가능성을 투자의 최우선 원칙으로 삼겠다는 메시지와 함께 석탄 화력연료 기업에는 투자하지 않겠다고 선언했다.

2021년에는 개별 기업들이 넷제로를 실천할 수 있는 계획을 공개하라고 촉구했다. 핑크 회장의 선전 포고는 기업들에게 커다란 압박으로 다가왔다. '월가의 큰손' 블랙록의 투자 리스트에서 배제되면 상당한 경영 타격이 우려되기 때문이었다. 많은 기업들은 블랙록의 지침을 충족하기 위해 ESG 전략을 세우고 조직을 정비하기 시작했다. 비단 미국 기업뿐 아니라 한국 기업들에게도 충격파가 고스란히 전해졌다.

핑크 회장은 원래부터 ESG 신봉자였을까. 그걸 정확히 알 방법은 없지만 그의 행동에는 적어도 두 가지 포석이 깔려 있을 것으로 보인다. 하나는 대형 연기금을 의식했다는 점이다. 영국, 독일, 프랑스, 호주 등 주요 선진국 연기금들은 ESG 철학을 그들의 자금 운용전략에 접목하기 시작했다. 긴 안목에서 투자 의사결정을 내리는 연기금은 '지속가능한 투자'에 자연스럽게 눈을 떴다. 친환경·사회적 책임과 관련한 투자에 방점을 뒀고, 스튜어드십코드(기관투자가가 투자 기업의 의사결정 과정에 참여해 기업의 투명경영과 주주 이익을 끌어내는 것)를 적용해 기업의 지배구조 개선을 유도했다. 블랙록 입장에서 '큰손 투자자'인 연기금의 흐름을 놓칠 리 없었다. 같이 보조를 맞추면서 기업과 사회의 변화를 촉구하는 대열에 나란히 서는 게 현명한 처사다.

둘째로 기업들이 선한 영향력을 키울수록 지속가능성을 높일 수 있다는 점에 주목했다. ESG 성과가 탁월한 기업에 투자하는 게 장기 투자수익률을 제고할 수 있다고 판단한 것이다. 환경이나 사회적 책임을 간과했다가 시장에서 퇴출되는 기업 사례가 심심찮게 불거지는 상황에서 투자 리스크를 해소하기 위한 카드로도 적절했다. 블랙록은 SASB(지속가능회계기준위원회)의 평가 기준을 적극 지지했다. 블랙록뿐 아니라 많은 투자회사와 은행들도 ESG 기업에 본격적으로 무게를 싣기 시작했다. 유럽계 자산운용사 아문디, 거대 채권투자사 핌코, 스웨덴 노르디아애셋매니지먼트(NAM) 등 35개 투자사들은 골드만삭스, BNP파리바, HSBC 등 27개 대형 투자은행들에게 '탄소 배출 기업에 대한 자금 지원을 중단하고 친환경 대출을 확대하라'는 서신을 2021년 4월 전달했다. 기업들의 자금줄을 쥔 투자은행들을 압박하는 것이 기후변화 성과를 끌어올리는데 효과적이라는 판단에서다. 이처럼 ESG는 투자자를 중심에 두고 기업으로 확산되는 구도를 보여주고 있다.

왜 ESG가 주목받게 됐는지를 살펴볼 때 중요하게 언급되는 개념이 '이해관계자 자본주의'다. 이윤창출은 산업화 시대의 핵심 경영가치였다. 시카고학파의 거두 밀턴 프리드먼은 "기업의 사회적 책임은 자신의 자원을 활용해 이윤을 증대하는 활동에 임하는 것"이라고 강조했다. 이를 통해 주주 이익을 극대화한다는

'주주자본주의'는 오랫동안 견고한 성이었다. 환경문제나 지배구조의 허물이 있어도 돈 잘 벌고 성장하는 기업에는 관용을 베푸는 경우가 많았다.

이제는 달라졌다. 어떤 대가를 치르고서라도 돈을 버는 구태를 답습하다간 한 방에 훅 가는 세상이 됐다. 금융자본이 기업들에게 ESG를 압박하는 배경에는 이윤 극대 행위가 해당 기업과 투자자에게 최선의 결과를 안겨주지 못할 수 있다는 판단이 깔려 있다. 〈자본주의 대전환〉의 저자인 리베카 헨더슨 하버드대 교수는 "주주 가치의 극대화에만 관심을 두는 것은 사회와 지구뿐 아니라 기업 자체의 건강에도 위험한 발상"이라고 경고했다. 주주 이익에만 매몰되는 주주 자본주의는 '파이 쪼개기 전략'의 맥락으로 해석될 수도 있다. 정해진 크기의 파이에서 내가 더 많이 가져가면 남에게 돌아가는 몫은 줄어든다. 반대로 기업이 고객, 근로자, 협력사, 지역사회 등 여러 이해관계자들의 이익을 함께 고려하자는것이 ESG의 관점이자 '파이 키우기 전략'이다. 파이를 키우면 다 같이 행복한 결과를 얻을 수 있다.

사회적 공정을 중시하는 MZ세대의 급부상도 눈여겨봐야 할 점이다. 이들은 원칙을 무시하는 기업을 외면하고 '착한 기업'에 열광하는 경향을 보이고 있다. ESG 실천 기업들이 자신과 자녀 세대의 더 나은 삶을 지원할 수 있다는 신념을 기성 세대보다 강하게 갖고 있다. 나쁜 기업을 몰아내기 위한 연대도 서슴지 않는다. 눈앞의 단기적 이익만 취해서는 기업 생존을 보장받을 수 없음이 자명해지고 있다. 헨더슨 교수는 기업이 지속가능한 세계를 만들기 위해 행동해야 할 동기는 충분하다고 주장한다. 여러 글로벌 기업이 ESG 대열에 속속 합류하고 있는 건 ESG가 한때의 유행으로 끝나지 않을 것이란 강력한 공감대가 형성되고 있기 때문이다.

ESG의 개념과 역사

개념

환경(Environmental),
사회적 책임(Social),
투명경영(Governance)의 합성어
경영의 축을 환경과 사회적 책임,
투명경영에 맞춰 지속가능한 성장 도모

역사

'지속가능성'은 1987년
세계환경개발위원회에서 최초로 논의된 개념
그로 할렘 브룬틀란 노르웨이 환경부 장관
주도의 '브룬틀란 보고서'서 촉발

ESG는 환경(Environmental), 사회적 책임(Social), 투명경영(Governance)의 합성어다. 경영의 축을 환경과 사회적 책임, 투명경영에 맞춰 지속가능한 성장을 도모하자는 의미다. ESG라는 용어는 2003년 유엔환경계획 금융이니셔티브 (UNEP FI)에서 처음 사용했다. UNEP FI는 유엔환경계획(UNEP)과 주요 금융기관들이 결성한 국제 파트너십이다. UNEP FI에서 탄생한 ESG는 2005년 유엔글로벌콤팩트(UNGC)에서 공식 용어로 사용된다. UNGC는 코피 아난 전 유엔 사무총장 주도로 2000년 출범한 기업의 사회적 책임에 대한 국제협약이다.

임대웅 UNEP FI 한국 대표는 "UNEP FI가 2003년부터 ESG를 공식 언어로 썼고, UNGC도 2005년 이를 받아들였다"며 "2006년 두 기관이 공동으로 유엔책임투자원칙(UN PRI)을 제정했다"고 설명했다. UN PRI는 코피 아난 전 총장이 주도했으며, 서명기관이 2021년 1월 기준 3615 곳에 달한다. 한국에서는 국민연금을 포함해 11개사가 가입돼 있다.

UN PRI 6대 책임투자원칙에는 ▲투자 분석과 투자 의사 결정에 ESG를 반영하고 ▲ESG를 주주권 행사에 활용하며 ▲ESG 정보 공개를 요구한다는 내용 등이 포함돼 있다. 2005년 국제금융공사(IFC)의 'Who Cares Wins' 콘퍼런스 보고서 'Investing for Long-Term Value'에서도 'ESG'가 사용됐다. IFC는 개발도상국과 저개발국 민간 기업에 투자하는 유엔 산하 금융기관이다.

단순한 사회봉사 수준 넘어
근로자·협력사·주주도 포괄

ESG를 포괄하는 개념인 '지속가능성'은 1987년 세계 환경개발위원회(World Commission on Enviroment and Development)에서 논의된 개념이다. 당시 브룬틀란(Brundtland) 노르웨이 환경부 장관이 주도했다고 해서 '브룬틀란 보고서'로도 불린다. 브룬틀란 보고서에 따르면 지속가능성은 미래 세대의 필요를 충족할 능력을 손상시키지 않고, 현재의 필요를 충족시키는 것을 의미한다.

1997년엔 UNEP와 미국 환경단체 세레스(CERES)가 주축이 돼 글로벌 보고 이니셔티브(GRI)를 설립한다. GRI는 기업의 지속가능보고서에 대한 가이드라인을 제시하는 비영리기구다. 2000년 발표된 GRI 가이드라인(G1)은 최초의 지속가능성 보고 목적 글로벌 프레임워크다. 2016년엔 글로벌 지속가능성 보고 표준인 GRI스탠더드를 제시했다. 현재 전 세계에서 1만5402개 조직이 GRI 가이드라인에 따라 지속가능 경영 보고서를 발간하고 있다.

CSR, CSV, 임팩트 투자와는 구분

ESG는 CSR, CSV, 임팩트 투자 등과 구분된다. 1979년 하워드 보엔 교수에 의해 제기된 CSR(Corporate Social Responsibility)는 기업의 사회적 책임을 일컫는다. 기업이 쌓아올린 수익 중 일부를 사회에 기부한다는 개념으로, 자선활동이 대표적이다. CSR는 사회로부터 배척당하는 기업의 행태에 대한 반성에서 출발한 소극적 책임이다.

반면 ESG는 기업가치를 재무적 수치뿐 아니라 비재무적 요소들에서 찾는다. ESG를 소홀히 하면 투자자와 소비자 외면, 심하면 기업가치 하락으로 이어진다. 또한 ESG는 단순한 불우이웃 돕기에서 더 나아가 노동자 인권, 공급망 관리, 지배구조 등을 아우른다. ESG활동이 기업의 본업을 수행하는 과정에서 이뤄진다는 특징도 있다.

CSV(Creating Shared Value)는 공유가치 창출 경영 전략이다. 마이클 포터 하버드대 석좌교수에 따르면 CSV는 경제적 수익과 사회적 가치를 동시에 창출하는 경영 전략이다.

임팩트 투자는 기업이나 펀드에 자금을 투자해 사회적 선을 창출하고, 최소한 원금 이상을 투자자에게 돌려줄 수 있는 사회적 투자 방법이다. 임팩트 투자는 2007년 안토니 버그레빈 록펠러재단 기금운용 대표가 제시한 개념으로, 사회에 긍정적 영향을 끼치는 기업 또는 비즈니스가 대상이다. 주거환경 개선이나 지구 온난화 방지, 의료, 교육 등 기업이 진행하는 '착한 사업'에 투자하면서 지속가능한 수익을 올리는 게 임팩트 투자 목표다. 임팩트 투자는 인내와 시간이 필요한 만큼 '페이션트캐피털'이라고도 불린다.

글로벌 ESG 흐름

1987년	2003년	2005년	2006년	2016년	2018년	2018년
브룬틀란 보고서	UNEP FI	UNGC	UN PRI	GRI	SASB	BRT
지속가능성 제시	ESG 용어 처음 사용	ESG 공식 용어 채택	책임투자원칙 제정	지속가능성 평가 지표 발표	산업별 지속가능성 보고 표준	ESG 포함 새로운 기업 목적 선언

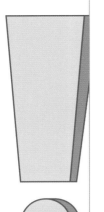

ESG 오해와 진실

글로벌 ESG 트렌드가 빠르게 유입되면서 적잖은 기업인들 혼선
전문가들 "당장은 기업에 부담이지만 길게 보면 기회이자 미래투자"
선도 기업 매출·영업이익·주가 우상향… 정부 아닌 민간 주도 모델 만들어야

환경·책임·투명경영(ESG)이 금융권과 기업을 중심으로 확산하고 있다. ESG는 기업의 선택이 아닌 생존을 위한 필수 요소로
자리매김하고 있다. 기업이 ESG를 실천하지 않으면 경제적 가치도 훼손될 수 있는 시대가 됐다. 하지만 글로벌 ESG 트렌드가
한국에 빠르게 유입되면서 적잖은 기업인들이 혼선을 느끼고 있다. 중앙정부가 나서야 할 테마인지, 한국형 모델을 정립하는 게
바람직한지, 돈을 벌지 못하는 기업들도 ESG를 해야 하는지 등의 질문이 그 예다. 매일경제가 각계 ESG 전문가들과 함께 다섯
가지 주제에 대해 'ESG의 오해와 진실'을 짚어봤다.

1 ESG, 기업에 부담만 주나? 길게 보면 기회이자 투자

ESG는 당장에는 기업에 부담이다. 하지만 길게 보면 기회이자 미래를 위한 투자다. 예를 들어 건설회사는 친환경 리모델링으로 사업 기회를 창출하게 되고, 소비재 산업은 친환경 제품을 마케팅 포인트로 삼아 MZ세대 소비자를 공략할 수 있다.

김수연 광장 ESG지속가능경영연구원 연구위원은 "그간 대다수 기업에 온실가스 감축과 직원 안전 강화 등은 부담으로 인식돼 왔다"며 "ESG는 기업에 지속가능 경영을 위한 비용을 장기 투자 관점에서 바라볼 것을 요구하고 있다"고 설명했다.

ESG가 추구하는 지속가능성에는 재무성과도 포함된다. 실적 부진의 책임을 지고 최근 회사에서 물러난 에마뉘엘 파버 다농 회장이 좋은 사례다. 파버 회장은 ESG 전도사를 자처했으나, 2021년 초 투자자들이 실적 부진을 이유로 이사회를 압박하자 퇴진을 결정했다.

이효섭 자본시장연구원 금융산업실장은 "이사회와 최고경영자(CEO)는 재무적 가치와 사회적 가치 간에 적절한 균형을 유지해야 기업가치 제고에 도움이 된다는 사실을 인식한다"며 "돈을 벌지 못하는데 사회적 가치만 우선적으로 추구하면 지속성을 담보할 수 없다"고 전했다. 이익이 있어야 사회적 가치에도 자원을 배분할 수 있기 때문이다.

윤석모 삼성증권 ESG연구소장은 "ESG는 기업의 지속가능성 측면에서 시작된 담론이므로 수익을 내지 못하면서 ESG경영을 하는 것은 모순"이라고 전했다.

2 한국형 평가 모델 꼭 필요하나 글로벌 표준서 벗어나면 고립될 우려

ESG는 유럽과 미국 중심 글로벌 트렌드다. '기후변화 관련 재무정보 공개 전담협의체(TCFD·Task Force in Climate-related Financial Disclosure)'나 '지속가능회계기준위원회(SASB·Sustainability Accounting Standards Board)' 등은 이미 글로벌 표준으로 받아들여지고 있다. 금융위는 2021년 초 TCFD 권고안을 기초로 ESG 공시 의무화 방안을 내놨으며, 포스코는 2020년 말 TCFD 권고안을 반영한 기후행동보고서를 발간했다.

TCFD는 기후변화가 미치는 기업의 재무적 영향 공개를 위한 권고안을 만들기 위해 G20 재무장관과 중앙은행 총재들이 설립한 금융안정위원회에서 설립한 태스크포스다. 기후변화를 통해 발생할 수 있는 리스크·기회를 식별하고, 그에 따른 재무적 영향을 기재할 것을 권고하고 있다. SASB는 미국 증권거래위원회(SEC)에 보고하는 비재무정보 공시기준을 마련하기 위해 설립된 회계위원회다.

신지윤 KTB투자증권 리서치센터장은 "GRI, SASB, CDSB, IIRC, CDP 등은 글로벌 표준 비재무정보 구축을 위한 협력을 발표했다"며 "ESG 글로벌 표준화 작업이 진행되고 있다"고 설명했다.

한국이 이 같은 ESG 글로벌 표준에서 벗어나면 '갈라파고스'가 될 수 있다는 우려도 있다.

윤덕찬 지속가능발전소 대표는 "ESG는 글로벌 투자기관이 투자할 때 평가하는 지표"라며 "한국형 지표를 고집하면 세계 무대에서 고립될 수 있다"고 전했다. 한국적 실정에 맞는 ESG 모델 설정이 필요하다는 반론도 있다. 이효섭 금융산업실장은 "한국형 ESG 표준모델을 갖추는 것이 중요하다"며 "한국 기업은 지배구조(G)가 여전히 열악하다는 지적이 많고, 사회(S) 관련해서도 근로자 복지 증대, 세대 간 갈등, 여성 일자리 참여 확대 등이 강조돼야 한다"고 주장했다. 이 실장은 "금융당국, 공인회계사회, 상장협 등이 태스크포스를 꾸려 K-IFRS(한국형 국제회계기준)를 만든 것처럼 K-ESG를 만드는 노력이 필요하다"고 전했다.

3 정부가 주도해야 한다는데… ESG 주체는 기업, 민간이 주도해야

ESG는 민간 주도 형태로 나아가야 한다는 게 많은 전문가들의 주문이다. 세계적으로 ESG는 민간이 주도했다. 한국도 투자업계에서 주목한 ESG가 재계에서도 대세가 됐다. ESG 주체는 기업이며 정부·정치권은 이를 지원해야 한다고 전문가들은 주장한다.

사회적가치연구원에 따르면 유럽연합은 정부가 ESG 관련 법령을 만들고, 이후 실행방법과 가이드라인을 제시하고 있다. 기업 대상 ESG 안내자 역할이다.

허승준 사회적가치연구원 측정협력팀장은 "정부는 ESG를 규제가 아닌 기업 체질을 개선하고 미래에 대비할 인센티브를 마련하는 역할에 초점을 맞춰야 한다"며 "기업은 정부 인센티브를 바탕으로 지배구조 개선, 친환경 기술 개발, 이해관계자 포용 등을 할 수 있다"고 설명했다. 정성호 국회 예산결산특별위원장은 "ESG 관련 정책도 좋지만 규제를 덜어주는 것도 국회의 역할"이라고 강조했다.

ESG는 민간이 주도해야 하지만, 정책금융도 중요하다. 윤석모 소장은 "기후변화 위기를 극복하기 위한 인프라스트럭처 투자와 관련 산업 육성에는 민간뿐만 아니라 정책금융의 역할도 중요하다"고 설명했다.

4 금융자본의 ESG 압박 거센데… 투자지침 아닌 기업 성장전략 나침반

ESG는 투자자 중심 자본주의의 헤게모니를 위한 도구라는 비판도 있다. 허승준 팀장은 "금융권에는 ESG를 내재화하지 않는 기업은 미래에 존속할 수 없다는 인식이 있다"며 "투자한 자산을 잃어버릴 수 있다는 두려움"이라고 설명했다. 래리 핑크 블랙록 회장은 2021년 초 연례 메시지에서 ESG 정보 공시를 강조하며, 기업에 실질적인 ESG 이행을 요구했으며, 국내 금융회사도 투자 시 ESG 요건을 따지고 있다.

ESG는 투자자에게 투자 척도로 사용되고 있지만, 기업의 궁극적 전략 목표이기도 하다. 서현정 ERM코리아 대표는 "ESG는 기업의 매출, 이익에 영향을 미치는 요소이기 때문에 경영전략 차원에서 봐야 한다"며 "최근엔 CEO 등 C레벨 임원들이 ESG에 대해 많이 문의해 온다"고 전했다. ESG 글로벌 스탠더드가 형성되는 과정에서 기업들도 이를 따라가야 한다. 허

팀장은 "글로벌 스탠더드가 요구하는 ESG에 맞게 기업 체질도 바꿔 나가야 한다"고 말했다.

5 ESG 하면 수익성 떨어진다고?
파타고니아·네슬레, 매출도 주가도 쑥

기업이 ESG 경영(환경·책임·투명경영)에 망설이는 이유 중 하나는 수익성에 반할 수 있다는 우려가 있기 때문이다. 그러나 세계적으로 ESG를 선도하는 여러 기업은 매출·영업이익·주가의 우상향 곡선을 그리고 있는 것으로 나타났다.

대표 사례가 미국 아웃도어 브랜드인 파타고니아다. 1985년부터 전체 매출의 1%를 각국 환경단체를 지원하는 데 활용했다. 무엇보다 제품 자체를 친환경화하는 데 앞장서 왔다. 1996년부터 전체 면 제품을 유기농 목화에서 얻은 순면으로 제작하고 있다.

1993년에는 플라스틱 병을 폴리에스터로 재활용해 플리스 원단을 만들었다. 심지어 자사 제품을 홍보하며 '제발 이 옷을 사지 마라(Don't buy this jacket)!'라는 문구를 붙이기도 했다. 아무리 친환경적인 의류라도 가급적 덜 사는 것이 환경보호에 도움이 된다는 의미다. 일련의 전략은 소비에서 '정치적 올바름'을 따지는 MZ세대에게 적중했다. 2019년 파타고니아코리아 매출(4월 회계 기준)은 약 428억원으로 최근 3년간 연평균 30% 넘는 성장률을 기록했다.

네슬레는 먹거리를 통한 ESG 경영에 집중해 왔다. 네슬레는 세계 최초로 CSV(Creating Shared Value·공유가치 창출) 개념을 경영에 도입한 것으로 유명한 스위스 대표 식품 기업이다. 네스퀵, 킷캣 등 주요 브랜드 제품군에서 당류를 2000년 대비 3분의 1 수준으로 줄였다. 판매 제품 중 45%는 세계보건기구(WHO)가 제시한 일일 당 섭취 기준(칼로리의 5% 이내)을 충족하고 있다. 이 같은 활동으로 네슬레는 이미지 개선에 성공했다. 최근 주가는 100스위스프랑을 넘나들며 10년 전에 비해 2배 가까이 높다.

투자자들도 ESG 기업을 찾고 있다. 2020년 세계 최대 자산운용사 블랙록은 투자 최우선 순위를 ESG로 발표하고, 화석연료 관련 매출이 25%를 넘는 기업에 투자하지 않겠다고 선언했다. 국민연금은 2022년까지 전체 운용 자산 절반을 ESG 기업에 투자한다는 방침을 밝혔다. 류영재 서스틴베스트 대표는 "대한민국은 그간 화석연료 기반 경제의 모범생이었는데, 그 성공만 기억하면 국가에 미래가 없다"며 "한국 맥락에 맞는 ESG 이슈에 천착해야 한다"고 말했다.

Part 1

ESG 트렌드

C레벨 결단
성패 가른다

국민에게 존경받는 기업이 장수한다

국민은 기업의 고객이자 주주, 직원, 협력사 관계
정직하고 착한 기업 이미지는 생존의 울타리

리베카 헨더슨의 책 〈자본주의 대전환〉에는 ESG가 기업의 성패를 좌우하는 여러 사례가 등장한다. 예를 들어 세계 '유통 공룡의 대명사'인 월마트의 전화위복은 눈길을 끈다. 창업자 샘 월튼이 1962년 미국 아칸소주 벤턴빌에서 출발한 월마트는 '최저 가격' 전략으로 유통업계에 돌풍을 일으켰다. 최저 가격과 규모의 경제를 앞세워 동네 소매점을 하나둘씩 퇴출시켰다. 승승장구할 것만 같던 월마트는 2000년대 들어 유통업계의 양극화, 저임금 이슈, 노조 문제 등으로 사회적 비난에 시달렸다. 그런 월마트가 이미지 악화를 탈피해 반전의 계기를 마련한 건 카트리나 재해였다. 미국 최악의 재난 중 하나로 평가받던 카트리나 재해를 맞아 구호물품과 음식을 피해 현장에 신속히 투입했다. 이와 함께 재생에너지 활용, 폐기물 제로 등 지속가능경영에 대한 공약을 내세웠다. 이 덕분에 월마트의 기업 평판은 놀라운 상승세를 거뒀다.

사실 국민들로부터 존경받는 기업이 장수한다는건 기본적인 생존 원칙이다. 국민은 기업의 고객이자 주주, 직원, 협력사 관계자일 수 있다. 정직하고 착한 기업 이미지를 쌓아 국민의 사랑을 받는 기업은 든든한 생존의 울타리를 확보하는 셈이다. 그런 면에서 57년 장수기업이던 남양유업의 몰락은 시사하는 바가 크다. 1964년 충남 천안에서 설립된 남양유업은 1997년 IMF 위기 때도 무차입 경영을 펼칠 만큼 탄탄한 실적을 올렸다. 하지만 방심이 지나쳤던 탓일까. 대리점 갑질 사건과 오너 일가의 부도덕 논란이 불거지면서 남양유업에 대한 국민의 시선은 차갑게 식어갔다. 무엇보다 사건에 대한 회사 측의 안일한 대응이 더 큰 공분을 일으켰다는 지적이 적지 않다. 진정성 있는 반성과 재발 방지 대책을 내놓지 못한 대가는 컸다. 2021년 들어 터진 '불가리스 사태'는 결정타가 됐다. 남양유업의 대표 상품인 불가리스가 코로나19에 예방 효과를 갖고 있다는 내용을 한 심포지엄을 통해 발표했다가 대대적인 역풍을 맞았다. 결국 국내 사모펀드 한앤컴퍼니에 대주주 지분을 매각하면서 오너경영에 마침표를 찍게 됐다.

기업의 사회적 책임(S)은 지역 공동체와 공존을 모색하는 제스처

기업의 사회적 책임(S)은 기업과 지역 공동체가 함께 공존을 모색하는 제스처다. 자신만 이득을 취하는건 결코 오래갈 수 없다. 국내에 ESG 열풍이 본격화하면서 기업들의 사회적 책임 행보는 한층 빨라지는 모양새다. 김범수 카카오 의장은 전 재산의 절반을 사회에 기부하겠다는 발표로 신선한 충격을 줬다. 김 의장이 보유한 카카오 지분 가치는 10조원을 넘는다. 5조원 이상을 사회에 환원하는 것이다.

김 의장은 "카카오가 접근하기 어려운 영역의 사회문제를 해결하기 위해 지원해 나가겠다"고 다짐했다. 카카오는 기부재단을 설립해 미래사회 연구, 혁신사업 발굴, 인공지능(AI) 인재 양성 등을 추진할 방침이다. 삼성 오너일가의 통 큰 기부도 '노블레스 오블리주'의 실천 사례로 꼽을 만하다. 무려 12조원대의 상속세를 내면서도 1조원 규모의 의료 공헌과 2만3000여 점에 이르는 미술품을 사회에 환원하기로 했다. 인류의 주요 위협 요인으로 부상한 감염병에 대응하기 위해 7000억원, 소아암·희귀질환 어린이 환자를 위한 지원에 3000억원을 내놓기로 했다. 삼성 일가가 기부하는 미술품에는 정선의 〈인왕제색도〉 등 지정문화재를 비롯해 박수근의 〈절구질하는 여인〉 이중섭의 〈황소〉 등 대표적인 근대미술 작품들이 포함돼 있다. 피카

소, 모네, 샤갈, 고갱 등의 서양 고가 작품도 즐비하다. 일각에선 삼성의 초대형 기부를 평가절하하는 반응도 나오지만 글로벌 기업들 중에 삼성처럼 수조원 기부계획을 발표한 사례는 흔치 않다.

예로부터 '위대한 기업'의 조건에는 고객, 임직원, 협력사, 주주 등 이해관계자의 사랑과 존경이 밑바탕에 깔려 있다. 단순히 돈 잘 버는 기업, 좋은 기업의 범주를 뛰어넘어야 장기 생존이 가능하다는 얘기다. 그래서 기업들은 사회공헌활동이나 스포츠 마케팅에 많은 노력을 기울였다. ESG 시대에는 이 수준만으로는 안 된다. 장수기업의 필수조건에 진정성 있는 ESG 경영이 수반돼야 한다는 점은 명확해지고 있다. ESG 성과가 뛰어난 기업일수록 국민의 존경을 얻을 가능성이 높아지기 때문이다.

블랙록 서한이 몰고 온 충격

세계 최대 자산운용사 블랙록 래리 핑크 회장은 2021년 연례 서신에서 모든 기업에 넷제로와 관련 사업계획을 밝히라고 요구했다. 넷제로는 온실가스 배출량과 제거량을 합해 순배출량 0인 상태를 일컫는다. 앞서 2020년에는 화석연료 생산기업 등에 투자하지 않겠다고 선언했다. 또한 매출 25% 이상을 석탄발전을 통해 얻는 기업은 주식과 채권을 팔겠다고 밝혔다.

아울러 블랙록은 2050년까지 포트폴리오 내 탄소중립을 달성하겠다며 '탄소중립 자산운용사 이니셔티브(NZAMI · Net Zero Asset Managers Initiative)'에 참여하기로 했다. NZAMI는 2020년 12월 출범한 글로벌 자산운용사 협의체다.

탄소 배출 제로와 기후변화에 대한 관심은 블랙록뿐만이 아니다. 파이낸셜타임스(FT)에 따르면 골드만삭스, HSBC, BNP파리바 등 27개 글로벌 투자은행들은 35개 투자사들로부터 탄소 배출 기업에 대한 자금 조달을 중단하고 친환경 대출을 확대하라는 서한을 받았다. 투자사 35곳엔 유럽 1위 자산운용사 아문디와 채권 투자회사 핌코, 영국성공회 재무위원회(CCE), 스웨덴 노르디아애셋매니지먼트

(NAM) 등이 포함돼 있다. 이같은 논의는 기후변화에 대한 기관투자가 그룹(IIGCC · Institutional Investors Group on Climate Change)을 통해 이뤄지고 있다.

임대웅 UNEP FI(금융 이니셔티브) 한국 대표는 "래리 핑크 블랙록 회장은 2020년 고객서한에서 기후변화 리스크에 대응하지 않는 기업에 투자하지 않겠다고 선언했다"며 "기업들이 탄소중립 전략을 공개하는 것이 의무화되는 만큼 지금부터 이에 대비해야 한다"고 전했다.

특히 블랙록 등 글로벌 투자회사들은 기업들에 기후관련 위험 공개 등을 요구하고 있다. 이에 따라 기업들은 최근 TCFD(기후 관련 재무정보공개 태스크포스, Task Force in Climate-related Financial Disclosure) 권고안을 반영한 보고서 등을 발간하고 있다. TCFD는 2015년 기후변화가 미치는 기업의 재무적 영향 공개 기준을 만들기 위해 G20 재무장관과 중앙은행 총재들의 위임을 받은 금융안정위원회에서 발족한 태스크포스다.

78개국에서 1900개 이상의 기업과 금융회사들이 TCFD에 참여하고 있다. 2020년 유엔책임투자원칙(UN PRI)은 서명기관들에 TCFD 채택을 의무화했고, 영국과 스위스, 뉴질랜드, 홍콩 등도 동참을 선언했다.

국내에서는 처음으로 2018년 신한금융지주가

TCFD 지지 선언을 했으며, 포스코는 2020년 3월 국내 대기업 중 최초로 TCFD 참여를 선언했다.

블랙록 회장이 기업들에 요구한 양질의 ESG 정보 공시 수단엔 TCFD뿐 아니라 SASB(지속가능성 회계기준위원회, Sustainanility Accounting Standard Board)도 포함된다. 2011년 설립된 SASB는 미국 증권거래위원회(SEC)에 보고할 기업의 공시기준을 마련하기 위한 것이다. 투자자들에게 비재무정보를 제공하고, 투자자들이 산업별 ESG 이슈에 대한 기업 성과를 비교할 수 있도록 하기 위한 기구다. ESG 보고에 있어 GRI와 함께 널리 채택되고 있다. 특히 래리 핑크 회장이 SASB 기준 ESG 보고서 공시를 요구하면서 주목을 받고 있다.

기후변화 대응에선 글로벌 협력이 중요하다. 1992년 유엔기후변화협약(UNFCCC), 1997년 교토의정서, 2015년 파리기후변화협약을 눈여겨봐야 한다. 유엔기후변화협약은 1992년 브라질 리우데자네이루에서 열린 환경회의에서 채택된 협약이다. 주요 내용은 ▲국가별 온실가스 배출 현황에 대한 국가 통계 및 정책 이행에 관한 보고서 작성 ▲온실가스 배출 감축을 위한 정책 수립·수행 ▲온실가스 배출량 감축 권고 등이다. 교토의정서는 선진국에만 온실가스 감축 의무를 부여했다. 2021년부터 발효된 파리기후변화협약은 2015년 파리에서 개최된 제21차 유엔기후변화협약 당사국총회(COP21)에서 채택된 기후변화 대응 관련 협약이다. 195개 당사국에 구속력 있는 기후협약으로, 지구 평균 기온 상승을 산업화 이전 대비 1.5℃로 제한하는 것을 목표로 하고 있다.

파리기후협약과 이어지는 기업들의 움직임 중 주목할 만한 것은 'RE100'이다. RE100은 2014년 글로벌 비영리단체 더클라이밋그룹(The Climate Group)이 시작한 재생에너지 이니셔티브다. 2050년까지 기업의 재생에너지 사용을 100%까지 끌어올리는 게 목표다. 구글, 애플, 마이크로소프트 등 전 세계 300여 개 기업이 가입했다. 한국에서는 2020년 SK 8개사(SK㈜, SK텔레콤, SK하이닉스, SKC, SK실트론, SK머티리얼즈, SK브로드밴드, SK아이이테크놀로지)가 국내 최초로 가입했고, LG에너지솔루션, 아모레퍼시픽 등도 가입 기업이다.

정부 차원에서는 넷제로 선언이 이어지고 있다. 유엔은 회원국들에 2020년 말까지 2050 장기저탄소 발전 전략을 제출하라고 권고했다. EU는 2019년 12월 세계 최초로 넷제로를 선언했으며, 한국도 2020년 10월 2050 탄소중립 방안을 발표했다.

친환경 투자 촉구 나선 대형 투자업체

친환경 투자 요구하는 글로벌 투자자

아문디, 핌코, 리걸앤드제너럴투자매니지먼트, 영국성공회 재무위원회, 스웨덴 애셋 매니지먼트, 아비바 인베스터스 등 35개사

변화 요구받는 글로벌 투자은행

골드만삭스, HSBC, BNP파리바 등 27개사

대형 투자자 연합 요구사항

· 2050년 탄소 배출 제로를 위한 구체적 목표 설정
· 석유·가스업체 등 탄소 배출 기업들에 자금 조달 중단
· 산림 벌채, 탄소 유발 토지 이용 변화 등에 대출 중단
· 대출 자금 환경 파괴에 사용되면 자금 회수
· 탄소 배출 저감하는 친환경 대출 확대
· 투자은행 임원 연봉 친환경 목표와 연동

ESG 규제 장벽 높아진다

ESG(환경·사회적 책임·투명경영) 공시 의무화가 예정됐다. 자산 2조원 이상 코스피 상장사는 2025년부터다. 유럽연합(EU)은 이미 ESG 공시를 의무화했다.

김정남 삼정KPMG 상무는 "ESG 공시는 기업가치의 새로운 패러다임을 의미한다"며 "기업들은 비재무(ESG) 보고 역량과 체계 재정비로, 정보 품질을 끌어올려야 한다"고 설명했다. 김정남 상무는 특히 "재무성과와 연계성이 강화된 ESG 공시가 활성화돼야 한다"며 "기후변화의 경우 환경·사회적 영향뿐 아니라 기후변화가 미치는 재무적 영향까지 고려해야 한다"고 강조했다.

자산 2조원 이상 코스피 상장사는 2025년부터 친환경(E)·사회적 책임활동(S)을 포함한 '지속가능경영보고서'를 공시해야 한다. 2030년엔 모든 코스피 상장사로 확대 적용된다. 기업지배구조보고서(G)는 2019년부터 자산 2조원 이상 코스피 상장사에 공시 의무가 부과됐다. 2022년 1조원, 2024년 5000억원 이상, 2026년엔 전체 코스피 상장사로 확대된다.

김상무는 "2020년 국가별 매출 100대 기업의 ESG 보고서 발간율이 90% 이상인 국가는 14개국"이라며 "일본과 멕시코는 100%, 말레이시아는 99%인데, 한국과 중국은 78%에 불과하다"고 밝혔다.

ESG 공시 규제가 가장 센 곳은 EU다. 비재무정보 보고 지침(NFRD)에 따라 EU는 2018년부터 환경·사회·노동·인권·반부패 등에 관한 정보 공개를 의무화했다. 대상은 근로자 수 500인 이상 또는 자산 총액 2000만유로 이상 기업이다. EU 현지 법인이나 공장을 설립한 한국 기업도 적용 대상이다. EU 기업과 거래관계가 있는 한국 기업은 해당 회사로부터 ESG 정보 제공을 요청 받을 수도 있다. 미국은 자율 공시지만, 최근 기관투자자와 의결권 자문사 중심으로 ESG 공시 요구가 강화되는 추세다.

이 밖에 EU에선 2021년 3월부터 금융기관이 투자상품의 지속가능성 정보 공개를 의무화하도록 한 지속가능금융공시(SFDR)가 시행됐다. EU 금융기관들은 ESG 리스크로 인한 재무적 손실과 ESG 관련 투자규모, ESG에 미치는 부정적 영향 등을 투명하게 공개해야 한다.

환경적으로 지속가능한 경제활동을 정의하고 판단 기준을 제시하는 '분류체계 규정(Taxonomy)'과 기업에 공급망 전체의 환경·인권보호 현황에 대한 실사의무를 부여하는 '공급망 실사제도(Due Diligence)' 등도 있다.

EU 기업들은 이미 비재무적 공시와 공급망의 환경·인권보호 감독에 대한 자체 규정 수립과 블록체인 기술을 활용한 공급망 기업의 ESG 정보 추적 시스템 개발 등을 통해 ESG 법제화에 대비하고 있다. 아울러 ESG 준수를 경쟁기업과 차별화 전략으로 활용하고 있다.

조빛나 무역협회 브뤼셀지부장은 "EU는 세계에서

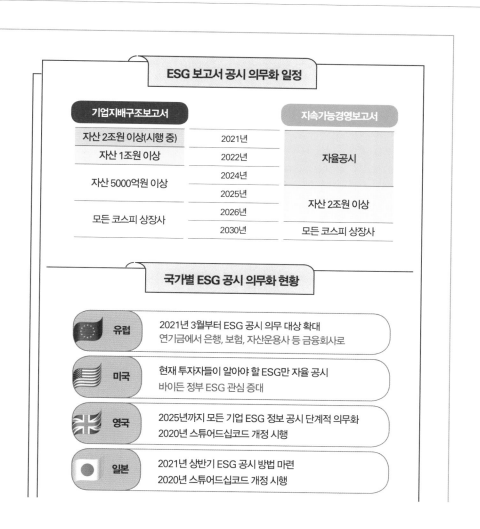

ESG 보고서 공시 의무화 일정

기업지배구조보고서		지속가능경영보고서
자산 2조원 이상(시행 중)	2021년	자율공시
자산 1조원 이상	2022년	
자산 5000억원 이상	2024년	
	2025년	자산 2조원 이상
모든 코스피 상장사	2026년	
	2030년	모든 코스피 상장사

국가별 ESG 공시 의무화 현황

유럽 2021년 3월부터 ESG 공시 의무 대상 확대
연기금에서 은행, 보험, 자산운용사 등 금융회사로

미국 현재 투자자들이 알아야 할 ESG만 자율 공시
바이든 정부 ESG 관심 증대

영국 2025년까지 모든 기업 ESG 정보 공시 단계적 의무화
2020년 스튜어드십코드 개정 시행

일본 2021년 상반기 ESG 공시 방법 마련
2020년 스튜어드십코드 개정 시행

가장 먼저 '지속가능성'에 주목하고 구체적인 법제화를 통해 이를 현실화하고 있다"며 "한국 기업은 EU 움직임을 주시하면서 EU의 환경, 유해물질, 노동기준 등을 파악해야 한다"고 말했다.

윤용희 법무법인 율촌 변호사는 "투자자 등이 기업에게 ESG 의무공시에 더해 보다 구체적인 추가정보 공개를 요구함에 따라 법적 분쟁이 증가하고 있다"고 말했다. 그가 꼽은 ESG 소송 유형은 ▲제품 표시나 공시자료에 기재된 ESG 정보 오류·누락 ▲불성실공시에 따른 증권사기 ▲ESG 요소 관련 기업의 불법행위·채무불이행 등 3가지다.

권태신 전경련 부회장은 "ESG 경영을 하지 않으면 향후 생존이 불투명해질 정도로 글로벌 기업환경이 급변하고 있다"며 "2025년부터 단계적으로 시행될 ESG 공시 의무와 최근 급증하는 ESG 관련 소송에 대한 우리기업의 효율적 대응이 필요하다"고 말했다.

미국·EU 등 2050년 탄소 제로 선언, 한국도 동참
탄소세 도입도 논의… 배출권 구매 기업엔 부담으로

탄소중립은 기업들이 해결해야 할 숙제다. 미국, EU 등은 2050년 탄소 제로를 선언했으며, 한국도 이 대열에 동참했다. EU는 2023년 탄소국경세를 도입하겠다고 예고했으며, 미국도 탄소국경세 도입 추진을 밝혔다. 탄소 배출량에 일정한 세금을 부과하는 탄소세 도입도 논의되고 있다. 용혜인 의원은 2021년 3월 국회에 탄소세 법안을 발의했다. 온실가스 배출 상위 10개국 중 탄소세 도입 국가는 일본과 캐나다 2개국에 불과하다.

전경련에 따르면 탄소세 도입 시 연간 7조3000억원에서 21조8000억원, 최대 36조3000억원의 추가 세금 발생이 예측된다. 기준은 2019년 온실가스 배출량이다. 탄소세율은 이산화탄소 환산톤당 10달러, 30달러, 50달러 세 가지 시나리오를 가정했다. 온실가스 배출 1위 포스코는 추정 탄소세액이 9778억원에서 최대 4조8889억원으로 나타났다.

한국 정부는 2015년부터 온실가스 배출 기업을 대상으로 배출권을 유·무상으로 할당하고, 해당 범위 내에서 온실가스 배출량을 허용하고 있다. 2021년부터 총할당량의 10%를 경매절차를 통해 유상할당하고 있다. 기업은 할당받은 배출권의 여분 또는 부족분을 한국거래소에서 매매하고, 거래내역을 회계처리해 재무제표에 반영해야 한다. 배출권 매입액은 배출권 자산으로, 배출권 제출의무 이행을 위한 소요액 추정치는 배출부채로 회계처리한다. 배출권거래법에 따르면 배출권 할당 대상 업체는 최근 3년간 온실가스 배출량의 연평균 총량이 12만

5000t 이상인 회사다.

향후 기업의 배출권 자산·부채 규모는 증가할 것으로 전망된다. 정부의 2050 탄소중립(Net-Zero) 선언으로 배출권 할당량은 감소하고 유상할당 비율은 상승하는 등 배출권 관리가 엄격해졌기 때문이다.

정부 사전할당량은 2021~2023년 5억8900만t에서 2024~2025년엔 5억6700만t으로 줄어든다. 유상할당 비율은 2017년까지 전량무상에서 2018~2020년 3%, 2021~2025년 10%로 예정돼 있다.

이에 따라 향후 기업의 배출권 자산·부채 규모는 증가할 것으로 예상된다.

정귀일 한국무역협회 국제무역통상연구원 연구위원 "탄소 제로 경제로의 대전환 시대를 맞아 기업들의 소리 없는 총성이 시작됐다"며 "제품의 모든 주기에 탄소 배출량을 점검하고, 정부 규제로 인해 시장이 창출되는 분야에서 비즈니스 기회를 모색하는 등 위기를 기회로 바꾸기 위해 총력을 기울여야 한다"고 밝혔다.

탄소중립은 제조업의 패러다임을 변화시키고 있다.

무역협회 국제무역통상연구원이 발간한 〈주요국 탄소중립 정책과 시사점: 제조 경쟁력의 지형이 바뀐다〉에 따르면 신재생에너지 투자를 가속화한 선진국들이 값싼 신재생에너지를 경쟁력 제고 수단으로 활용하면서 글로벌 제조 경쟁력에 구조적 변화가 일어나고 있다. 배터리 제조 과정에서 발생하는 탄소 배출량은 아시아가 미국이나 유럽에 비해 평균 20% 더 많다. 주로 석탄발전으로 생산된

전기를 사용하기 때문이다. 유럽 등 선진국을 중심으로 전기 자동차에 대해 전주기(life-cycle) 탄소규제가 도입될 경우 신재생에너지를 기반으로 전기를 생산하는 선진국으로 배터리 공급망 이전 압력이 커질 것이라고 보고서는 분석했다. 주요국의 탄소규제가 빠르게 확산되면서 선진국들은 값싼 신재생에너지를 활용해 제조 경쟁력을 높이고 있다. 반면 한국은 제조업 전력사용 비중이 48%로 크고, 신재생에너지 전력 요금이 비싸 탄소중립 체제로 전환 시 제조 경쟁력 하락이 예상된다.

보고서는 "탄소국경세 도입, 사용 전력을 100% 신재생에너지로 전환하는 RE100 캠페인 등 분위기도 아시아 제조 강국들의 경쟁력을 약화시키고 있다"며 "글로벌 기업들의 탄소중립 선언으로 글로벌 공급망에 속해 있는 아시아 협력 업체에도 탄소중립을 요구하고 있기 때문이다"라고 전했다.

제조업 경쟁력 제고를 위해서는 신재생에너지에 대한 투자를 확대하는 등 전원(電源)의 탈탄소화를 단계적으로 실현하고 제조기업들이 신재생에너지 발전 사업자로부터 전력을 구매(제3자 PPA)하거나 신재생에너지 공급인증서(REC)를 구매할 수 있도록 정부가 제도적 기반을 만들어줘야 한다는 게 보고서의 주장이다.

탄소중립 정책이 2035년까지 세계 경제 성장에 도움이 된다는 분석도 나왔다.

한국은행 '국제사회의 탄소중립 추진 현황 및 경제적 영향' 보고서에 따르면 IMF(국제통화기금)는 녹색 인프라 투자에 힘입어 탄소중립 정책이 2035년까지 세계 경제 성장에 일조할 것으로 분석했다. 하지만 이후엔 탄소세 부과 영향 등으로 경제 영향이 마이너스(-)로 전환될 것으로 추정했다. 저탄소산업은 고용 유발 효과가 있지만, 산업구조 전환 과정에서 생산규모가 축소되는 업종에선 일시적 실

업이 증가할 가능성도 있다는 게 한은의 설명이다.

보고서는 "한국은 중화학공업 등 고탄소산업 비중이 주요국보다 높은 만큼 저탄소 경제 전환을 서둘러야 한다"며 "친환경산업을 적극적으로 육성할 필요가 있다"고 전했다.

온실가스 배출량 상위 20개 기업

CO₂

2019년 기준

순위	배출처	온실가스 배출량 (천tCO₂eq)	영업이익 (2019년, 억원)	탄소세액(억원) (탄소세/영업이익 비중(%)) 50달러/t
1	포스코	81,481	38,689	48,889 (126.4)
2	한국남동발전	53,400	1,250	32,040 (2,564.0)
3	한국동서발전	39,002	1,229	23,401 (1,903.8)
4	한국남부발전	36,670	1,519	22,002 (1,448.4)
5	한국서부발전	34,674	747	20,804 (2,785.0)
6	한국중부발전	34,269	905	20,562 (2,271.9)
7	현대제철	22,245	3,313	13,347 (402.9)
8	삼성전자	11,132	277,685	6,679 (2.4)
9	현대그린파워	10,836	581	6,501 (1,119.6)
10	쌍용양회공업	10,794	2,284	6,477 (283.5)
11	에쓰오일	9,603	4,201	5,762 (137.2)
12	엘지화학	8,518	8,956	5,111 (57.1)
13	GS칼텍스	8,047	8,797	4,828 (54.9)
14	SK에너지	7,249	3,751	4,349 (115.9)
15	현대오일뱅크	7,125	5,220	4,275 (81.9)
16	삼표시멘트	7,065	481	4,239 (882.1)
17	롯데케미칼	6,801	11,073	4,081 (36.9)
18	지에스동해전력	6,215	1,163	3,729 (320.7)
19	엘지디스플레이	5,885	-13,594	3,531 (-)
20	성신양회	5,142	208	3,085 (1,485.8)

출처: 국가온실 종합관리시스템(HGMS)

C레벨 결단이 ESG 성패 가른다

ESG 경영의 성패는 CEO나 CFO의 의지와 직결
장기간 지속적인 노력 있어야 성과로 이어져
최태원 대한상의 회장 ESG 경영을 첫 화두로 제시

ESG(환경·책임·투명경영) 경영의 성패는 최고경영자(CEO)나 최고재무책임자(CFO) 등 'C레벨'의 의지와 직결된다. 장기간에 걸쳐 지속적인 노력이 있어야만 성과로 이어질 수 있기 때문이다. 그러다 보니 최근 재계에서는 대기업집단 총수들이 발 벗고 나서 ESG 경영을 강조하고 있다.

대기업집단 총수들 발 벗고 나서

대표적인 인물로는 최태원 SK그룹 회장이 있다. 최 회장은 2021년 4월 중국 하이난에서 열린 보아오 포럼에 참석해 "ESG 경영은 이제 기업의 생존이 걸린 문제가 됐다"며 "ESG 경영 강화를 위해 사회적 성과를 정확히 측정하려는 노력이 필요하다"고 밝혔다. 그러면서 "기업이 사회에 미치는 영향은 매우 직접적"이라며 "기업들이 현재의 자원을 잘 활용해 협력한다면 전 세계의 어려움을 해결할 수 있다"고 덧붙였다.

최 회장은 그동안 ESG 경영을 꾸준히 강조해왔다. 2021년 3월 대한상공회의소 회장 취임을 기념하는 타운홀 미팅에서도 ESG 경영을 화두로 제시했다. 그는 "과거에는 제품을 잘 만들고 일자리를 많이 창출하고 세금을 내는 게 중요했지만, 기업인이 돈만 벌겠다고 생각해서는 지속가능하지 않은 시대가 왔다"고 말했다. 이어 "ESG는 하겠다거나 하지 않겠다고 결정할 수 있는 게 아니라 이미 몇 년 전부터 이어진 세계적 흐름"이라며 "ESG를 추진할 때 어떠한 디테일을 잡느냐에 따라 글로벌 시장을 주도할 수도, 뒤처질 수도 있다"고 했다.

2021년 초 신년사에도 ESG 경영을 언급했다. 최 회장은 "기후변화나 코로나19 팬데믹(세계적 대유행) 같은 대재난은 사회의 가장 약한 곳을 먼저 무너뜨린다"며 "이로 인한 사회 문제로부터 기업도 자유로울 수 없다"고 말했다. 그러고는 "사회와 공감하며 문제 해결을 위해 함께 노력하는 '새로운 기업가정신'이 필요한 때"라며 "과거에 대한 반성을 통해 사회 전체에 행복을 더할 기업의 모습이 무엇일지 계속 고민하겠다"고 했다.

최 회장의 의지를 반영하듯 SK그룹은 ESG 경영을 위해 빠르게 변화하고 있다. 지주회사인 SK㈜는 이사회에 'ESG위원회'를 신설하고 대표이사 평가 권한을 부여했다. 이와 함께 친환경 솔루션 등으로 포트폴리오를 재편하고, 여성 리더의 비율을 전체의 25%까지 확대하는 등의 사업 계획을 발표하기도 했다. 이사회 역할을 확대해 이사회 중심의 경영에도 속도를 낼 예정이다. 그룹 주요 계열사들도 친환경 분야로 사업을 확장하고 있다. 8개 계열사는 사

ESG 강조하는 기업 수장들

 최태원 SK그룹 회장 "기업이 돈만 벌어서는 지속가능하지 않은 시대"

 최정우 포스코 회장 "'어떻게 만들 것인가'가 생존을 결정하는 요인"

 김승연 한화그룹 회장 "탄소 제로 시대를 선도하기 위한 환경 경영 박차"

 윤종규 KB금융 회장 "ESG 경영을 통해 지속가능한 사회적 가치를 창출할 것"

 조용병 신한금융 회장 "ESG는 불확실한 경영환경에 대비한 기업의 백신"

용 전력의 100%를 재생에너지로 사용하겠다는 캠페인인 'RE100'에 가입했다.

'脫석탄' 금융이 대세

김승연 한화그룹 회장도 ESG 경영에 대한 중요성을 일찌감치 강조해 왔다. 김 회장은 2021년 신년사를 통해 "ESG를 강화해 나가는 동시에 우리의 경영활동 면면에서 지속가능성을 높이는 방향으로 전략을 수립하고 실행해나가야 할 것"이라며 "글로벌 신재생에너지 분야의 리더로서 기후변화에 적극 대응해 탄소 제로 시대를 선도하기 위한 환경 경영에도 박차를 가할 것"이라고 말했다.

이에 따라 한화그룹 금융 계열사들은 최근 '탈석탄 금융'을 선언했다. 2021년 1월 한화생명, 한화손해보험, 한화투자증권, 한화자산운용, 한화저축은행, 캐롯손해보험 등 6개 금융사는 탄소 제로 시대를 향한 '한화금융계열사 탈석탄 금융'을 선언했다. 이로써 6개사는 향후 국내·외 석탄발전소 건설을 위한 프로젝트 파이낸싱에 참여하거나 석탄발전소 건설을 위한 특수목적회사(SPC)에서 발행하는 채권을 인수하지 않기로 했다. 그 대신 신재생에너지 등 친환경 관련 자산에 대한 투자는 확대할 계획이다.

주요 계열사인 한화솔루션은 태양광·수소 등 신재생에너지를 육성해 해당 시장의 주도권 확보에 집중한다는 목표를 세웠다. 향후 5년간 2조8000억원을 차세대 태양광과 그린수소 사업에 투자한다는 구상이다. 앞서 한화그룹은 2011년부터 몽골·중국 등 사막화 지역과 국내 매립지 등에 나무를 심어 숲을 조성하는 '한화 태양의 숲' 캠페인을 진행했다. 현재까지 50만 그루의 나무를 심었다. 2019년에는 태양광 패널로 작동하는 수상 쓰레기 수거 보트 2척을 제작해 베트남 빈롱시에 기증하는 캠페인을 진행하기도 했다.

국내 대표 '굴뚝산업'인 포스코도 ESG 경영에 속도를 내고 있다. 최정우 포스코 회장은 2021년 신년사를 통해 "제조업은 단순히 '만드는 것'을 넘어 '어떻게 잘 만들 것이냐'가 생존을 결정짓는 요인이 됐다"며 "기업의 ESG 경영에 대한 사회적 요구가 커지면서 우리의 기업시민 경영이념 실천이 중요해진 시점"이라고 전했다. 2019년 말에는 ▲탄소중립 ▲동반성장 ▲벤처육성 ▲출산친화 ▲지역사회와 공존 등 '기업시민 5대 브랜드 체제'를 소개했고, 2020년에는 아시아 철강사 중 최초로 탄소중립 달성을 선포했다.

최근에는 ESG 경영의 일환으로 공급망 관리에 본격적으로 나섰다. 친환경적이고 사회적 책임을 다하는 공급사와 거래를 기본 원칙으로 하고 지속가능한 구매를 선도한다는 취지의 '포스코형 ESG 구매 체계'를 구축했다. 이를 위해 ▲ESG 관점의 공급사 선정 ▲친환경 구매 확대 ▲공급사의 ESG 정착 활동 지원 등을 통해 원료·설비·자재 등 공급망 전체에 ESG 경영을 정착하기 위한 활동을 전개하기로 했다.

포스코는 우선, 신규 거래 희망 공급사를 상대로 환경·인권 관련 법규 준수, 윤리경영 등 ESG 관련 기본 자격을 심사해 진입 자격을 부여키로 했다. 기존 공급사를 대상으로는 환경 관련 인증이나 ESG 관련 활동에 대한 평가를 강화해 평가 미달 시 개선을 유도하고 개선이 안 될 경우에는 공급을 제한할 계획이다. 또 2025년까지 친환경 구매를 현재 2배 수준인 20억달러까지 늘릴 방침이다. 친환경 인증을

받은 건설 부자재나 기계 설비 등을 우선적으로 구입한다는 것이다. 이와 함께 ESG에 대한 이해도가 낮고 자체 역량이 부족한 중·소공급사들을 대상으로 ESG 정착 지원 활동도 추진할 계획이다.

금융권 지주사 회장들 ESG 몸소 챙긴다

금융권에서도 지주 회장들이 ESG를 몸소 챙기며 경영의 최우선 과제로 삼고 있다. 윤종규 KB금융지주 회장은 2021년 신년사에서 "ESG 경영을 통해 지속가능한 사회적 가치를 창출하고 ESG 선도기업으로 책임과 역할을 강화하겠다"고 밝혔다. KB금융은 2020년 3월 이사회 내 ESG위원회를 설치한 데 이어 같은 해 9월에는 국내 금융그룹 최초로 '탈석탄 금융'을 선언하는 등 ESG 경영에 솔선수범하고 있다. ESG위원회는 윤 회장

등 사내이사와 사외이사진으로 구성됐고 그룹의 ESG전략과 정책을 수립하는 중추적 역할을 한다.

KB금융그룹은 ESG 경영 중장기 로드맵인 'KB Green Wave 2030'을 통해 2030년까지 그룹 탄소 배출량을 25% 감축(2017년 대비)하겠다는 계획이다. 또 현재 약 20조원 규모인 'ESG 상품·투자·대출'을 50조원까지 확대할 예정이다.

KB금융은 윤 회장 취임 이후 지배구조 시스템 개선을 위해서도 노력해왔다. 그 결과 CEO 경영승계 시스템과 사외이사 선임 프로세스가 국내에서 가장 선진적 수준이라는 평가를 받고 있다. KB금융은 경영승계 절차의 독립성과 안정성을 강화했다. 사외이사 전원(대표이사 회장 배제)으로 구성된 회장후보추천위원회(회추위)가 회추위 규정과 경영승계 규정에 따라 독립적으로 경영승계

절차를 운영한다. 최종 후보자군(숏리스트)은 반기 단위로 관리하고 내·외부 후보자군(롱리스트)에서 선정해 경영승계 프로그램의 투명성과 안정성을 강화했다. 회장 후보군은 반기 단위로 업데이트해 최신성을 유지하고, 외부 전문기관으로부터 추천받은 후보 중 회추위 논의와 투표를 통해 외부 후보자군을 관리하고 있다. 사외이사 선임과 관련해서도 사외이사후보추천위원회에서 상임이사의 참여를 배제하고 사외이사만으로 구성해 독립성과 투명성을 유지하고 있다.

조용병 신한금융지주 회장도 ESG 경영을 강조하는 CEO 중 하나다. 신한금융그룹은 2021년 2월 국내 금융그룹 최초로 ESG 성과관리체계를 구축했다. 조 회장은 이와 관련해 "ESG는 불확실한 경영환경에 대비한 기업의 백신과 같다"며 "ESG를 고민하고 경영을 선언하는 ESG 2.0단계를 넘어 신한만의 차별화된 ESG 사업 모델을 발굴해 실행에 옮기는 ESG 3.0 단계로 속도를 높여 나가겠다"고 밝혔다.

신한금융은 2020년 11월엔 동아시아 금융그룹 최초로 '제로 카본 드라이브(Zero Carbon Drive)'를 선언하기도 했다. 고탄소 배출 기업과 산업에 대한 대출과 투자를 관리하고, 산업 내 친환경 금융지원을 확대하겠다는 그룹 전반의 경영 전략이다. 조 회장은 선언식에서 "친환경 금융 확대는 미래 세대를 위한 금융의 필수적 역할"이라며 "금융으로 세상을 이롭게 한다는 그룹 미션 아래 신한이 사회에 선한 영향력을 확산할 수 있도록 최선을 다하겠다"고 강조했다.

신한금융은 ESG 경영의 일환으로 스타트업의 성장을 이끌기 위한 역할도 하고 있다. 신한금융은 국내 최대 스타트업 지원 공간인 '인천 스타트업 파크'를 2021년 2월 오픈했다. 중소벤처기업부와 인천광역시 등 정부 지자체와 셀트리온 등 민간 사업자가 사업운영의 주체로 함께 참여했다. 이곳에서 글로벌 테크·바이오 특화 스타트업을 발굴 및 육성하겠다는 계획이다. 조 회장은 오픈식에서 "금융과 기술의 융복합을 적극 시도하고, 글로벌 액셀러레이터와 협력을 통해 국내 스타트업의 해외 진출을 적극 지원할 계획"이라고 말했다.

Part 2

ESG 금융

지속가능금융의
놀라운 힘

자본시장에 부는 변화의 바람
주주 자본주의에서 이해관계자 자본주의로

주주, 종업원, 협력사, 지역사회, 국가 등 두루 살펴야
어린이 노동력 착취 나이키, 열악한 공장 H&M 불매운동도

1970년대 노벨 경제학상 수상자로 주주 자본주의를 제시한 밀턴 프리드먼 시카고대 교수는 "기업의 사회적 책임은 주주 이익 증대"라고 주장했다. 주주가치 극대화는 자본주의의 금과옥조로 여겨졌다. 글로벌 경제 성장에도 기여했다. 하지만 주주의 이익 극대화는 단기이익 집착과 탐욕으로 이어졌다. 소득 양극화와 기후변화 등 각종 문제들이 나타나며 주주 자본주의는 공격을 받기 시작했다. 2008년 글로벌 금융위기도 극단적인 주주 자본주의의 결과로 받아들여졌다.

이같은 상황에서 전 세계적으로 경영과 투자 패러다임이 진화하고 있다. 이익뿐 아니라 사회적 가치를 추구하는 혁신적인 투자 회사들이 성과를 내고 있다. 환경, 의료 등 세상을 긍정적인 방향으로 변화시킬 수 있는 기업에 투자하면서 이익도 동시에 추구하는 형태다. 여기에 지속가능한 수익 달성은 필수다. 최근 미국과 유럽에서 번지고

나이키는 1990년대 저개발국 어린이들의 노동을 착취해 제품을 만든다는 비난을 받으면서 이미지에 큰 타격을 입은 바 있다.
사진출처: 매경DB

있는 이해관계자 자본주의(Stakeholder Capitalism)와도 맥락을 같이한다. 이해관계자 자본주의는 주주, 종업원, 협력사, 지역사회, 국가 기업을 둘러싼 이해관계자들을 아우르는 기업 경영·투자개념을 일컫는다.

이해관계자 자본주의는 1973년 세계경제포럼(WEF)에서 발표된 '다보스 매니페스토'에 새롭게 등장했다. 다보스 매니페스토는 기업 목적을 '이해관계자들의 다양한 이해관계를 조화하는 것(Harmonize the Different Interest of the Stakeholders)'이라고 정의한다. 2019년 비즈니스라운드테이블(BRT)도 이해관계자 자본주의 확산에 기여했다. 애플과 아마존 등 미국 대

클라우스 슈바프 WEF 의장

사진출처: 매경DB

표기업 180여 곳의 최고경영자(CEO)들은 '기업의 목적에 대한 성명서'를 발표했다. 주주 자본주의에서 탈피해 고객과 종업원, 사회 등 모든 이해관계자의 이익에 부합하도록 노력하겠다는 내용이다.

2020년엔 '다보스 매니페스토2'가 나왔다. 매니페스토에 따르면 기업의 목적은 모든 이해관계자가 공유하는 지속적인 가치 창출에 그들을 참여시키는 것이다. 회사의 성과는 주주수익률 뿐만 아니라 ESG 목표를 얼마나 달성하는지에 대해서도 측정돼야 한다.

2021년 클라우스 슈바프는 WEF에서 '이해관계자 자본주의 2.0' 버전을 발표했다. 이해관계자 자본주의의 핵심 키워드는 성장(Progress), 사람(People), 지구(Planet)다. 경제가 지속적으로 성장해야 인류 번영을 달성할 수 있으며, 사람답게 사는 경제와 환경을 배려하는 3대 키워드가 선순환돼야 한다는 게 슈바프 회장의 주장이다.

이해관계자 자본주의는 투자업계에서 빠르게 확산

이해관계자 자본주의는 투자업계에서도 빠르게 확산되고 있다. 엘리자 골든 어큐먼펀드(Acumen Fund) 포트폴리오매니저는 "사회적 기업이나 혁신적 아이디어를 가진 기업에 투자해 사회를 변화시키고자 한다"며 "투자 선정 기준은 사회적 영향, 비용 집행 효율성, 지속가능성"이라고 설명했다.

어큐먼펀드는 '포용적 투자'와 '재무성과'를 동시에 추구한다. 2001년 설립된 후 저소득 일자리 창출과 물·식량·의약품 등을 합리적인 가격에 생산하는 전세계 기업에 투자하고 있다.

어큐먼펀드는 투자를 통해 일자리 3만 개 이상을 창출했다. 골든 매니저는 "페이션트캐피털(Patient Capital)의 힘은 저소득층이 삶을 바꿀 수 있도록 배움과 경험을 제공하는 곳에 투자하는 일"이라고 강조했다.

어큐먼펀드는 단순 원조에서 벗어나 철저한 자본주의 방식으로 지원 대상 기업을 선정한다. 어큐먼펀드가 월스트리트 출신들을 뽑는 이유이기도 하다. 펀드 창립자 재클린 노보그라츠도 스탠포드 MBA와 체이스맨해튼은행을 거친 금융전문가다. 어큐먼펀드에는 록펠러재단, 시스코재단, 켈로그재단, 빌&멀린다 게이츠 재단, 페이스북, 골드만삭스, 미츠비시, 무디스 등이 출자했다.

반면 이해관계자 배려에 소홀한 회사들은 수익 악화로 이어지는 사례가 나타나고 있다.

나이키는 1990년대 저개발국 어린이들의 노동을 착취해 제품을 만든다는 비난을 받으면서 이미지에 큰 타격을 입었다. 최근엔 글로벌 패션브랜드 H&M이 인도 위탁 생산업체 여직원들에 대한 직장 내 성폭행 피해 호소와 위구르 지역 강제노동 등으로 곤혹을 치렀다.

ESG 우수기업 '주가 더 올랐다'

재무적 지표가 좋다고 하더라도
ESG의 심각한 결함이 해결되기 전까지는
해당 기업에 투자하지 않는 펀드 늘어나

ESG(환경·책임·투명 경영)에 앞장서는 기업들은 주가도 고공행진하는 것으로 나타난다. 이에 각종 자산운용사는 ESG 펀드를 출시하며 투자자를 끌어들이고 있다.

최근 금융투자협회에 따르면 트러스톤자산운용이 출시한 ESG펀드(2021년 1월 29일 설정) '트러스톤 ESG 레벨업'은 출시 3개월 만에 수익률 15.18%를 기록했다. 동기간 운용 규모 100억원 이상인 국내 ESG 펀드 중 최고 수익률이다. 이 펀드가 설정된 뒤 3개월 동안 코스피는 3.42% 오르는 데 그쳤다. 코스피 수익률을 12%포인트나 웃도는 성적을 거둔 셈이다.

트러스톤 ESG 레벨업 펀드는 ESG 개선을 통해 기업가치 상승을 이뤄낼 수 있는 종목에 집중투자한다. 기업의 ESG 개선 노력이 부족한 경우 주주 활동을 개진해 기업가치를 높이는 전략을 구사한다. ESG 점수가 낮은 기업은 투자 대상에서 제외해버리는 상당수 국내 ESG 펀드와 차별화를 목표로 한다.

트러스톤자산운용은 외부기관의 평가와 함께 내부 리서치팀에서 기업탐방, 자체 기준에 의한 평가 등을 수행한다. 이를 바탕으로 ▲환경(E) 개선을 위한 신규투자나 사업이 기업실적 개선으로 연결되는 기업 ▲지배구조(G) 개선을 위한 자체적인 노력이 있는 기업 ▲자체적인 ESG 개선 노력은 부족하지만 주주활동 등을 통해 기업가치를 끌어올릴 수 있는 기업을 선별해 투자한다.

황성택 트러스톤자산운용 대표는 "ESG에 관심이 있는 투자자, 특히 지배구조 개선이 기업가치 상승으로 연결된다고 믿는 투자자라면 트러스톤 레벨업에 관심을 가져볼 만하다"며 "향후 판매사를 더 늘려갈 계획"이라고 강조했다.

삼성증권도 ESG를 선도하는 전 세계 기업에 투자하는 '삼성 에너지 트랜지션' 펀드로 높은 수익률을 보여주고 있다. 이 펀드는 프랑스 BNP파리바자산운용의 '에너지 트랜지션' 펀드를 편입하는 재간접 펀드이며 신재생에너지, 에너지 기술 및 효율화, 에너지 인프라스트럭처 관련 약 80개 기업에 분산투자한다.

삼성 에너지 트랜지션 펀드는 인구 증가에 따른 에너지 수요 증가, 에너지 사용 및 기후변화에 대처하기 위한 에너지 솔루션에서 투자 기회를 찾는다. 이 펀드가 투자 테마로 삼는 분야는 크게 세 가지다. ▲첫 번째 테마는 풍력, 태양광, 바이오 연료 등 친환경 에너지를 생산하는 신재생에너지이며 ▲두 번째 테마는 산업 에너지 효율화와 친환경 건물 관련 기업에 투자하는 에너지 기술 및 효율화 ▲마지막 테마는 대체

해외 기업 ESG 동향

기업	ESG 경영 내용
애플	인종 간 평등·정의 이니셔티브 프로젝트 발표
네슬레	주요 제품의 당분 2000년 대비 3분의 1로 감축
파타고니아	친환경 의류 제작으로 MZ세대에 인기
테슬라	탄소배출권 거래로 흑자 달성
블랙록	화석연료 관련 매출 높은 기업에 투자 불가 방침
테스코	CDP 공급망 이니셔티브 가입
셸	신재생에너지 투자 통해 화석연료 기업 약점 극복

자료: 각사

운송수단과 에너지를 낭비 없이 저장하고 운송하는 기술 관련 기업이다.

이 펀드의 피투자펀드인 에너지 트랜지션 펀드는 2019년 9월 펀드 전략을 변경한 뒤 2020년 말까지 198.7% 수익률을 자랑하고 있다. 아울러 이 펀드는 BNP파리바자산운용 내 전담 ESG 조직을 통해 펀드 포트폴리오에 ESG 스코어를 반영한다. 투자 기업들이 사회적 책임을 다하도록 유도하는 것이다.

키움투자자산운용의 '올바른ESG 증권투자신탁1호 펀드'도 투자자들의 사랑을 받고 있다. 키움투자자산운용 관계자는 "ESG 관련 투자는 사회책임투자, 책임투자라는 이름으로 불리지만 여전히 국내에서는 생소한 개념"이라며 "하지만 코로나19 극복 과정에서 계속기업에 대한 투자자들의 의문과 각국 경기 회복 정책의 수혜가 맞물리면서 이제 ESG는 투자 활동에서 고려해야 하는 필수 요소가 됐다"고 말했다.

"ESG는 투자 활동에서 고려해야 하는 필수 요소"

2019년 6월 설정된 해당 펀드는 자산군의 80% 이상을 ESG 평가 우수 종목으로 담는다. 키움투자자산운용의 자체 ESG 평가 시스템을 사용하며, 평가 등급 양호 혹은 보통 이상 종목군에 투자한다. 2021년 4월 25일 기준 이 펀드의 최근 6개월 수익률은 40.97%를 찍었다. 특히 자체 평가 시스템으로 분석해 ESG 등급을 만족시키지 못한 기업들을 걸러내 투자 종목을 엄격하게 관리하고 있다. 단 한 가지 요소라도 결격 사유가 있는 기업은 배제한다. 회사 관계자는 "단기적으로 재무적 지표가 좋다고 하더라도 ESG의 심각한 결함이 해결되기 전까지는 해당 기업에 투자하지 않는 것이 원칙"이라며 "ESG에 대한 균형 있는 분석을 통해 장기적으로 고객들이 만족하는 것 이상으로 수익률을 창출하는 것이 목표"라고 강조했다.

ESG 펀드가 주목받는 것은 전 세계적 현상이다. 펀드평가사 모닝스타에 따르면 2020년 말 글로벌 ESG 펀드 자산 규모는 1조6502억달러(약 1800조원)다. 전년(9600억달러) 대비 72% 불어났다. 2020년 4분기 ESG 펀드에 유입된 자금(1523억달러)과 출시된 펀드 수(196개) 모두 분기 기준 최대치를 찍었다.

특히 ESG 중심지로 꼽히는 유럽은 글로벌 ESG 펀드 자산의 약 80%를 차지한다. '이해관계 자본주의'를 중시하는 유럽의 풍토가 ESG 투자 정착에 일조했다는 분석이 나온다.

이에 신규로 ESG 펀드를 출시하는 운용사도 증가하고 있다. BNK자산운용은 2021년 5월 ESG(환경·사회·지배구조) 주식형 펀드 '지속가능ESG증권투자신탁1호(주식)'를 출시했다. BNK지속가능ESG증권투자신탁1호(주식)는 책임투자에 초점을 맞춰 지속가능 테마 전략을 구사한다. BNK운용은 "전 세계적으로 ESG 투자가 중요해지고 있는 투자 트렌드에 맞춰서 해당 펀드를 내놨다"고 밝혔다. BNK운용은 자체 분석 역량을 갖추기 위해 ESG 전담 리서치팀과 관련 위원회도 신설했다. ESG 리서치팀에는 서스틴베스트투자 전략팀 출신인 박종한 매니저가 함께한다. 박 매니저는 약 8년간 서스틴베스트에서 근무하며 ESG 등급 책정 등 업무를 수행해왔다.

해당 펀드는 ESG 평가기관 대신경제연구소의 평가자료를 참고한 자체 분석을 통해 250여 개의 투자 적합 기업을 찾아 투자한다. 내부 리서치 평가 기준에 따라 A~E등급으로 분류하고 이 중 상위 등급 기업 중심으로 자금을 투입한다.

신한금융투자가 출시한 ESG ELS는 S&P500 ESG 지수를 기초자산으로 한다. S&P500 ESG 지수는 지속가능성 기준을 충족하는 유가증권의 성과를 측정한다. 이와 동시에 S&P500과 유사한 전체 산업군 가중치를 유지하도록 설계됐다. 따라서 S&P500 ESG 지수는 ESG 특성을 개선하면서 S&P500과 비슷한 리스크 및 수익률을 제공한다.

KB증권은 'KB ESG성장리더스증권자투자신탁'을 판매 중이다. 이 상품은 친환경 제품을 개발하고, 환경을 감안한 생산 및 관리 등에 뛰어난 기업인지 평가한다. 고용 및 근로조건, 노사관계, 인력 개발, 소비자 보호 등에서 신뢰받는 기업인지, 배당 등 주주 친화정책을 펼치고, 이사회가 공정하게 구성된 지배구조가 우수한 기업인지도 살펴본다. 기업별 ESG 항목 평가를 통해 우수한 평가를 받은 기업을 선별 투자하는 것이다

사모펀드도 ESG 투자 늘려

사모펀드(PEF)도 ESG 투자를 늘리긴 마찬가지다. 투자은행(IB) 업계에 따르면 KDB산업은행 프라이빗에쿼티(PE)실은 유진PE와 5000억원 규모의 2호 블라인드 펀드를 조성 중이다. 펀드 가칭은 '그린 이니셔티브 2호'이며 ESG와 관련된 환경, 에너지 등 그린뉴딜 분야에 집중 투자할 전망이다. 이 펀드는 2005년 산은이 PE 업무를 시작한 후 설립된 블라인드 펀드로는 최대 규모다.

산은 PE실과 유진PE는 2018년에도 1000억원 규모의 인프라 1호 펀드를 조성한 바 있다. 두 운용사(GP)는 1호 펀드를 통해 종합폐기물 처리 업체인 KC환경서비스와 의료폐기물 처리 업체인 디디에스(DDS)에 각각 247억원과 235억원을 투입했다. 최근에는 액상폐기물 처리 업체 씨에스에코에도 230억원을 투자하면서 1호 펀드 운용 막바지 단계에 접어들었다.

LG화학
ESG 사모펀드에 1500억 출자

LG화학이 1500억원을 출자해 환경·책임·투명경영(ESG) 유망 기업 육성 펀드에 핵심 투자자로 참여한다. 투자은행(IB) 업계에서는 대기업이 사모펀드(PEF)와 협업해 국내 ESG 투자 주요 플레이어로 떠오를 것이란 관측이 나온다.

LG화학의 ESG 펀드 출자 개요

펀드명	KBE 펀드
운용사	IMM크레딧솔루션
펀드 규모	4000억원 이상
LG화학 출자액	1500억원
투자처	배터리·친환경 유망 기업

자료: LG화학, IB업계

2021년 5월 LG화학은 국내 사모펀드 운영사 IMM크레딧솔루션(ICS)이 운영하는 KBE(Korea Battery &ESG) 펀드의 핵심 투자자로 참여한다고 밝혔다. ICS는 국내 대표 PEF 운용사 IMM 프라이빗에쿼티(PE)의 100% 자회사로, 유망 기업에 그로스캐피털(고성장 기업에 소수지분 투자)을 집행하거나 사모신용펀드를 조성하는 등 투자 활동을 한다.

이번 KBE 펀드는 모금 목표가 4000억원 이상이며, 연기금 등 주요 투자자로부터 관심을 받고 있는 것으로 알려졌다.

LG화학이 외부 자산운용사가 조성하는 펀드에 핵심 투자자로 참여하는 것은 이번이 처음이다. LG화학은 출자자(LP)로서 1500억원을 투입하는 것 외에 산업 전문가로서 조력자 역할을 병행할 계획이다. KBE 펀드가 전기차 배터리 관련 기업과 친환경 소재 분야에 투자를 검토할 때 LG화학이 지닌 전문성을 바탕으로 의견을 보태는 것이다. IB 업계 관계자는 "대기업이 사모펀드에 출자하면서 운용에도 관여하는 것은 처음 있는 일"이라며 "대기업이 자본시장을 파격적으로 활용해 해당 산업의 방향성을 만들어보겠다는 것"이라고 말했다.

LG화학은 이번 펀드 참여로 ESG 경영을 가속화한다는 포부다. 친환경 소재 강소기업에 투자함으로써 국내 ESG 산업 전반을 성장시키겠다는 것이다. 신학철 LG화학 부회장은 "이번 투자는 ESG 산업 생태계를 강화하고 미래 성장동력을 계속 발굴하는 발판이 될 것"이라고 말했다. 최근엔 친환경 화장품 용기 제조사 '이너보틀' 지분 10%를 취득하기도 했다. 이너보틀은 '탄성 이너셀'이라는 자체 기술로 화장품 용기를 개발·제조하는 회사다. 로션, 에센스 등 내용물을 거의 한 방울도 남기지 않고 짜낼 수 있게 돕는다. LG화학은 이너보틀과 플라스틱 에코 플랫폼을 구축해 화장품 산업의 친환경화를 이끌 계획이다.

ESG 채권시장 급성장

ESG 채권 수요 예측 대흥행
은행·카드·제조업 뛰어들어

ESG(환경·책임·투명경영) 채권도 급증하고 있다. ESG 채권이 인기를 끌며 수요 예측엔 수많은 투자자가 몰리고, 이에 목표 조달 금리보다 낮은 수준에서 발행되는 사례가 잇따른다. 해당 채권을 통해 ESG 경영을 강화하려는 발행 기업 측과 ESG 열풍에 발 들이고 싶은 투자자의 니즈가 맞아떨어진 결과다.

2021년 5월 10일 금융투자협회에 따르면 국내 4월 ESG 채권 발행 규모는 11조3260억원으로 전월 대비 3조4000억원 늘었다. 국내 1분기 전체 ESG 채권 발행 규모 또한 7조1800억원으로 전년 동기 대비 28배 불어났다.

연 단위로 봐도 성장세가 뚜렷하다. 2018년 원화 채권시장에서 ESG 채권 신규 발행액은 상장금액 기준으로 1조원 수준이었지만 2020년엔 40조원을 돌파했다. 특히 사회적채권과 지속가능채권을 중심으로 발행이 증가하는 것으로 보인다. 회계·재무 자문 그룹 KPMG에 따르면 2020년 글로벌 ESG 채권 발행 규모는 전년 대비 63% 증가한 4841억달러였다.

대기업 중에선 LG화학이 두각을 드러내고 있다. 2021년 2월 LG화학은 당시 일반기업으로는 최대치인 8200억원 규모의 ESG 채권을 발행했다. 직전 최고 기록은 같은 해 1월 현대제철의 5000억원이었다. LG화학 ESG 채권은 그린본드(Green Bond)와 소셜본드(Social Bond)가 결합된 지속가능채권이다. 해당 채권으로 조달하는 자금은 이산화탄소 배출량 감축을 위한 재생에너지 부문에 투자한다는 방침

이다. 더불어 소아마비 백신 품질관리 설비를 증설하고 산업재해 예방 시설을 개선하며 중소 협력사와의 상생을 위한 금융지원도 강화할 예정이다.

은행도 ESG 우수 은행 이미지를 획득하기 위해 관련 채권 발행에 앞다퉈 나서고 있다. 우리은행이 5월 3000억원 규모의 ESG 채권 발행을 결정했다. ESG 채권 발행을 통해 조달한 자금을 서민주택금융, 생계지원 서비스, 에너지 효율화 등에 쏟을 예정이다.

신한은행은 4000억원 규모의 원화 ESG 후순위채권(녹색채권, 조건부 자본증권)을 발행했다. 해당 채권은 10년 만기물로, 발행금리는 10년 만기 국고채 민평금리에 0.47%포인트를 더한 2.58%(고정)이다. 이 은행은 4월엔 미화 5억달러 규모의 ESG 채권 발행에 성공하기도 했다.

카드사들도 열성적이다. 2021년 카드사가 발행한 ESG 채권 규모는 1분기 만에 1조원을 찍었다. 2020년 1년 동안 카드사가 약 2조원 규모로 ESG 채권을 발행했음을 감안하면 2021년엔 상반기쯤 전년

ESG 채권 발행 봇물

주체	시기	발행 채권	규모	특징
LH	2021년 5월	녹색채권	6300억원	노후 공공임대 그린리모델링 사업 등에
KB금융지주	2021년 5월	녹색채권	1100억원	국내 금융지주가 발행하는 첫 녹색채
한국도로공사	2021년 5월	ESG 해외채권	5억달러	터널 LED 신규설치 등에 활용
우리은행	2021년 5월	ESG 후순위채권	3000억원	그린본드와 소셜본드가 결합된 형
포스코건설	2021년 3월	ESG 채권	1400억원	친환경 건축물 건설 등에 활용
NH투자증권	2021년 2월	ESG 채권	1100억원	국내 증권사 최초 ESG 채권

자료: 각사

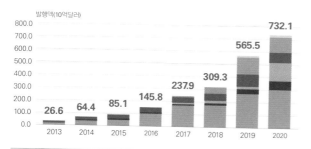

글로벌 ESG 채권 및 부채시장 규모 추이

발행액(10억달러)

- 2013: 26.6
- 2014: 64.4
- 2015: 85.1
- 2016: 145.8
- 2017: 237.9
- 2018: 309.3
- 2019: 565.5
- 2020: 732.1

자료: 블룸버그 NEF, Veronika henze(2021년 1월 11일)
(단위: US달러)

도 기록을 넘어설 것으로 기대된다.

KB국민카드는 5월 회사 역사상 첫 달러화 채권을 발행하며 ESG 채권 일종인 지속가능채권으로 내놨다. 최초 제시된 금리보다 0.375%포인트 낮게 발행됐다. 그달 초 아시아와 유럽 투자자를 대상으로 진행한 투자설명회에서 참여 희망 금액이 무려 11억달러를 웃돈 것이다. 국제 신용평가사 무디스는 이 채권에 A2 등급을 줬다.

이번 지속가능채권은 환경과 사회에 긍정적 영향을 미치는 사업을 추진하는 데 활용된다. 조달된 자금은 저소득층과 취약계층 금융지원과 다양한 사회적 가치 창출 사업에 투입될 전망이다. 이 밖에 하나·우리·현대·신한카드까지 대부분 전업 카드사가 ESG 채권을 발행했다.

캐피털사는 2021년 들어 4월까지 2조1900억원 규모의 ESG 채권을 내놨다. 신한캐피탈은 신한금융그룹 ESG 정책에 호응해 총 5500억원 상당의 ESG 채권을 발행했다. 조달 자금은 서민주택 공급과 스타트업 투자 등에 활용할 계획이다. 현대캐피탈은 2019년 5000억원, 2020년 4300억원을 발행한 데 이어 2021년에도 3000억원 규모 ESG 채권을 내놨다. 이 밖에 롯데캐피탈, IBK캐피탈, DGB캐피탈 등이 ESG 채권을 첫 발행하며 대열에 함께했다.

네이버도 지속가능채권으로 친환경·사회적 투자 발판을 마련했다. 이 회사는 2021년 3월 발행한 5억달러 규모 지속가능채권이 지속해서 각광받자 기존 발행 채권을 추가로 증액하는 '리오프닝'으로 3억달러를 조달했다. 해외사채 리오프닝은 국내 민간기업 최초이며, 지속가능채권으로 총 8억달러 규모를 발행한 것도 국내 최대 수준이라고 네이버 측은 소개했다. 박상진 최고재무책임자(CFO)는 "이번 리오프닝을 계기로 네이버 ESG 경영에 대한 투자자들의 긍정적 신뢰를 재확인했다"고 말했다.

1bp라도 낮은 금리로 자금 조달

증권사도 ESG 채권 발행에 속속 뛰어들고 있다. NH투자증권은 2021년 2월 1100억원 규모의 ESG 채권을 발행했다. 국내 증권사가 발행한 첫 ESG 채권이다. 녹색사업과 사회적 가치 창출 사업 분야의 투자재원 확보를 위해서 발행했다고 설명했다. 수요 예측 때 자금이 몰려 당초 계획한 1000억원에서 1100억원으로 증액 발행하기도 했다.

한국투자증권도 ESG 채권 발행을 추진한다. 5월 한국투자증권은 3년물로 1000억원 규모의 ESG 채권을 검토하고 있다고 밝혔다. 그달 28일 수요예측을 통해 다음달 4일 발행한다는 계획이다.

공기업도 빠지지 않는다. 한국도로공사는 5월 지속가능채권 형태로 5억달러 규모의 글로벌본드를 발행했다. 수요 예측엔 77여 개 기관이 13억달러가량 주문을 넣어 대흥행을 이뤘다는 후문이다. 가산금리는 최초 제시 금리(IPG) 대비 32.5bp 줄인 47.6bp로 결정했다.

ESG 지수 전성시대

ESG 펀드 글로벌 인기 상승세
2021년 1분기만 210억달러 유입

ESG(환경·책임·투명경영) 투자 지표로 활용 가능한 ESG 지수도 잇달아 등장하고 있다. 각종 ESG 지수는 투자자와 기업들이 ESG 패러다임 전환에 성공적으로 적응할 수 있게 하는 매개체를 표방한다. 유럽과 미국에 비하면 아직 ESG 걸음마 단계인 국내에 한국형 ESG 지수가 정착할 수 있을지 주목된다.

2021년 2월 한국거래소는 S&P와 함께 개발한 탄소효율 그린뉴딜 지수 ETF(상장지수펀드) 4종을 신규 상장했다. 기초지수는 'KRX/S&P탄소효율 그린뉴딜 지수'다. 이 지수는 탄소 배출이 높은 기업을 제하고 매출액 대비 탄소 배출량이 적은 기업에 높은 편입 비중 가중치를 부여하는 방식으로 종목 비중을 결정한다.

해당 지수를 바탕으로 ETF를 출시한 곳은 삼성자산운용(KODEX), 미래에셋자산운용(TIGER), 한화자산운용(ARIRANG), NH-아문디자산운용(HANARO) 등이다. 거래소는 "정부의 한국판 뉴딜 종합계획에 부응해 궁극적으로 탄소중립을 실현하는 데 기여할 것"이라며 "최근 ESG에 대한 투자가 활발해짐에 따라 연기금을 비롯한 기관투자가들에게 좋은 ESG 투자수단이 될 것"이라고 기대했다.

연기금을 비롯한 기관투자가에겐 ESG가 좋은 투자 수단

한국거래소의 ESG 지수는 역사가 길다. 2009년 사회책임투자지수(SRI)를 최초로 산출·발표해 기업의 재무적 정보 외에 환경·사회·지배구조 등 비재무적 요소를 고려하게 했다.

크게 주목 받은 건 KRX ESG 사회책임경영(S)지수. 기업의 비재무적 분야 중 사회책임 분야의 점수가 높은 종목을 모았다. ESG 사회책임경영지수는 시가총액 가중방식을 택해 수익률도 코스피에 비해 처지지 않게 했다. 이 지수를 추종하는 KBSTAR ESG 사회책임투자는 2021년 5월 13일 기준 순자산이 3338억원을 넘는다. 1년 수익률이 69.02%, 3년 수익률은 38.62%다. 한국거래소 거버넌스 리더스 100(KRX Governance Leaders 100) 지수도 좋은 성적을 기록 중이다. 2021년 들어 4월 말까지 20.4% 상승했다.

브이아이자산운용의 '포커스(FOCUS) ESG리더스 ETF'는 KRX ESG 리더스 150을 기초지수로 삼는다. 유가증권시장과 코스닥시장에서 ESG 점수가 우수한 150개 기업으로 구성된 ESG테마지수다. 펀드 규모는 203억원 이상이며 2021년 5월 13일 기준

1년 수익률은 77.32%에 달한다.

ESG 중 환경(E)점수 개선에 초점을 맞춘 지수도 있다. 'KRX Eco Leaders(에코 리더스) 100'은 유가증권시장 및 코스닥시장 상장 종목 중 한국기업지배구조원이 평가한 환경점수가 나아지거나 우수한 100종목으로 구성해 개별종목의 환경점수 비중으로 가중하는 방식의 지수다. 이 지수를 기초로 한 상장지수채권(ETN)으로는 KB KRX ESG Eco ETN이 있으며 2021년 5월 13일 1만 3410원에 마감해, 전년도 11월 발행 당시보다 30%가량 올랐다.

NH투자증권은 매일경제와 함께 한국형 ESG 지수인 'MK-아이셀렉트(iSelect) AI ESG 지수'를 내놨다. 인공지능(AI)으로 2000여 개 상장사 ESG 점수를 산출하는 지속가능발전소 기술을 활용해 지수 편입 종목을 선출한다. 지수 편입 종목 변경 주기는 반기나 연 1회 대신 분기에 1회로 촘촘하게 정한다. NH투자증권과 매일경제는 MK-아이셀렉트 AI ESG 지수를 기반으로 환경·책임·투명경영 각각의 지수는 물론 ESG 채권 지수도 출시할 예정이다.

NH투자증권과 매일경제는 해외 기업 의존도가 높은 국내 지수시장의 독과점 구조를 개선해보려는 의지를 갖고 있다. 신영증권에 따르면 글로벌 ESG ETF 지수 사업은 모건스탠리 계열사인 MSCI(56%), 미국 유수의 금융정보 제공업체 블룸버그(10%), 글로벌 신용평가회사 스탠더드앤드푸어스(S&P·8%) 등이 독식하고 있다. 최창규 NH투자증권 인덱스개발팀장은 "우리 기업은 우리가 가장 잘 아는데 해외 기관이 제공하는 지수에 지나치게 의존하는 느낌"이라며 "ESG 투자를 대

ESG 지수, 투자의 좋은 지표
한국거래소 다양한 지수 내놔
NH-매경도 한국형 ESG 지수

중화하기 위해 대중성과 수익성을 겸비한 ESG 지수를 선보이게 됐다"고 말했다. NH투자증권은 리서치본부 직속으로 지수 개발을 전담하는 인덱스개발팀을 가동 중이다.

시가총액(시총) 상위 기업을 대상으로 한 ESG 평가지수도 나왔다. ESG행복경제연구소는 국내 시총 50개사 'ESG 평가지수'를 2021년 2월 공개했다. ESG행복경제연구소는 앞서 1년간 각계의 전문가가 참여한 ESG 포럼과 전문 자문단 운영, 방대한 데이터베이스 작업 등을 통해 해당 지수를 개발했다. 2020년 2월 ESG 지수 개발에 돌입한 ESG행복경제연구소는 그해 6월에는 신진영 한국기업지배구조원장(연세대 교수), 김병욱 국회 자본시장특별위원장(민주당 국회의원) 등이 참석한 ESG 포럼을 개최하고 황영기 전 KB지주회장, 이재혁 고려대 교수, 정무경 전 기획재정부 기조실장 등이 참여하는 자문위원단을 운영해왔다.

해당 ESG 지수는 기업의 환경(E) · 사회(S) · 지배구조(G) 수준을 각각 4:3:3 비중으로 나눠 평가했다. ▲환경부 ▲고용노동부 ▲보건복지부 ▲식품의약품안전처 ▲행전안전부 ▲금융감독원전자공시시스템 등 공신력 있는 19개 공공기관을 포함해 이니셔티브(인증 및 협회), 고객만족도 조사, 신용 · 회사채 등급, 기업공시, 증권사 심층 리포트 등이 활용됐다.

국내 시총 50대 기업을 대상으로 ESG 평가지수를 적용한 결과(만점 120점) SK하이닉스가 평점 95.5(E: 95.3점 · S: 96.8점 · G: 94.6점)로 1위에 등극했다. 이어 ▲KT(평점: 94.2) ▲삼성전자(평점: 93.8) ▲SK텔레콤(평점: 93.7) ▲현대자동차(평점: 93.7) 등이 상위 5개사에 올랐다. 한진칼은 평점 79점에 그쳐 시총 50대 기업 가운데

최하위였다. 한진칼과 셀트리온은 'D등급(부족)'을 받았으며 ▲삼성바이오로직스 ▲엔씨소프트 ▲고려아연 등도 'C등급(취약)'에 그쳤다.

ESG행복경제연구소는 반기 혹은 분기마다 기업과 공기업, 공공기관의 'ESG 지수'를 지속적으로 발표할 계획이다. 이를 통해 ESG 경영 현주소를 확인함은 물론 차별화된 ESG 경영 콘텐츠를 보유하고 지속가능한 경쟁력을 확보하는 데 기여한다는 포부다.

ESG 관련 ELS 상품 출시도 줄이어

ESG 관련 ELS 상품 출시도 줄을 잇는다. KB증권과 신한금융투자는 2021년 3월 ESG 지수 연계 ELS를 증권업계 최초로 발행한다고 각각 발표했다. 이중 'KB 에이블(able) ELS 1703호'의 기초자산은 스탠더드앤드푸어스(S&P)500 ESG 지수와 유로스톡스50 ESG 지수, 코스피200 지수다. 이들 지수는 미국과 유로존(유로화 사용 19개국) 증시를 각각 대표하는 S&P500 지수와 유로스톡스50 지수에서 ESG 평가 결과가 저조한 종목을 걸러낸 것이다. 3년

각종 ESG 지수

KRX/S&P탄소효율 그린뉴딜 지수	탄소 배출량 적은 기업에 편입 비중 가중치 부여
KRX ESG 사회책임경영지수	사회책임 분야 점수가 높은 종목으로 구성
KRX 에코 리더스 100	"코스피·코스닥 상장 종목 중 한국지배구조원이 평가한 환경점수가 우수한 종목 100개로 구성"
MK-아이셀렉트 AI ESG 지수	지속가능발전소 기술을 활용해 ESG 우수 종목 발굴
시총 50개사 ESG 평가지수	ESG행복경제연구소가 평가한 시가총액 50개사 ESG 지수

자료: 한국거래소, 한국지배구조원, NH투자증권

만기에 6개월 단위로 조기상환 기회를 부여하며 최고 연 5.5%의 수익(이하 세전 기준)을 제공한다. 이병희 KB증권 자본시장영업본부장은 "최근 금융시장에서 주목받는 ESG 투자에 관심 있는 고객들의 수요에 대응하는 상품"이라고 말했다.

신한금융투자도 S&P500 ESG 지수를 기초자산으로 하는 복수의 ELS를 내놨다. 'ELS 20729호'는 3년 만기에 6개월 단위로, 'ELS 20730호'는 1년 만기에 3개월 단위로 각각 조기상환 기회가 주어지며 수익률은 두 상품 모두 최고 연 4.0%다.

ESG 지수의 인기는 한동안 지속될 것으로 보인다. 글로벌 최대 자산운용사 블랙록에 따르면 ESG 펀드로 유입된 금액은 2021년 1분기 210억달러에 달한다. 전년도에 ESG 펀드들은 510억달러 수익을 냈는데, 그때보다 유입액이 빠르게 증가하고 있다고 블랙록 측은 설명한다.

한국만 떼놓고 봐도 ESG 지수를 추종하는 ETF의 설정액은 크게 증가했다. 2021년 5월 26일 신영증권에 따르면 그해 5월 24일까지 패시브 전략의 ESG 펀드는 2020년보다 389% 늘어났다.

다수 전문가는 ESG 지수를 비롯한 ESG 측정·평가 인프라를 강화해야 한다고 주장한다.

이효섭 자본시장연구원 선임연구위원은 2021년 5월 서울 영등포구 금투센터에서 열린 'ESG와 금융시장: 쟁점과 과제' 세미나에서 "ESG 가치를 객관적으로 평가할 인프라가 필수적"이라고 말했다.

그는 "국제적인 ESG 표준 요소를 고려해 계량화를 추진하되 한국적 상황과 산업별 특징을 감안해 ESG 중요도를 판단해야 한다"며 "공시·평가·회계 인프라 구축이 필요하며 ESG 경영전략을 기업 신용 등급에 반영하는 방안도 생각해야 한다"고 역설했다.

증권사들의 역할도 강조했다. 그는 "증권사들은 리서치 역량을 키워 개별 기업의 ESG 경영 현황을 일반투자자에게 알리는 기능을 강화해야 하고 ESG 점수 개선 가능성이 높은 기업을 찾아 적극적으로 중개·투자하는 역할을 해야 한다"며 "정보 비대칭을 해소하기 위해 ESG의 중요 내용을 공시하도록 유도하고 관련 지수도 적극 개발해야 할 것"이라고 설명했다.

지속가능금융의 힘
은행권 '착한 대출' 속속 선보여

ESG 경영 잘하면 한도 늘어나고 은행서 대출금리도 낮춰준다

ESG는 기업의 지배구조를 투명하게 바꾸고 사회와 공동체에 대한 책임을 갖게 하지만 동시에 기업에 더 큰 이익을 제공하기도 한다. 국내 시중은행이 ESG 우수 기업에 제공하는 대출 우대 방침이 대표적 예시 중 하나다.

신한은행은 2021년 3월 ESG 경영 우수 기업과 협력사를 대상으로 금리 우대 혜택을 제공하는 '신한ESG 우수상생지원대출'을 출시했다. 신한은행은 이 상품을 출시한 뒤 약 한 달간 2200억원 규모의 자금을 기업들에 공급했다. 신한은행은 ESG 우수 기업으로 선정한 곳을 대상으로 연 0.2~0.3%포인트 금리 우대 등 혜택을 제공한다. 각 기업 공시 자료를 바탕으로 정량 및 정성 평가를 진행하고, 외부 지표와 지수

등을 종합적으로 판단해 우수 기업을 선정한다. 환경 분야는 친환경 설비 확충 및 온실가스 배출 활동 등을 고려한다. 사회적 책임 분야에서는 협력업체와의 상생 경영, 사회공헌활동을 통한 지역사회 환원 등을 평가한다.

KB국민은행도 ESG 경영이 우수한 기업을 대상으로 금융지원을 제공하는 'KB 그린 웨이브 ESG 우수기업대출'을 2021년 4월 1일 출시했다. ESG 평가 기준을 충족하는 항목에 따라 우대금리를 최대 0.4%포인트 제공하고 시설자금 대출한도를 우대한다. 대출 한도는 1조원이다. 이 은행은 한국환경산업기술원(기술원)과 업무협약을 체결하고 기업의 환경성 평가 등급을 제공받아 우수 기업에 우대

시중은행 ESG 특화대출

KB국민은행	신한은행	농협은행
KB그린웨이브ESG기업대출	신한ESG우수상생지원대출	NH친환경기업우대론
평가 기준 충족에 따라 최대 0.4%포인트 금리 우대	ESG 우수 기업에 0.2~0.3% 포인트 금리 우대	환경 기여도에 따라 최대 1.5%포인트 금리 우대

금리 혜택도 제공한다.

NH농협은행도 그린뉴딜 정책 방향에 맞춰 친환경 경영 우수 기업에 대출한도와 금리를 우대하는 'NH친환경기업우대론'을 2021년 3월 말 출시했다. 환경성 평가 우수 기업과 녹색인증(표지인증) 기업에 기여도에 따라 최대 1.5%포인트 금리 우대와 추가 대출한도를 제공한다. 특히 금융권 최초로 정부부처 주관 ESG 캠페인 동참 기업에 0.1%포인트 금리 우대를 제공하고, 대출 지원 기업에는 농식품기업 컨설팅 등 농협은행 특화 서비스도 지원한다.

금융권은 ESG 우수 기업과 업무협약을 맺고 다양한 금융지원을 실시하고 있다. 우리은행은 한국환경산업기술원과 '녹색금융 확산 및 우수 환경기업 육성 지원을 위한 온택트(Ontact) 업무협약'을 2021년 4월 체결했다. 양사는 녹색금융 활성화를 위한 홍보활동 공동 전개, ESG 우수 기업 육성을 위한 금융 지원 협력을 강화해 나가기로 했다. 특히 우리은행은 한국환경산업기술원이 기업의 온실가스, 오염물질 배출량, 환경인증 실적 등을 종합 평가해 제공하는 약 3만8000여 개 기업의 환경성 평가 등급을 토대로 ESG 우수 기업 전용상품을 출시해 대출금리와 수수료 우대 혜택을 제공한다.

우리은행은 앞서 포스코그룹 계열사인 포스코건설과 '기업의 사회적 책임 실천 및 ESG 관련 금융 비즈니스 모델 개발을 위한 업무협약'도 체결했다. 이를 통해 양사는 ESG 관련 사업을 위한 여신지원, ESG 관련 수신상품 개발, 온·오프라인 플랫폼 기반 공동 영업 추진, 이종산업 간 융·복합 제휴영업 추진 등 총 4개

사진출처: 각 사

45

분야에서 ESG 사업 모델 구축을 위한 협력을 강화하기로 했다. 양사는 태양광, 풍력발전 등 신재생 · 친환경 에너지 ESG 관련 건설사업에 지급보증, 프로젝트파이낸싱(PF)을 포함한 금융 분야 협력을 강화할 예정이다. 또 친환경 인프라 확충을 위한 ESG 채권 발행을 지원하고, 금융과 건설의 디지털 융 · 복합 제휴를 통해 디지털 신사업 분야에서도 동반성장을 해나가기로 했다.

KB국민은행과 신한은행은 한국중부발전 · 한국수력원자력 · 스프랏코리아와 글로벌 그린에너지 파트너십 업무협약을 체결했다.

두 은행은 유럽 신재생에너지 개발 사업에 투자하는 펀드(가칭 글로벌그린에너지파트너십펀드)에 출자하고 투자 사업에 대한 대출 등 금융 솔루션을 제공해 사업 개발이 안정적으로 이뤄질 수 있도록 지원한다.

여기에 한국중부발전과 한국수력원자력은 발전소 운영 경험과 노하우를 활용해 발전소 건설 및 관리 운영 전반을 담당하고 스프랏코리아는 펀드의 운용과 관리를 맡게 된다. 국내 최고 에너지 공기업과 금융사의 협업을 통해 선진화된 유럽 신재생에너지 시장에 성공적으로 진출하게 되는 셈이다.

금융권, ESG 산업에 대한 지원 여력 확충

금융권이 채권 발행 등을 통해 ESG 산업에 대한 금융지원 여력을 확충하며 관련 기업들에 대한 투자가 활발해질 전망이다. KB국민은행은 2021년 3월 1000억원 규모의 녹색채권을 발행했다. 이 채권은 환경부가 발행한 '녹색채권 가이드라인' 절차와 기준을 준수한 것으로 조달한 재원은 태양광 발전, 풍력 발전 등 국내 저탄소 녹색 사업을 지원하는 데 사용할 예정이다. 채권 만기는 1년이고, 발행 금리는

0.98% 고정금리다. 구체적인 자금 사용내역과 환경 개선 기여도는 투자자 안내문을 통해 홈페이지에 게시된다.

KB국민은행은 글로벌 시장에서도 지속가능(Sustainability)채권 조달에 성공했다. 2021년 4월엔 5억 달러 규모 5년 만기 선순위 지속가능채권을 성공적으로 발행했다. 발행금리는 미국 5년물 국채금리에 55bp를 가산한 수준인 1.406%로 이는 KB국민은행이 발행한 역대 글로벌본드 중 최저 금리 수준이다. 총 100여 개 기관이 참여해 발행금액인 5억달러의 4.2배 수준인 21억달러 이상 주문을 확보했다. 조달된 자금은 친환경 및 사회 프로젝트 지원 등에 사용된다.

하나은행도 2021년 1월 5억유로 규모의 중장기 외화채권 발행에 성공했다. 사회적 책임을 강조하는 ESG 채권에 대한 관심을 반영해 소셜본드(Social Bond) 형태로 발행됐다. 채권 만기는 5년이고, 발행금리는 연 –0.170%이다. 발행된 채권은 마이너스 금리로 발행됐을 뿐만 아니라 한국물 유로화 공모채 중 역대 최저 금리 수준이다. 채권 발행으로 조달될 재원은 코로나19 관련 금융지원 확대 등에 사용된다.

하나금융지주 자회사인 하나캐피탈도 3000억원 규모 ESG 채권을 발행하는 데 성공했다. 이번 발행에는 연기금 등 기관투자가와 국내 ESG 투자자들이 대거 참여했다. 일반 여신전문금융회사 회사채 발행의 경우 3년 이하 기간이 가장 큰 비중을 차지하지만 하나캐피탈의 ESG 채권은 3000억원 중 2200억원 이상이 3년 이상에 집중돼 자금의 안정적 운용이 가능해졌다. 하나캐피탈은 조달한 재원을 청년 지원 사업, 벤처기업 프로젝트 지원 등에 사용하겠다는 계획이다.

파타고니아 원 웨어 프로그램

착한 기업 파타고니아 · 케이스티파이

친환경 경영철학에 공감하는 소비자들이 늘어

아웃도어 브랜드 파타고니아는 팬덤을 갖고 있다. 그들은 기업 철학에 공감하는 소비자다. 파타고니아 슬로건은 '우리는 우리의 터전, 지구를 되살리기 위해 사업을 한다'이다.

파타고니아는 페트병 등을 재활용해 소재를 확보하거나 버려진 의류를 활용해 제품을 만드는 것으로 유명하다. 또 파타고니아는 매출 중 1%를 환경보호에 기부하며 이 회사가 후원하는 환경단체는 2018년 기준 1082개에 이른다. 1993년에는 플라스틱 병을 폴리에스터로 재활용해 플리스 원단을 만들었다. 심지어 자사 제품을 홍보하며 '제발 이 옷을 사지 마라(Don't buy this jacket)!'라는 문구를 붙이기도 했다. 1996년부터 전체 면 제품을 유기농 목화에서 얻은 순면으로 제작하고 있다. 파타고니아 플리스 조끼는 미국 월스트리트 교복이라 불리고 실리콘밸리 기업인들도 즐겨 입는 것으로 알려져 있다. 한국에서도 몇몇 제품이 품절 사태를 빚었다.

파타고니아 관계자는 "파타고니아의 친환경 경영철학에 공감하는 소비자들이 늘고 있다"며 "서핑, 암벽 등반, 트레킹 등 자연 친화적인 아웃도어 활동이 늘면서 이와 관련된 파타고니아 제품들에 대한 관심도 커지고 있다"고 전했다.

케이스티파이(Casetify)는 휴대폰 케이스 등 테크 액세서리 브랜드다. 인스타그램 팔로워가 212만 명에 달할 정도로, 최근 전 세계적으로 인기다. 주요 제품은 스마트폰 케이스다. 고객 맞춤형으로 프레임 재질이나 형식, 색상, 글씨까지 고객이 선택할 수 있다. 세상에 하나밖에 없는 나만의 휴대폰 케이스다. 포켓몬과 헬로키티 등과 협업한 제품도 있다. '착한 기업' 팬덤들은 케이스티파이 팬이다. 케이스티파이는 2021년 스마트폰 살균기 수익 100%를 코로나19 구호기금에 기부했다. 수술용 마스크 4만 장을 제작해 의료진에게 지원도 했다. 자연 분해가 가능하고 비료로도 활용 가능한 에코 케이스도 출시했다. 케이스티파이는 에코 케이스가 판매될 때마다 나무 한 그루도 심을 예정이다.

국민연금·KIC도 ESG 투자 대열 합류

국민연금, 400조원 이상 ESG 투자할 방침
KIC, 운용사 선정에 반영

국내 투자 큰손들도 ESG(환경·책임·투명경영) 대열에 합류하며 인수합병(M&A) 시장의 지각변동이 예상된다.

국민연금은 ESG 투자를 대폭 확대하기로 결정했다. 김용진 국민연금 이사장은 "2022년까지 책임투자 적용 자산군 규모가 기금 전체 자산에서 50% 상당으로 늘어날 예정"이라며 "2021년부터 ESG 통합전략을 국외 주식과 국내 채권 자산에도 적용하겠다"고 밝혔다.

2021년 말 국민연금의 ESG 적용 투자 규모는 400조원 넘어설 듯

2021년 2월 기준 860조원인 국민연금 기금 규모가 유지된다면 2021년 말 국민연금의 ESG 적용 자산 규모는 400조원 이상이 될 전망이다.

국민연금의 ESG 투자는 역사가 오래됐다. 2006년 9월 책임투자형 위탁펀드를 운용 개시한 이래 2009년 6월 UN PRI에 가입했다. 같은 해 12월엔 의결권 행사지침에 책임투자 관련 조항을 마련했으며 2015년 국내 주식 ESG 평가체계를 구축했다.

향후엔 투자전략에 더욱 적극적으로 ESG 요소를 반영한다는 복안이다. 국민연금은 2021년 ESG에 문제가 있는 기업은 투자 대상에서 제외하는 '네거티브 스크리닝(Negative Screening)'을 적용하기로 방침을 정했다. 석탄발전이나 집속탄 등 무기 제조 기업을 블랙리스트로 구분해 투자하지 않는 해외 연기금처럼 국민연금도 기업의 ESG에 관여하겠다는 것이다. 이에 무기, 술, 담배, 석탄 등 '죄악 산업'으로 분류되는 기업은 국민연금 투자 대상에서 배제될 가능성이 커졌다.

산업재해가 자주 발생하는 기업은 중점관리 대상이 될 것으로 보인다. 중대재해기업처벌법이 개정됨에 따라 해당 법 취지를 국민연금 투자에도 적용하겠다는 것이다.

한국투자공사(KIC)는 2021년 연초부터 거듭 책임투자 원칙을 밝히며 투자를 유치해야 하는 기업과 위탁운용사들에 가이드라인을 제시했다. 향후 ESG를 소홀히 하고서는 KIC의 선택을 받을 수 없다는 선언이다. KIC는 2020년 말 기준 운용자산(AUM)이 1831억달러(약 208조원)에 달하는 국내 대표 투자 전문기관이다. KIC는 "투자 과정에서 모든 기업의 ESG 등급을 감안하고 있으며, 운용사의 ESG 정책을 고려해서 위탁운용사를 선정하고 있다"며 "1년 6개월 동안 운용한 ESG 전략 펀드는 투자 규모를 지속적으로 확대하겠다"고 강조했다.

KIC는 위탁운용사 선정 시 책임투자 도입 정도에 따라 가산점을 부여한다. 위탁운용사의 ESG 관련 정책과 전략 및 인력, 그리고 교육제도까지 점검하고 있다. 대체자산을 투자할 땐 ESG 측면에서 일차적으로 검토한 뒤 투자위원회에 상정한다. KIC는 전체 투자자산군과 포트폴리오에 ESG 요소를 고려하는 ESG 투자체계를 갖고 있다.

KIC는 2018년부터 ESG 정책을 강화해왔다. 그해 12월 '수탁자 책임에 관한 원칙'을 공표한 이후 투자정책서 내 책임투자조항을 신설했으며, 책임투자 업무지침도 제정했다. 국제기업지배구조연대(ICGN · International Corporate Governance Network)와 원플래닛국부펀드협의체(OPSWF · One Planet Sovereign Wealth Funds)에 가입했으며, 매년 ESG데이도 개최하고 있다. KIC는 ESG데이에서 국내 공공 투자기관을 모아두고 책임투자 글로벌 트렌드와 우수 사례를 공유한다.

2019년 KIC는 국내 최초로 3억달러 규모의 글로벌 ESG 전략 펀드를 도입한 바 있다. 그해 6월엔 정부가 발행한 5억달러 규모 녹색 · 지속가능채권 발행에 참여하기도 했다. 이 발행자금을 위탁받아 남미 · 아프리카의 신재생에너지 프로젝트, 폐기물 처리 사업, 미국 친환경 오피스 빌딩에 투입했다. 2021년에는 ESG 펀드 규모를 8억달러 수준으로 키울 예정이다. KIC 측은 "현재 모든 자본시장 참여자들이 ESG라는 화두 앞에 서 있다고 해도 과언이 아니다"라며 "ESG를 적극적으로 활용하는 운용전략을 수립해 그린뉴딜 시대에 걸맞은 투자 확대를 추진할 계획"이라고 예고했다.

한국의 주요 기관투자가들이 ESG 투자에 관심을 보이는 이유는 글로벌 ESG 패권 전쟁에 있다. 글로벌 지속가능투자연합(GSIA)과 도이치뱅크에 따르면 전 세계 ESG 투자 자산 규모는 2020년 약 40조달러

5월 21일 서울 영등포구 여의도 콘래드 호텔에서 열린 '2021 ESG 플러스 포럼'에서 김용진(가운데) 국민연금공단 이사장을 포함한 참석자들이 토론을 하고 있다.

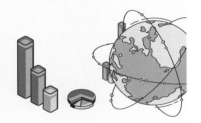

세계 ESG 투자 자산 규모
2030년 130조달러로 성장

국민연금 ESG 투자 역사

시기	내용
2006년 9월	책임투자형 위탁펀드 운용 개시
2009년 6월	UN PRI 가입
2009년 12월	의결권행사지침에 책임투자 관련 조항 마련
2015년 12월	국내 주식 ESG 평가체계 구축
2017년 9월	국내 주식(직접) ESG 고려 적용
2019년 12월	'국내 주식 적극적 주주활동 가이드라인' 마련
2020년 11월	AIGCC(기후변화에 관한 아시아 투자자 그룹) 가입
2020년 12월	2022년까지 운용자산 50% 이상을 ESG 기업에 투자하기로 결
2021년 5월	석탄 채굴 및 발전 산업에 투자 제한하기로 결정

에서 2030년 130조달러로 성장할 전망이다. ESG에 얼마나 충실한 투자를 했느냐에 따라 세계 투자업계에서의 위상이 달라질 수 있는 것이다.

유엔 책임투자원칙(UN PRI)에 서명한 기관은 2006년 63개에서 2020년 말 3605개까지 불어났다. 금융회사와 연기금 등의 PRI 참여는 ESG를 고려해 투자하겠다는 의지를 반영하는 것이다.

해외 기관투자가들도 ESG 투자에 속도를 내고 있다. 캐나다연금투자위원회(CPPIB)는 2008년 책임 투자 그룹을 형성한 이래 ESG 투자를 이행해왔다. 특히 지배구조(G)에 해당하는 항목인 성 다양성을 제고하도록 기업들을 독려해왔다. 이사회 내 성 다양성이 높은 기업이 그렇지 않은 기업보다 장기적으로 더 나은 이익을 창출한다는 믿음을 바탕으로 이를 장려한 것이다. CPPIB는 2017년 여성 임원이 전무한 45개의 캐나다 기업을 대상으로 여성 임원 비율 향상을 요구한 것을 시작으로 2018년부터 투자기업 이사회의 성 다양성 증진을 위한 주주 행동주의 정책을 공식적으로 도입했다.

CPPIB는 이사회 내 여성 임원이 없는 기업을 대상으로 이사회 임원 채용과 관련한 모든 사안에 반대표를 던지는 주주권을 행사했다. 2017년엔 총 45개의 캐나다 기업을 대상으로 이사회 임명 의결권 행사를 거부했다. 이 듬해인 2018년엔 전년도에 의결권 행사를 거부했음에도 여성 임원을 임명하지 않은 22개 기업을 대상으로 이사회 임명 의결권 행사를 다시 거부했다. 2019년엔 의결권 행사 거부 대상 기업을 해외 투자 기업으로 확대했다. 그해 총 3400개의 해외 투자 기업 중 626개 기업(535개 아시아 기업)의 이사회 임명 의결권 행사를 거부한 것이다. 한편으로는 여성 임원 비율이 낮은 기업과 성 다양성 향상 방안에 대해 논의하고 개선을 돕는 프로그램도 운영 중이다.

국민연금 기금운용본부

日 · 加 연기금도 ESG 박차

세계 최대 연기금인 일본 공적연기금(GPIF · Govern-ment Pension Investment Fund)은 2015년부터 ESG 투자에 집중해 왔다. 그해 9월 UN PRI에 가입했고, 2017년 ESG 통합전략을 도입한 뒤 ESG 관련 투자를 넓혀왔다. 신한금융투자 보고서에 따르면 GPIF의 ESG 관련 투자자산 규모는 2019년 3월 기준 159조엔(약 1658조원)으로 3년 만에 307% 늘어났다.

GPIF는 부정적 외부성을 초래하며 얻는 단기적 수익 추구는 지양한다. 행동주의와 주주활동을 통해 ESG 투자를 추구한다. GPIF는 지수사업자와 협력을 통해 ESG지수를 선정하고, 3조5000억엔(약 36조원) 규모의 자금이 해당 지수를 추종하도록 운용 중이다.

기관투자가의 자금을 위탁받아 운용하는 자산운용사들도 ESG 투자에 열을 올리고 있다. 2020년 말 기준 운용자산(AUM)이 3조4700억달러(약 3881조원)에 달하는 세계 3대 자산운용사인 스테이트스트리트글로벌어드바이저스(SSGA)는 ESG 투자를 통해 미국 상장사 지배구조를 개선하는 데 주력해왔다. 케빈 앤더슨 아시아 · 태평양 투자책임자는 "2017년 '두려움 없는 소녀상' 캠페인을 시작한 이후 1486개 기업 이사회에 여성이 없는 것으로 확인했다"며 "SSGA는 기업이 이사회와 경영진에 성별 다양성을 제고해야 할 필요성을 강조했고, 더 많은 여성이 리더 역할을 하는 회사에 투자할 수 있는 기금을 만들었다"고 설명했다. SSGA는 해당 캠페인을 통해 862개 상장사가 여성 이사를 영입하게 만들었다.

Part 3

ESG 경영

기업 경영
패러다임 전환

재계, 이사회에
ESG위원회 설치 가속도

ESG 평가와 투자자 요구, ESG 공시 강화, 바이든 정부 출범 등에 따른 결과
관련 인재풀 적고, 명망가 중심 대기업 사외이사들이 주도한다는 지적도

재계에 ESG위원회를 설치하는 움직임이 빨라지고 있다. ESG 평가와 투자자 요구, ESG 공시 강화, 바이든 정부 출범 등에 따른 결과라는 분석이 나오고 있다. ESG위원회는 회사 최고의사결정기구인 이사회 내 위원회다. ESG와 관련된 경영 계획이나 투자 등 주요 의사결정 사항을 검토하는 역할을 담당한다.

삼성물산은 2021년 초 이사회 내 거버넌스위원회를 ESG위원회로 확대 개편했다. 위원은 모두 사외이사다. 위원장은 노동부 차관을 지낸 정병석 사외이사다.

삼성전자는 경영지원실 지속가능경영사무국을 최고경영자(CEO) 직속 지속가능경영추진센터로 격상했다. 센터장은 김원경 부사장이다. 삼성전자는 또한 사업부 단위에도 지속가능경영사무국을 설치했으며, 전사 차원 협의기구인 지속가능경영협의회를 CFO 주관으로 확대 개편했다.

현대차그룹은 이사회에 ESG 관련 정책 심의와 의결 권한을 부여했다. 현대차는 이사회 내 투명경영위원회를 지속가능경영위원회로 확대 개편했으며, 현대모비스도 지속가능경영위원회를 신설했다.

현대차그룹 관계자는 "ESG 경영체계를 확립해 지속가능한 미래가치를 창출해 나갈 것"이라고 말했다.

SK그룹은 ESG 경영에 집중하기 위해 지주사인 SK㈜를 비롯한 주요 계열사의 이사회 내에 ESG위원회를 설치했다. SK㈜ ESG위원회 위원은 장동현 SK㈜ 대표와 사외이사 5명이다. 장 대표는 위원회와 회사 간 원활한 의사소통을 위해 위원으로 참여하게 됐다.

SK는 그룹 최고의사협의기구 수펙스추구협의회에도 ESG 관련 조직이 있다. SV(Social Value)위원회, 거버넌스위원회, 환경사업위원회다.

SV위원회 위원장은 이형희 위원장이며, 거버넌스위원회와 환경사업위원회는 각각 윤진원 사장, 김준 사장이 이끈다.

㈜LG를 비롯한 LG그룹 13개 상장사는 이사회 산하

에 ESG위원회를 신설했다. 그룹 지주사 ㈜LG의 ESG위원회는 사외이사 4명과 권영수 대표이사가 참석한다. LG화학 관계자는 "ESG위원회를 통해 지속가능한 성장을 실현하고, 회사 경영 투명성을 높이겠다"고 설명했다.

롯데그룹은 사별로 ESG 활동을 하며, 롯데면세점엔 ESG위원회 조직이 있다.

포스코 ESG위원회는 사외이사 3명, 사내이사 1명으로 구성됐다. 포스코는 CEO 직속 경영전략실에서 ESG위원회를 지원한다. 기업시민실 산하 ESG그룹도 지원역할을 담당한다.

한화그룹은 2021년 지주사 격인 ㈜한화에 ESG 위원회를 신설했다. ESG 위원회는 ESG 활동과 추진 실적을 점검하고, 준법 통제 등 컴플라이언스 업무도 담당할 예정이다. 회사 주요 보직 팀장들이 참여하는 ESG협의체도 신설해 ESG위원회를 지원한다.

GS그룹은 지주사 ㈜GS 이사회 산하에 ESG위원회를 신설했다. 위원장은 현오석 전 경제부총리며, 김진태 전 검찰총장과 홍순기 ㈜GS 대표가 위원으로 참여한다. 홍순기 대표는 GS그룹 친환경협의체 의장도 맡고 있다. 친환경협의체는 각 계열사 최고환경책임자(CGO)로 구성됐으며, 2021년 2월 발족했다. 홍순기 대표는 "ESG 활동에 대한 이사회의 관리 감독을 보다 명확하게 하기 위해 ESG위원회를 설치했다"고 밝혔다.

현대중공업그룹은 9개 계열사에 ESG위원회를 설치했다. ESG위원회가 만들어진 회사는 현대중공업지주와 조선부문 중간지주사인 한국조선해양, 현대중공업, 현대삼호중공업, 현대미포조선, 현대건설기계, 현대일렉트릭, 현대오일뱅크, 현대에너지솔루션 등이다.

현대중공업그룹은 또한 각사 CSO(최고지속가능경영책임자)로 구성된 그룹 ESG협의체를 구성했다. 그룹 차원의 ESG 정책과 적용 방법, 현안 등을 논의하고, 각사 ESG 경영을 지원하는 역할을 할 예정이다. 아울러 외부 전문가들로 구성된 ESG 자문그룹도 구성했다.

가삼현 현대중공업그룹 CSO는 "ESG 경영 강화를 통해 주주, 고객, 투자자 등을 넘어 모든 이해관계자들로부터 존경받는 기업이 될 수 있도록 최선을 다할 것"이라고 말했다.

신세계그룹도 ESG위원회를 신설했다. 이마트와 ㈜신세계는 사회공헌 영역에 국한해 활동했던 사회공헌위원회를 ESG위원회로 확대 개편했다. 신세계그룹 관계자는 "사회공헌, 상생, 투명경영 등 신세계그룹이 다양하게 실천 중인 ESG 경영활동을 더욱 체계화하기 위해 ESG위원회를 신설했다"고 밝혔다.

KT는 이사회 내 지속가능경영위원회에서 ESG 경

10대 그룹 ESG위원회 현황

회사	구성	위원장	신설일
삼성물산	사외이사 5명	정병석 전 노동부 차관	2021년 3월
현대자동차	사외이사 6명, 대표이사 1명	최은수 대륙아주 고문변호사	2021년 3월
SK㈜	사외이사 5명, 대표이사 1명	장용석 연세대 행정학과 교수	2021년 3월
㈜LG	사외이사 4명, 대표이사 1명	이수영 에코매니지먼트코리아홀딩스 대표	2021년 5월
롯데지주	사외이사, 사내이사	미정	2021년 하반기
포스코	사외이사 3명, 대표이사 1명	김신배 전 SK그룹 부회장	2021년 3월
㈜한화	사외이사 2명, 대표이사 1명	이석재 서울대 인문학부 교수	2021년 3월
㈜GS	사외이사 2명, 대표이사 1명	현오석 전 경제부총리	2021년 3월
현대중공업지주	사외이사 3명, 대표이사 1명	김화진 서울대 로스쿨 교수	2021년 4월
㈜신세계	사외이사 3명	위철환 변호사	2021년 4월

영 관련 의사결정을 한다. 위원은 사외이사 4명, 사내이사 1명이다.

지속가능경영위원회는 ESG 관련 의사결정을 담당한다. KT는 임원급이 참석하는 ESG추진위원회, 팀장급 ESG 실무협의체에서 ESG 전략을 수립하고 있다. 지속가능경영위원회 등에서 결정한 ESG 정책은 ESG경영추진실에서 실행·운영된다. 사외 자문기구도 있다. KT그룹 ESG경영자문위원회다. 위원회는 분기마다 한 번 열린다.

CJ제일제당은 지속가능경영위원회를 신설했다. 최은석 대표와 사외이사 4인으로 구성됐다. 위원회 산하에 지속가능경영협의체가 구성됐으며, ESG 전담기구인 '서스테이너빌리티(Sustainability)팀'이 지원 역할을 담당한다.

한진그룹 지주사 한진칼은 2021년 ESG경영위원회를 신설했다. 대한항공은 2020년부터 ESG위원회를 운영하고 있다.

효성은 투명경영위원회를 ESG경영위원회로 확대 개편했다. ESG경영위원회는 ESG 정책 수립, 환경·안전·기후변화 대응에 관한 투자 및 활동 계획을 심의한다. 위원장은 검찰총장 출신 정상명 사외이사다.

조현준 회장은 "ESG 경영은 효성이 글로벌 시장에서 프리미엄 브랜드로 도약하기 위해 반드시 갖춰야 할 정체성"이라며 "환경보호와 정도경영, 투명경영을 확대하고 협력사들과 동반성장함으로써 주주들과 사회로부터 사랑과 신뢰를 받는 '100년 기업 효성'으로 성장해 나가길 기대한다"고 밝혔다.

"글로벌 평가기관들이 가장 많이 물어보는 게 ESG위원회 설치 여부"

조남진 딜로이트안진 리스크자문본부장은 "MSCI 등 글로벌 ESG 평가기관들이 평가를 할 때 가장 많이 물어보는 것 중 하나가 ESG위원회 설치 여부"라고 설명했다.

이효섭 자본시장연구원 금융산업실장은 "국내는 ESG 인재풀이 적고, 명망가 중심 대기업 사외이사들이 ESG위원을 맡고 있다"며 "미국·유럽 등에선 기업인 등 ESG 전문가들이 ESG 조직을 이끌고 있다"고 설명했다. 미국 항공기 제조사 보잉의 ESG위원장은 ESG 경험이 풍부한 크리스 레이먼드 보잉 최고지속가능성책임자(CSO)다. TSMC ESG위원장은 로라 호 TSMC 부사장이며, IBM 거버넌스위원회 위원장은 프레데릭 와델 노던트러스트코퍼레이션 전 회장이다. 허벌라이프 ESG위원장은 마이클 몬텔롱고 GRC어드바이저리서비스 CEO다. GRC는 지배구조와 리스크관리 전문회사다. 유니레버 기업책임위원회 위원장은 스트라이브 마시이와 이코네트글로벌 대표며, HP 거버넌스·사회적책임위원장은 수미트 바네리 콘도셋 공동창업자다. 이코네트글로벌은 테크기업, 콘도셋은 투자회사다.

김정남 삼정KPMG ESG전문팀 상무는 "투자자들이 경영진과 이사회 차원에서 ESG 리스크관리와 경영을 책임 있게 펼쳐달라고 요구하면서 기업들이 잇달아 이사회에 ESG위원회를 설치하고 있다"며 "유니레버와 HP 등 글로벌 기업들은 이미 이사회 내에 ESG 관련 위원회를 갖췄다"고 전했다.

포천 100대 기업 60%가 넘는 곳 ESG위원회 도입

해외 기업들의 ESG 경영 속도는 한국보다 빠르다. 포천 100대 기업은 2020년 전체 기업의 60%가 넘는 63개사가 이사회 내 ESG위원회를 도입했다. S&P500 기업은 2015년에 123곳이 ESG위원회를 설치했다. 한국기업지배구조원에 따르면 자산 기준 상위 100대 코스피 상장사 가운데 ESG위원회나 지속가능경영위원회를 설치한 기업은 2020년 기준 12곳에 불과했다. 또한 국내 100대 상장사의 ESG위원회 위원 수는 평균 3.75명인 반면 포천 100대 기업은 4.37명에 달했다.

서현정 ERM코리아 대표는 "여러 글로벌 기업이

한국경영자총협회는 2021년 4월 26일 제1차 ESG경영위원회를 개최했다. 손경식 경총 회장이 위원장으로 추대됐다.

대한상의는 산업조사본부 산하 기업문화팀을 ESG경영팀으로 확대 개편했다. 사진은 대한상의서 개최한 제2차 ESG경영포럼.

ESG위원회를 설치하고 있다"며 "ESG 경영을 잘 실행하기 위해서 독립적 의사 결정을 내릴 수 있는 경영진들이 위원회에 속하는 경우가 많다"고 설명했다. 그는 "특히 2020년 말 글로벌 테크 기업들이 탄소 배출량을 줄이겠다고 대외에 공표를 하면서 ESG 활동이 본격화됐다"며 "국내 산업계에서도 ESG위원회 설치가 보다 활발해질 것"이라고 내다봤다.

이효섭 실장은 "총수나 CEO가 ESG에 의지를 갖고, 효율적으로 회사 자원을 배분해야 기업가치가 올라간다"며 "최고의사결정기구인 이사회 내 ESG위원회 설치는 ESG 경영을 확대하겠다는 CEO와 이사회의 의지로도 해석된다"고 설명했다.

전경련, 경총, 대한상의...
경제단체들도 ESG 앞장선다

재계 단체들도 ESG(환경 · 책임 · 투명경영) 확산에 앞장서고 있다. ESG는 기업에게 선택이 아니라 생존을 위한 필수가 됐기 때문이다.

한국경영자총협회는 2021년 4월 26일 제1차 ESG 경영위원회를 개최했다. 손경식 경총 회장이 위원장으로 추대됐다.

손경식 회장은 "환경, 사회, 지배구조를 일컫는 ESG 이슈가 기업경영의 필수 요소로 부상하면서, 기업을 평가하는 기준이 더 높아졌다"며 "ESG경영위원회를 통해 ESG 자율경영을 주도함으로써 국민으로부터 더욱 신뢰받는 기업 경영문화를 조성해 나갈 것"이라고 밝혔다.

이날 ESG경영위원회에 참여한 주요 그룹 18개사 대표들은 기업의 환경 · 사회적 책임 준수와 투명하고 윤리적인 경영체계 확립 등의 원칙을 담은 'ESG 자율경영 실천을 위한 공동선언'과 '위원회 운영규정'을 채택했다.

공동선언에는 ▲온실가스 감축과 저탄소 자원선순환 경제 선도 ▲비즈니스와 연계한 사회공헌으로 내외부 고객과 주주, 관계기업 · 지역 · 사회가 함께 성장·발전 ▲투명하고 윤리적인 경영체계 확립 ▲ESG 자율공시 등 내용이 담겼다.

참여기업들은 기업 주도 ESG 자율경영 활성화를 위한 전략을 공유하는 한편 국내 ESG 책임투자를 선도하고 있는 국민연금 측과의 소통 채널도 구축해 나갈 예정이다. ESG경영위원회가 직접 국민연금 측과 정기적인 소통을 통해 ESG 개선을 적극 모색하면서 경영 불확실성을 완화하겠다는 목표다. 국민연금은 국내 주식에만 176조7000억원(2020년 말 기준)을 투자, 전체 시가총액의 약 7.5%를 차지하고 있을 만큼 자본시장과 상장기업에 미치는 영향력이 크다.

ESG경영위원회는 연 2회 개최할 예정이다. 구체적인 과제로 각사 ESG 전담부서장이 참여하는 분기별 실무위원회는 경영계 자율 권고와 지침 마련, ESG 평가지표에 대한 개선과제 건의, 공동 연구조사 등을 협의하게 된다. 한국경영자총연합회(경총)에서 ESG는 고용·사회정책본부 사회정책팀에서 담당한다.

ESG경영위원회에는 이인용 삼성전자 사장, 송호성 기아 대표, 이형희 SK 수펙스추구협의회 SV위원장, 이방수 ㈜LG 사장, 김교현 롯데지주 사장, 김학동 포스코 대표, 조현일 한화 컴플라이언스위원회 사장, 김석환 ㈜GS 사장, 가삼현 한국조선해양 대표, 차정호 ㈜신세계 대표, 김홍기 CJ㈜ 대표, 우기홍 대한항공 대표, 곽상철 ㈜두산 대표, 안원형 ㈜LS 부사장, 정재훈 KCC 부사장, 김택중 OCI 대표, 장희구 코오롱인더스트리 대표, 김영주 종근당 대표 등이 위원으로 참여한다.

전국경제인연합회는 K-ESG 얼라이언스를 발족했다. 의장은 김윤 삼양홀딩스 회장이다. K-ESG 얼라이언스의 목적은 대기업에서 중견·중소기업으로의 ESG 경영 확산과 글로벌 ESG 사업 추진이다. 글로벌 사업으로는 글로벌 ESG 콘퍼런스, 글로벌 기관투자가 대상 ESG 투자설명회 등을 추진한다. 전경련은 주한미국상공회의소와 함께 2021년 5월 13일 ESG세미나를 개최했다. 앞서 전경련은 ESG T/F도 설립했다. ESG T/F는 ▲기업지배구조원 ESG 모범규준 개정안에 대한 의견서 ▲500대 기업 ESG 준비실태 및 인식조사 ▲10대 그룹 ESG 경영사례 조사 ▲탄소흡수 기술의 글로벌 동향 ▲국내외 ESG 평가 동향과 시사점 등의 자료를 냈다.

권태신 전경련 부회장은 "전경련은 글로벌 ESG 경영 트렌드를 소개하고 우리기업의 ESG 경영에 도움을 주기 위해 최선의 노력을 다하고 있다"고 밝혔다.

대한상의는 산업조사본부 산하 기업문화팀을 ESG 경영팀으로 확대 개편했다. 최태원 대한상의 회장은 "기후변화는 모든 정책이나 규제가 바뀌면서 영향력이 커질 텐데 능동적으로 대응해야 하며, 양극화 등 사회문제를 풀기 위해 기업이 수행해야 할 역할도 있을 것"이라며 ESG를 강조하고 있다.

상의는 ESG 경영 포럼을 개최했다. 첫 번째 포럼은 ▲글로벌 ESG 최신 동향과 대응과제 ▲국내외 ESG 평가 기준 ▲ESG 현황과 기업의 대응 등이 주제였다. 2차 포럼은 ESG 투자와 규제에 초점을 맞췄다. 국민연금기금과 환경산업기술원에서 각각 ESG 투자동향과 환경부문 평가계획을 소개하고, 한국거래소와 기업지배구조원은 ESG 공시제도 현황과 전망에 대해 발표했다. SK이노베이션과 법무법인 세종은 ESG 사례 발표를 맡았다.

30대 그룹 ESG 누가 이끄나

글로벌 투자자들이 한국 기업에 대한 압박 수위를 높이고 있다. 전국경제인연합회에 따르면 2020년 블랙록이 주주 제안 표결에 참여한 한국 기업은 27곳으로 집계됐다. 삼성전자, 현대차, SK하이닉스, LG화학 등 4대 그룹 주요 계열사들이 포함됐다. 뱅가드그룹이 주주권을 행사한 한국 기업은 삼성전자, 현대차, LG화학, 신한금융그룹 4곳이다.

투자회사들은 특히 ESG(환경·책임·투명경영) 이슈에 주목하고 있다. 블랙록은 2020년 LG화학 인도 공장 가스 누출 사고가 발생하자 회사 측에 지배구조와 안전 보고 이슈에 대한 경영진의 관심을 높일 것을 요구하기도 했다.

이처럼 한국 기업에 대한 글로벌 큰손들의 관심과 개입이 확대되면서 대기업들도 ESG 경영에 적극 나서고 있다. ESG 조직을 신설하고 인재를 모으고 있다. ESG 경영 핵심은 사람이다. 그중에서도 '최고ESG책임자'의 역할이 중요하다.

윤덕찬 지속가능발전소 대표는 "보여주기식 ESG가 아닌 ESG가 내재화된 경영을 하기 위해선 거버넌스까지도 과감히 혁신할 수 있는 자리를 만들어야 한다"며 "ESG 조직의 수장은 얼굴마담이 아닌 그에 걸맞은 권한이 주어져야 한다"고 설명했다.

윤 대표는 이오아니스 이오아누 런던비즈니스스쿨 교수가 강조한 "ESG와 혁신은 동전의 양면으로, ESG는 파괴적 혁신이다. 전략적 행동을 통해 ESG 상충 문제를 해결하려면 결국 '의지'와 '역량'이 있는가로 귀결된다"는 발언을 언급하며, ESG 책임자에겐 지배구조 이슈까지 혁신할 수 있는 강력한 권한이 있어야 한다고 전했다.

이준희 법무법인 지평 ESG그룹장은 C레벨 ESG 리더십 요건으로 ▲글로벌 비즈니스 혁신 마인드 ▲이해관계자 고려와 기업 윤리 ▲사회가치 실현에 대한 이해 등을 꼽았다. 이해관계자는 투자자, 고객, 임직원, 지역사회, 정부 등이다.

매일경제의 조사에 따르면 대기업 ESG 최고책임자는 주로 사장급이 맡고 있다. ESG총괄이 있는 대기업 10곳 중 SK, LG, 한화, GS, 현대중공업은 최고책임자가 '사장'으로 나타났다. 삼성전자와 포스코, KT, 네이버는 부사장급이다. 최고지속가능경영책임자(CSO) 타이틀은 가삼현 현대중공업그룹 사장이 유일했고, 김원경 삼성전자 부사장은

전담조직 강화 나선 대기업

김원경 삼성전자 부사장이
지속가능경영추진센터 맡아

SK 'ESG 전도사' 이형희 사장
양원준 포스코 경영지원 본부장
기업시민경영 ESG 차원 구체화

지속가능경영추진센터장이다. 그룹별로 SV위원장(SK), CSR팀장(LG), ESG분과장(GS) 등 ESG총괄 직책명은 다양했다.

삼성전자는 2020년 말 경영지원실 지속가능경영사무국을 최고경영자(CEO) 직속 지속가능경영추진센터로 격상했다. 센터장은 김원경 부사장이다. 김 부사장은 글로벌협력(Global Public Affairs · GPA)팀장도 겸임한다.

삼성전자는 매출 90% 이상이 해외에서 발생한다. 글로벌 기업인 만큼 공급망 관리와 환경, 사회 이슈 등에 대응하기 위해선 전문가가 필요하다. 삼성전자는 2019년 말 기준 74개국에서 생산시설 37곳, 판매거점 52곳을 운영하는 등 전체 230개 거점을 보유하고 있는 글로벌 기업이다. 김 부사장은 외교관 출신으로 삼성전자 워싱턴DC 사무

장 경력도 있다. 글로벌 네트워크, 법적 지식과 협상력, 비즈니스 마인드 등을 갖췄다. 미국 변호사인 김수진 전무도 지속가능경영추진센터를 함께 이끌어가고 있다.

삼성전자는 지속가능경영추진센터를 중심으로 ESG 경영을 펼치고 있다. 2020년엔 미국 · 중국 · 유럽의 모든 사업장에서 100% 재생에너지 전환 달성에 성공했다.

현대차그룹은 ESG를 총괄하는 '원톱 조직'이 없다. 대신 현대차 전략기획담당 사회문화팀과 안전경영기획팀 등 ESG 각 분야 전문성에 기반한 그룹 내 유관조직 간 협업을 통해 ESG 경영을 진행하고 있다.

공영운 현대차 전략기획담당 사장은 매경 · 환경재단 주최 ESG 리더십 과정에 등록할 정도로 ESG에 대한 관심이 크다. 현대모비스는 정수경 기획부문장(부사장)이 ESG를 총괄하며, ESG추진사무국장은 이현복 상무다.

SK는 그룹 최고의사협의기구 수펙스추구협의회 SV(Social Value)위원회에서 계열사 ESG를 지원한다. SK는 2019년 사회공헌위원회를 SV위원회로 개명했다. SV위원회는 멤버사들의 사회적 가치 측정도 지원하고 있다.

이형희 SV위원장은 ESG 전도사라 불린다. 대한상공회의소 부회장도 맡고 있으며, SK를 대표해 ESG에 대한 대외활동을 펼치고 있다. 이 위원장은 SK텔레콤 사업총괄과 SK브로드밴드 대표 등을 거쳤다. SV위원회 실무는 김광조 SV추진팀장(부사장)이 책임지고 있다.

주요 대기업 ESG최고책임자

삼성전자	SK	LG	포스코	한화	GS	현대중공업	KT	카카오	네이버
김원경 부사장 지속가능경영추진 센터장	이형희 사장 수펙스추구협의회 SV위원장	이방수 사장 지주사 CSR팀장	양원준 부사장 경영지원 본부장	조현일 사장 ESG 위원장	김석환 사장 그룹 ESG 분과장	가삼현 사장 그룹 CSO	신현옥 부사장 경영지원 부문장	김범수이사회의장 ESG 위원장	박상진 부사장 그린임팩트팀 경영리더

사장급이 직접 나선다

LG그룹 이방수 사장이 앞장서
전 상장계열사 ESG위원회 설치

현대중그룹 가삼현 CSO
준법 친환경 경영 진두지휘

한화는 판사 출신 조현일 총괄
GS ESG 사령탑은 김석환 사장

나석권 SK 사회적가치연구원 원장은 기획재정부 관료 출신이다. 사회적가치연구원은 기업이 창출하는 사회적 가치 측정 지표를 만들고, 성과를 계량화하는 사업을 담당하고 있다. 이형희 위원장은 사회적가치연구원 이사도 맡고 있다. LG그룹 ESG총괄은 이방수 ㈜LG CSR팀장이다. LG는 2021년 13개 상장 계열사 전체에 ESG위원회와 지원 조직인 ESG사무국을 만들 정도로 ESG에 적극적이다. 구광모 회장은 2021년 3월 ㈜LG 주주총회에서 "ESG 경영 체계 구축을 통해 지속가능한 LG가 될 수 있도록 노력하겠다"고 강조하며 ESG 경영에 힘을 보태고 있다.

LG화학은 박준성 대외협력총괄이 ESG를 담당하고 있으며, 2019년 지속가능전략팀이 신설됐다. 대외협력총괄은 CEO 직속 조직이다. 신학철 부회장은 LG화학 유튜브에 출연해 강의를 할 정도로 ESG에 대한 이해도가 높다.

양원준 포스코 기업시민실장은 최근 경영지원본부장으로 승진했다. 양 본부장은 기업시민실과 인사문화실, 정보기획실을 담당한다. 기업시민실은 포스코가 사회 일원으로서 경제적 이익뿐 아니라 공존·공생의 가치를 추구하겠다는 경영이념의 의지 표현이다. 포스코식 ESG다. 양 본부장은 2019년 1월 기업시민실 창설 산파 역할을 했으며, 포스코의 ESG 경영을 실무에서 이끌어왔다. 기업시민 경영 이념을 ESG 차원에서 구체화하는 기업시민실은 ESG그룹, 기업시민전략그룹, 사회공헌그룹으로 이뤄졌다. 천성현 실장이 기업시민실장이다.

한화 ESG총괄은 조현일 한화그룹 ESG위원회 위원장(사장)이며, ESG위원회는 컴플라이언스위원회 산하다. 조 사장은 판사 출신이다. ESG위원회는 환경, 사회적 책임, 지배구조, 대외 커뮤니케이션 등 4개 부문으로 구성되며 계열사의 ESG 활동 지원 등을 전개하게 된다.

GS그룹 ESG 사령탑은 지주사 최고재무책임자(CFO)인 김석환 ㈜GS 사장이다. 김 사장은 GS그룹 ESG분과장이다. 김 사장은 전경련 K-ESG얼라이언스와 한국경영자총협회 ESG경영위원회 위원도 맡고 있다. ESG분과는 계열사 간 협업을 통해 친환경 정책을 수립하고, 사회적 책임과 투명경영 달성 도모 등을 지원한다.

현대중공업그룹 CSO는 가삼현 한국조선해양 대표다. 한국조선해양은 조선 부문 중간지주사다. 현대중공업그룹은 각 사의 CSO로 구성된 '그룹 ESG협의체'를 구성했으며, 그룹 ESG전략팀도 신설했다. 가 대표는 그룹 ESG협의체 의장이다.

가삼현 현대중공업그룹 CSO는 "ESG 경영을 통해 모든 이해관계자들로부터 존경받는 기업이 될 수 있도록 최선을 다할 것"이라고 말했다.

KT그룹 ESG추진위원장은 신현옥 KT 경영지원부문장(부사장)이다. 임원급이 참석하는 ESG 추진위원회, 팀장급 ESG 실무협의체를 통해 전사의 ESG 경영을 진행하고 있다. ESG 사무국 역할은 경영지원 부문 산하 ESG경영추진실이 담당한다. 실장은 이선주 상무다. 추진실엔 ESG

전략팀이 있다.

카카오는 창업자이자 최대주주인 김범수 이사회 의장이 ESG위원회 위원장이다. ESG위원회는 지속가능경영 전략의 방향성 점검과 성과·문제점을 관리한다. 네이버는 박상진 CFO가 ESG총괄 책임자다. 네이버엔 ESG 관련 그린임팩트 조직이 있다.

롯데그룹은 지주사 차원의 ESG 조직 설립을 추진하고 있다. 신세계는 그룹 차원의 ESG 컨트롤타워는 없으나, 전략실 주관으로 ESG회의체를 운영하고 있다.

신한금융그룹 지속가능경영부문장은 박성현 부사장이다. 박 부사장은 그룹 전략담당도 겸임한다. 영문 직책명은 CSSO(Chief Strategy and Sustainability Officer)다. 그룹 전략담당이 ESG까지 맡도록 한 것은 그만큼 ESG를 그룹 차원에서 챙긴다는 의미로 해석된다. 지속가능경영부문 산하엔 전략기획팀과 ESG기획팀 두 개가 있다. ESG기획팀은 신한금융그룹 차원의 지속가능금융을 총괄하고, 그룹사 ESG 사업 추진을 지원하는 역할을 담당한다.

KB금융그룹 ESG 총괄은 김진영 상무다. 김 상무는 KB금융지주 브랜드ESG총괄 겸 KB국민은행 브랜드ESG그룹 상무다. ESG 조직으로는 KB금융지주 ESG전략부와 KB 국민은행 ESG기획부 등이 있다. KB금융지주는 2020년 3월 국내 금융사 최초로 이사회 내에 ESG위원회를 신설했다. ESG위원은 사외이사 7명 전원과 윤종규 KB금융지주 회장, 허인 KB국민은행장으로 구성됐다.

하나금융그룹은 2021년 3월 ESG 부회장직을 신설했다. 초대 ESG 책임자는 함영주 부회장이다. 함 부회장은 하나은행장과 하나금융지주 경영관리 부회장을 역임했다. ESG 부회장 산하엔 그룹사회가치총괄 ESG기획팀이 있다.

우리금융그룹 ESG 책임자는 최동수 경영지원부문장(부사장)이다. 최 부사장은 우리은행 중앙기업영업본부장과 본점영업부 영업본부장 등을 거쳤다. 경영지원부문 소속 ESG경영부가 ESG 실무 업무를 담당한다. 우리금융그룹은 2021년 초 ESG경영협의회도 신설했다. 최고경영자(CEO) 산하 그룹 내 ESG 경영활동 협의체다. 의장은 손태승 우리금융지주 회장이며, 위원은 자회사 대표들이다. 이사회엔 ESG경영위원회가 있다. 위원장은 사외이사인 노성태 우리금융지주 이사회 의장이다.

NH농협금융지주 ESG총괄은 김형신 사업전략부문장(부사장)이다. ESG 실무는 사업전략부문 산하 ESG추진단에서 담당한다. 손병환 농협금융지주 회장이 주관하는 ESG협의체 '사회가치 및 녹색금융 협의회'도 신설했다.

하나금융 ESG 부회장직 신설…
우리금융은 회장이 ESG 의장
금융지주사도 분주
신한금융 박성현 부사장
'지속가능한' 금융 총지휘

KB금융 업계 첫 ESG위 신설
농협금융도 협의회 신설…
김형신 부사장 ESG 책임자로

ESG위원회, 만들기는 쉽지만 제대로 하는 건 어려운 문제다

10대 그룹 상장사 99곳 중 68곳
이사회 산하에 ESG위원회 설치
위원장 선임까지 끝낸 곳도 50곳

교수 출신 위원장 26명으로 최다
기업인 출신 6명 선임 눈길끌어
여성은 LG그룹 3명 등 8명 그쳐

위원회 설치 여부도 중요하지만
취지에 맞게 운영되는게 더 중요
실질적 권한 줘야 성과낼수 있어

SK하이닉스가 대표적 모범사례
전문성·다양성갖춘 인사로 구성
위원회 논의안건도 ESG에 충실

기업을 바라보는 사회의 시선이 바뀌었다. 이익 창출뿐 아니라 지속가능성과 이해관계자 자본주의까지 기업에 요구하는 눈높이가 올라가고 있다. 이 같은 변화의 흐름 속에서 재계는 ESG(환경·책임·투명경영)에 주목하고 있다. 이사회 산하에 ESG위원회를 출범시키며, ESG경영에 박차를 가하고 있다.

삼성전자, 현대차, SK하이닉스, LG전자 등 10대그룹 주력 계열사들은 ESG위원회 설치를 완료했다. 10대그룹 상장사 99곳 중 이사회 내 ESG위원회가 설치된 곳은 68개사다. 70%에 가까운 수치다. LG와 롯데, 한화, 현대중공업, 신세계는 모든 상장사에 ESG위원회를 설치했다.

ESG위원회가 신설된 68곳 중 ESG위원장 선임이 끝난 상장사는 50개다. 롯데는 모든 ESG위원장을 선임할 예정이며, LG는 7명, SK는 2명을 뽑아야 한다.

10대그룹 상장사 ESG위원장은 교수가 26명, 국세청·검찰·금융감독원 등 권력기관 6명, 기업인 출신 6명, 장차관급 5명, 변호사 4명, 해당 회사 대표이사 2명, 언론인 출신 1명으로 나타났다. ESG위원장 중 절반가량이 교수인 셈이다.

교수를 전공별로 살펴보면 경영·경제학과가 11명으로 가장 많았다. 이어 로스쿨 6명, 행정·정치외교 등 4명, 인문학 2명, 공학 2명, 의학 1명으로 집계됐다.

여성 ESG위원장은 8명에 불과했다. 삼성 2명, LG 3명, 한화 1명, 현대중공업 1명, 신세계 1명이다. LG는 현재까지 선임된 ESG위원장 모두 여성이었다. 이효섭 자본시장연구원 금융

산업실장은 "골드만삭스, 블랙록 등은 투자 대상 기업 이사회나 ESG위원회 등에 여성 참여를 요청하는 등 이사회 내 다양성을 추구하고 있다"고 전했다.

ESG위원장 주로 누가 하나 봤더니
삼성-관료, 현대차-교수, LG-여성

삼성그룹 상장사 16곳 중 이사회 내 ESG위원회를 설치한 곳은 7개사다. 삼성전자, 삼성물산, 삼성바이오로직스 등 제조사 3곳과 삼성생명, 삼성화재, 삼성증권, 삼성카드 등 금융계열 4개사다. ESG위원장은 장차관 등 관료 출신 4명, 교수 3명으로 나타났다.

삼성전자는 2021년 7월 이사회내 거버넌스위원회를 지속가능경영위원회로 개편했다. 위원은 전원 사외이사이며, 위원장은 기획재정부 장관 출신 박재완 삼성전자 이사회 의장이다. 박 의장은 "삼성전자 이사회는 지속가능 경영에 관한 주요 현대차와 기아, 현대모비스는 각각 2021년 3월 지속가능경영위원회를 조직했다. 현안을 보고받고, 인권존중·준법문화·탄소중립·지역공동체 지원 등에 관한 이해관계자의 의견을 폭넓게 수렴해 장기 시계에서 기업 가치를 드높이는 항로를 진지하게 탐색하고 있다"고 전했다. 최윤호 경영지원실장(사장)은 지속가능경영협의회를 주관하고 있으며, 2020년 말 지속가능경영추진센터를 최고경영자(CEO) 직속 조직으로 격상했다. 주요 사업부엔 지속가능경영사무국을 신설했다. 삼성물산과 삼성바이오로직스도 삼성전자처럼 ESG위원회가 사외이사로만 구성됐다. 반면 삼성생명, 삼성화재, 삼성증권, 삼성카드 등은 사외이사 2명, 대표이사 1명으로 이뤄졌다. 삼성전자를 제외하고 모두 2021년 상반기 ESG위원회를 신설했다.

현대차와 기아, 현대모비스는 각각 2021년 3월 지속가능경영위원회를 조직했다. 3사 지속가능경영위는 대표이사 1명과 사외이사들로 구성됐다. 현대차는 주요 활동 및 의사 결정 사안들을 반기에 1회 주기로 지속가능경영위원회에서 논의하고 있다. 현대차는 경영전략회의 내 소회의체로 ESG위원회와 분과별 실무협의체도 구성했다. 장재훈 현대차 대표는 지속가능경영보고서에서 "기업의 근원적 역할인 경제적 가치 창출과 함께 환경, 사회, 지배구조를 중심으로 지속가능경영을 추구하는 ESG경영 실천에도 역량을 집중하고 있다"고 전했다. 현대제철, 현대건설, 현대위아, 현대오토에버는 투명경영위원회에서 ESG 관련 업무를 담당한다. 현대차그룹 ESG위원장은 교수가 압도적으로 많다. 교수·학자 5명, 관료 출신 1명, 법조인 1명이다.

김우찬 고려대 경영학과 교수는 "현대자동차 지속가능경영위원회와 현대제철 투명경영위원회는 다루는 안건이 내부거래 승인이 주를 이루고 있고, ESG와 관련해선 사회공헌 안건이 주를 이루고 있어 아직 걸음마 수준으로 보인다"고 설명했다.

SK 관계사 중에선 SK하이닉스가 2018년 가장 먼저 지속가능경영위원회를 신설했다. SK(주), SK이노베이션, SK텔레콤, SKC, SK네트웍스 등은 2021년 상반기 ESG위원회를 신설했다. SK의 ESG위원장은 교수 위주다. ESG위원장이 있는 상장사 10곳 중 7개사 위원장이 교수다. SK렌터카와 SK바이오팜은 대표이사가 ESG위원장이다. SK이노베이션은 차관 출신이며, 권력기관 출신은 없다. 조현재 SK하이닉스 지속경영위원은 "기업의 소위원회 구성을 보면 권력기관이나 규제기관 중심으로 구성돼 있는 경우가 적지 않은데, SK하이닉스 지속경영위원회는 기업이 지속가능경영을 수행하는 데 꼭 필요한 전문성을 확보하는 것에 중점을 두고 위원진을 꾸렸다"고 설명

ESG위원회 설치 회사

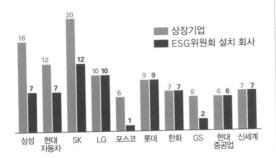

단위: 개

■ 상장기업
■ ESG위원회 설치 회사

- 삼성: 16, 7
- 현대자동차: 12, 7
- SK: 20, 12
- LG: 10, 10
- 포스코: 6, 1
- 롯데: 9, 9
- 한화: 7, 7
- GS: 6, 2
- 현대중공업: 6, 6
- 신세계: 7, 7

10대 그룹 상장사 ESG위원회

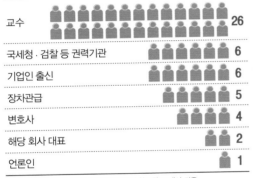

단위: 명

교수	26
국세청·검찰 등 권력기관	6
기업인 출신	6
장차관급	5
변호사	4
해당 회사 대표	2
언론인	1

*ESG위원회 설치된 68곳 중 위원장 선임이 완료된 50개사 기준.

여성 ESG위원장

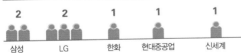

단위: 명

- 삼성: 2
- LG: 2
- 한화: 1
- 현대중공업: 1
- 신세계: 1

했다.

김우찬 교수는 "사업보고서 등을 통해 볼 때 SK하이닉스 지속경영위원회는 개최 횟수나 논의 안건 등 모든 면에서 ESG에 매우 충실한 것으로 판단된다"며 "하지만 SK하이

닉스 지속경영위는 거버넌스(G)에 관한 안건은 다루지 않고 있다"고 말했다.

LG그룹은 10개 상장사 모두 2021년 ESG위원회를 설치했다. ESG위원장은 모두 여성 기업인 출신이다. 지주사인 (주)LG는 2021년 7월 첫 회의를 개최해 이수영 에코매니지먼트코리아홀딩스 대표 집행임원을 위원장에 선임했다. (주)LG ESG위원회는 이수영 위원장을 비롯해 한종수, 조성욱, 김상헌 등 사외이사 전원과 권영수 (주)LG 부회장으로 구성됐다. LG유플러스와 LG에너지솔루션은 각각 제현주 엘로우독 대표와 신미남 전 두산퓨얼셀BU 사장을 ESG위원장으로 선임했다. 나머지 회사들도 조만간 ESG위원회를 개최해 위원장을 뽑기로 했다.

롯데·한화·현대중·신세계
모든 상장사에 ESG위 설치

롯데는 9개 상장사에 ESG위원회를 신설하기로 했으며, 2021년 하반기 롯데지주를 시작으로 2022년 상반기까지 설치를 완료할 예정이다. 롯데는 각 사 CEO 평가에 ESG 경영성과를 반영하기로 했으며, 그룹 차원 ESG경영 전담 조직도 구성했다. 2021년 6월 롯데지주는 그룹 차원 ESG 전략 고도화를 추진하기 위해 경영혁신실 산하에 ESG팀을 신설했다. 경영혁신실은 ESG팀을 중심으로 △ESG 경영전략 수립 △성과 관리 프로세스 수립 및 모니터링 △ESG 정보 공시 △외부 ESG 평가 대응 등을 담당한다.

포스코그룹은 6개 상장사 중 포스코에만 ESG위원회가 있다. 위원장은 김신배 전 SK그룹 부회장이며, 위원은 김 부회장을 포함한 사외이사 3명과 김학동 포스코 대표이사 사장이다.

한화그룹은 7개 모든 상장회사에 ESG위원회를 설치하고 위원장 선임을 완료했다. 교수는 (주)한화와 한화솔루션, 한화에어로스페이스, 한화손보 등 4개사다. (주)한화는 인문학 교수가 위원장이다. ESG위원장 중 로펌 고문 등은 3명이다. 이들의 전직은 금융지주사 회장, 금감원 간부, 자본시장연구원장이다.

한화그룹은 2021년 5월 이사회 소속이 아닌 그룹 ESG위원회를 신설했다. 위원장은 조현일 한화 컴플라이언스위원회 사장이다. 그룹 ESG위원회는 계열사에 대한 ESG 활동 지원 등을 전개해 나갈 예정이다.

(주)GS는 2021년 3월 ESG위원회를 신설했다. 위원장은 현오석 전 경제부총리이며, 위원은 김진태 전 검찰총장과 홍순기 (주)GS 대표다. GS건설 ESG위원장은 이희국 전 LG그룹 기술협의회 의장이다. 이희국 위원장은 LG전자 사장과 LG실트론 대표 등을 지냈다.

현대중공업그룹은 6개 상장회사에 ESG위원회를 설치했다. 각사 ESG위원회는 사외이사 3명, 대표이사 1명 체제다. ESG위원장은 교수 4명, 변호사 2명이다. 조선 부문 지주사인 한국조선해양 ESG위원장은 최혁 서울대 경영대학 명예교수다. 박순애 현대건설기계 ESG위원장은 서울대 행정대학원 여성 교수다. 현대중공업그룹은 회사별 외부 전문가들로 구성된 ESG자문그룹도 구성했다.

신세계그룹은 2021년 상장사 7곳에 ESG위원회를 신설했다. 여성 ESG위원장은 성대 로스쿨 교수인 김연미 이마트 사외이사가 유일하다. 나머지 회사 ESG위원장은 검사장 출신 2명, 금감원 부원장 출신 1명, 변호사 1명, 교수 1명, 언론인 1명으로 이뤄졌다.

10대그룹 밖에서는 KT, CJ, 한진, 두산, LS, 카카오, 미래에셋, 현대백화점 등이 이사회 내 ESG위원회를 설치했다. KT그룹은 KT에만 ESG위원회가 있으며, CJ는 (주)CJ, CJ제일제당, CJ대한통운, CJ ENM에 ESG위원회가 설치돼 있다. 한진그룹은 한진칼, 대한항공, (주)한진에 ESG위원회가 있으며, 진에어는 거버넌스위원회에서 ESG를 다루고 있다. 두산은 이사회 내 ESG위원회는 없다. 하지만 (주)두산과 두산중공업 등 각사마다 대표이사를 위원장으로 하는 ESG위원회가 있다. LS는 2021년 6월 LS전선이 ESG위원회를 설치했으며, 지주사인 (주)LS를 비롯한 다른 계열사들은 2021년 내 설치를 준비하고 있다. 카카오와 미래에셋증권·미래에셋생명, 현대백화점은 2021년 ESG위원회를 신설했다.

김우찬 교수는 "ESG위원회 설치 여부와 구성도 중요하지만 실제 위원회가 얼마나 자주 열리고, 여기서 무엇을 논의하는지도 중요하다"고 밝혔다.

김남은 대신지배구조연구소 팀장은 "기업들이 ESG위원회를 설치하는 것은 쉬우나 실질적인 권한을 부여하는 것은 권한 이양·지배력 분산 측면에서 쉽지 않은 부분"이라며 "위원회 설치 여부를 떠나 기능적으로 위원회가 설립 취지에 맞도록 이해관계자의 기대를 충족할 수 있는 수준으로 운영되는지를 검토하는 것이 중요하다"고 주장했다. 그는 "기업과 정보 이용자(감독기관, 투자자 등)는 이사회 내 위원회가 설치돼 있다는 존재 자체보다는 해당 위원회의 구성 현황, 안건 상정 범위, 승인 권한 등 기능에 더 집중할 필요가 있다"고 조언했다.

기업들은 ESG위원회 설치 이후 ESG 관련 성과에 대해 고민하는 분위기다. 일단, 위원회는 만들었으나 어떻게 ESG경영 결과물을 만들어내야 할지에 노력을 쏟고 있다. A기업 관계자는 "ESG위원회는 ESG경영의 시작 단계"라며 "기업들은 경영에 ESG를 접목해 성과를 내려고 하고 있다"고 전했다.

금융권에 부는 ESG 열풍

투자·대출 등 기업 자금줄 금융업계도 ESG 속도
산업계에도 급속 확산될 듯

은행, 증권, 자산운용업계에서도 환경 · 책임 · 투명경영(ESG) 열풍이 불고 있다. 금융권에서 ESG를 조직의 주요 강령으로 삼으면서 이들로부터 자금을 조달하는 국내 기업에도 ESG가 한층 빠르게 확산될 것으로 예상된다.

KB · 신한 · 하나 · 우리 · NH농협 등 5대 금융지주는 ESG위원회를 출범하고 전문가를 영입하며 ESG 경영 의지를 드러내고 있다.

KB금융은 2020년 이사회 내 ESG위원회를 신설했다. ESG위원회는 윤종규 KB금융지주 회장과 허인 KB국민은행 행장을 포함해 총 9명으로 구성됐다. 위원장은 오규택 사외이사가 맡았다. 오 위원장은 공적자금관리위원회 위원을 역임하는 등 예금자와 투자자를 보호하고 부실금융기관을 효과적으로 관리해 금융산업의 건전성과 경쟁력을 제고하는 데 일조했다는 평가를 받는다. 위원회는 탄소 배출량 저감 목표 설정, 포용적 금융상품 확대, 스튜어드십코드 강화 등 환경 · 사회 · 기업 지배구조 영역의 전략 수립을 책임진다. 특히 2021년에는 국내 금융지주 중 최초로 여성 사외이사 2인을 선임해 전문성과 다

양성에 기반을 둔 양성평등 문화를 널리 확산시키고 있다.

5대 금융지주 ESG위원회 모두 설치

KB금융은 2019년 9월 전문 컨설팅을 바탕으로 ESG 전략 방향을 수립했고, 2020년 1월 그룹 전 계열사와 함께 'ESG 이행원칙'을 선언했다. 또 ESG 경영 중장기 로드맵인 'KB 그린웨이(Green way) 2030'을 수립했다. 여기엔 KB금융이 2030년까지 탄소 배출량을 25% 감축하고 동시에 현재 약 20조원 규모인 ESG 상품 · 투자 · 대출을 50조원까지 확대하겠다는 계획이 담겼다.

신한금융은 금융지주 중 ESG전략위원회를 가장 먼저 설치한 회사다. 2015년 이사회 내 ESG를 총괄하는 위원회(구 사회책임경영위원회)를 설치해 전략 수립, 승인에 관한 사항을 담당토록 했다. 신한금융 ESG전략위원회는 조용병 신한금융 회장을 포함한 5인의 이사로 구성됐다. 위원장은 사외이사로 신규 선임된 곽수근 서울대 경영대학 명예교수다. 곽 교

하나금융그룹이 그룹 ESG(환경, 책임, 투명경영) 전략 강화를 위한 중장기 추진목표로 '2030&60'과 'ZERO&ZERO'를 전면에 내세워 본격적인 ESG 경영에 뛰어들었다.

수는 상장사협의회 지배구조자문위 위원장을 역임하고, 포스코 최고경영자 직속 자문기구인 기업시민위원회 위원장을 맡는 등 기업 경영 공정성 강화를 위해 힘써왔다.

신한금융은 2020년 11월 이사회 산하 사회책임경영위원회를 열고 동아시아 금융그룹 최초로 기후변화에 따른 국제협력에 동참하기 위해 '제로 카본 드라이브(Zero Carbon Drive)'를 선언했다. 신한금융의 '제로 카본 드라이브'는 이 금융사만의 차별화된 친환경 금융 전략으로 고탄소 배출 기업과 산업에 대한 대출과 투자를 관리할 뿐만 아니라 산업 내 친환경 금융지원 확대를 통해 저탄소 경제 전환에 기여

하는 정책이다. 그룹 자체의 탄소 배출량을 2040년까지 88% 감축하고, 그룹 자산 포트폴리오의 탄소 배출량도 2040년까지 69% 감축한다는 계획이다.

하나금융은 2020년 말 조직개편을 통해 경영전략본부 내 ESG 전담 부서인 'ESG기획 섹션'을 신설했다. ESG 경영을 통해 금융의 사회적 역할을 적극적으로 실천하겠다는 각오다. ESG 경영을 이사회 차원의 주요 핵심 사안으로 격상시켜 이사회 내에 '지속가능경영위원회'와 '소비자리스크관리위원회'를 신설했다. 소비자리스크관리위원회에는 '그룹소비자리스크관리총괄'과 '소비자리스크관리팀'을 배속해 위원회의 추진력을 강화하고, 실행 중심의 ESG 활동을

지원하기 위해 기존 '사회가치 팀'을 'ESG 기획팀'으로 개편했다. 'ESG 부회장'을 신설하고 함영주 부회장을 선임해 ESG 금융 실천에 박차를 가하고 있다. 하나금융은 국가 차원의 2050 탄소중립 목표에 적극 동참하고 저탄소 경제 전환 및 신재생에너지 확대, 기후변화 리스크에 대응하기 위해 힘쓰고 있다. 하나금융은 탈석탄 선언을 통해 2050년까지 석탄 금융 익스포저 제로 달성을 추진한다는 계획이다. 또 환경사회리스크 관리체계(ESRM: Environmental and Social Risks Management)를 구축해 환경파괴와 인권침해 문제가 있는 사업에 대한 금융지원을 억제할 계획이고, 이를 토대로 2021년 중 적도원칙 가입을 목표로 하고 있다.

우리금융도 손태승 회장을 포함해 9인으로 구성된 ESG위원회를 이사회 내 설치해 운영 중이다. 위원장을 맡은 노성태 우리금융 이사회 의장은 한국경제연구원 원장, 한국금융학회 감사 등을 역임하는 등 기업지배구조와 관련해 이해도가 높다는 평가를 받는다. 우리금융은 5대 사회공헌분야를 중심으로 지속가능발전목표(UN SDGs)를 적용해 국제사회의 지속가능발전 노력에 동참한다는 계획이다. 2021년 1월엔 ESG 경영원칙 선언문을 발표하기도 했다. 우리금융은 'UN지속가능발전목표', '파리기후협약'에 명시된 바와 같이 우리금융의 사업전략이 개인과 사회에 부합하고 기여하도록 노력하겠다는 원칙을 밝혔다.

농협금융은 ESG 의사결정체로 이사회 내 '사회가치 및 녹색금융위원회'를 신설했다. 신임 사외이사 후보에 오른 이미경 환경재단 대표가 위원회 구성원으로 역할을 해나갈 예정이다.

증권사도 ESG 경영에 속도를 내고 있다. 2021년 미래에셋증권은 이사회에 ESG위원회를 설치하고 첫 안건을 결의했다. 핵심은 ESG 경영 목표와 중장기 전략을 담은 'ESG정책 프레임워크'다. ESG와 관련한 논의사항이 경영 과정에서 실효성을 발휘하도록 만들기 위해 이사회부터 경영진, 실무진까지 ESG 보고·실행 체계를 세분화한 것이 특징이다. 이사회 내에 있는 'ESG위원회', 대표이사와 관련 부문 대표급이 참여하는 'ESG임원협의회', 'ESG실무협의회', 'ESG추진팀' 순서로 구성돼 있다.

미래에셋증권 ESG위원회는 최현만 수석부회장과 이만열 사장 등 사내이사 2인과 사외이사 이젬마 경희대학교 평생교육원장이 참여한다. 이젬마 이사는 미래에셋증권 역사상 첫 여성 사외이사로 ESG위원장을 맡고 있다. ESG에서 기업의 거버넌스(지배구조)를 평가하는 주요 요소는 이사회 성별의 다양성을 충족하는 전문 여성 위원이라고 회사 측은 설명한다. 미래에셋증권은 ESG위원회를 이사회 산하 지속가능경영 관련 의사결정기구로 둠으로써 강력한 권한을 부여했다.

SK증권은 부서별로 진행하던 ESG 활동의 전문성을

증권·금융·자산운용사별 ESG 전략

		관련상품
KB금융그룹	2030년까지 탄소 배출량 25% 감축	글로벌수소경제펀드
신한금융	금융지주 최초 ESG전략위원회 설치	SRI그린뉴딜펀드
미래에셋증권	ESG 정책 프레임워크 발표	지속가능 ESG채권펀드
삼성자산운용	ESG팀 중심으로 ESG 정책 수립	ESG착한책임투자 펀드
트러스톤자산운용	활발한 주주 활동	ESG레벨업 펀드
NH투자증권	ESG 대응 태스크포스팀 발족	ESG채권

자료: 각사

강화하기 위해 2021년 ESG 부문을 신설했다. ESG 부문은 기후금융본부, 사회공헌팀, 홍보실로 구성돼 있다. 이 중 기후금융본부는 환경(E) 관련 리스크를 최소화하고, 신재생에너지 사업을 추진한다. 윤현성 기후금융본부장은 국가기후환경회의 자문위원으로 활동할 정도로 기후 분야에서 전문성을 인정받으며 현재 SK증권 전체 온실가스 감축 계획을 수립하고 있다. 이밖에 현대차증권이 ESG협의회를 운영하고, 삼성자산운용이 ESG팀을 중심으로 ESG 정책을 수립하는 등 증권업계 전반에 ESG 바람이 드세다.

사모펀드 업계도 ESG 경영 활동 확대

사모펀드(PEF) 업계도 ESG 경영을 활동 영역 전반으로 확대하고 있다. 2021년 5월 국내 대표 경영참여형 PEF 운용사인 IMM프라이빗에쿼티(PE)는 ESG 투자 및 경영 강화를 위해 김영호 수석부사장을 주축으로 하는 ESG 태스크포스(TF)를 구성해 활동을 시작했다.

IMM PE는 ▲ 안정적이고 차별화된 수익 ▲ 사회적 책임을 고려한 투자 ▲ 최고의 도덕성과 투명한 지배구조 ▲ 장기적 신뢰 관계 등을 4대(4S) 원칙으로 삼아 체계적인 ESG 정책을 수립해 나갈 계획이다. 투자 검토단계부터 해당 기업이 ESG 원칙에 어긋나지 않는지 살펴보고, 실사 단계에서도 투자대상 기업의 ESG 현황을 파악하고 개선하기로 결정했다.

또다른 PEF 운용사인 스틱인베스트먼트는 회계·컨설팅 법인 삼일PwC를 통해 ESG 관련 정책을 준비하고 있다. 투자 기업 선정, 인수 후 관리, 기업가치 제고 등 각각의 과정에 ESG 평가를 어떻게 반영할지 설계할 예정이다. 스틱인베스트먼트는 삼일PwC의 컨설팅이 마무리되면 내부 의견을 수렴한 후 하반기부터 ESG 경영·투자를 실시한다.

컨설팅 시장도 물 만났다

회계 vs 법무법인 경쟁 치열
로펌 법률자문뿐 아니라 직접 컨설팅
회계법인들도 ESG 전문팀 강화

ESG 컨설팅 시장이 커지면서 로펌과 회계법인들의 경쟁이 치열해졌다. 로펌들은 법률자문뿐 아니라 컨설팅까지 나섰으며, 회계법인들도 ESG 자문 역량을 강화하고 있다.

김앤장 ESG그룹은 변호사와 전문가 40여 명으로 구성됐다. 김앤장은 2018년 환경에너지연구소를 설립했으며, 2020년 ESG그룹이 출범했다. 그룹장은 노경식 변호사다.

전문가그룹도 있다. 한국거래소 임원 출신 김영춘 전문위원과 한국경제연구원에서 각각 기업연구실장과 거시연구실장을 역임한 신석훈, 변양규 전문위원이 ESG 관련 업무를 수행하고 있다. 김성우 환경에너지연구소장은 KPMG 기후변화 및 지속가능성부문 아시아태평양 대표와 국제배출권거래협회(IETA) 이사를 역임했다.

법무법인 광장은 ESG지속가능경영연구원과 ESG팀에서 ESG 컨설팅을 수행하고 있다.

광장은 ESG지속가능경영연구원을 설립하며 한진현 전 산업통상자원부 차관과 김수연 전 삼성경제연구소 수석연구원을 영입했다. 연구원은 ESG 정책과 규제, 기업 사례 등을 분석해 기업들에게 맞춤형 법률 서비스를 제공하고 있다.

ESG지속가능경영연구원은 이경훈, 김상곤, 설동근 변호사 등 약 100명의 변호사들로 구성된 광장 ESG팀과 협업하고 있다. ESG팀은 2020년 환경안전팀과 기업지배구조팀의 일부 인원을 통합해 신설됐다. ESG팀은 ESG 실사를 통해 ESG 취약점을 진단하고 해결책까지 제공해준다.

안용석 광장 대표 변호사는 "광장은 ESG 전략부터 법적 대응까지 '원스톱 서비스'를 제공하고 있다"고 말했다.

태평양은 2020년 10월 ESG 대응팀을 출범시켰다. 팀은 이준기 팀장을 비롯한 변호사들과 신제윤 전 금융위원장, 정연만 전 환경부 차관 등으로 구성됐다. 태평양은 ESG 관련 뉴스레터도 발행하고 있다. 이준기 ESG대응팀장은 "태평양은 국내외 투자자들의 투자 전략과 ESG 규제 동향을 점검하는 한편 기업 고객들의 ESG 경영전략 수립 관련 자문을 제공하고 있다"고 설명했다.

법무법인 세종은 ESG 대응 전문팀에서 ESG 관련 업무를 하고 있다. 팀장은 이경돈 변호사며, 이용국 전 한국기업지배구조원 부원장도 고문으로 활동하

율촌과 ERM은 ESG 업무의 개발과 수행을 위해 전략적 업무협약을 체결, 다양한 협력 활동에 나설 계획이다.

고 있다.

특히 탄소배출권, 신재생에너지 등 환경 자문 서비스가 돋보인다. 세종은 블룸버그에서 실시한 신재생에너지 분야 리그테이블에서 2020년 누적 기준 법률자문사 1위를 차지했다.

세종 ESG팀은 2021년 4월 BNP파리바은행과 함께 ESG 투자·파이낸싱 세미나를 개최했으며, 대한상공회의소와 'ESG 투자 및 규제에 대한 실제적 접근' 행사도 열었다. 또한 기업들을 대상으로 한국기업지배구조원 모범규준 개정안, ESG 정보 공개 관련 기업공시제도 개선 방안 등 뉴스레터를 배포하고 있다.

율촌은 2020년 12월 ESG연구소를 세웠다. 소장은 이민호 전 환경부 환경정책실장이다. 연구소는 환경·안전·보건, 공정거래, 노동, 개인정보, 부패방지, 기업지배구조, 녹색 금융 등 각 분야 전문가들로 구성됐다.

율촌은 KBCSD(한국지속가능발전기업협의회)와 '자본주의 재편 ESG 중점과제'도 발간했다. 보고서는 WBCSD(세계지속가능발전 기업협의회)가 200여 개 다국적기업 회원사 등과 작업한 원작인 'Reinventing Capitalism: a transformation agenda'를 각색한 번역문이다.

지평 ESG 센터는 전략그룹, 환경그룹, 소셜그룹, 거버넌스그룹, ESG금융그룹으로 구성됐다. ESG 전략·대응, ESG 실사, ESG 규제 및 분쟁해결, 지속가능 금융 관련 포괄적 서비스를 제공한다. 지평 ESG 센터는 김지형 삼성준법감시위원회 위원장이 고문을, 임성택 변호사가 센터장을 맡고 있다. 공정위 출신 이준길 고문과 이준희 ESG 센터 전략그룹장 등 ESG 전문가들도 포진했다.

법무법인 원은 2021년 4~5월 3회에 걸쳐 'ESG 경영 도입에 따른 기업 리스크와 대응방안'을 주제로 세미나를 열었다. 1회차는 환경경영 관련 기업 리스크 및 대응방안, 2회는 인권경영 관련 기업 리스크 및 대응방안, 3회는 지배구조에 대해 다뤘다.

원은 강금실 대표 변호사와 이유정 변호사 등으로 이뤄진 ESG대응팀을 구성해 ESG 컨설팅을 제공하고 있다.

대형 회계법인 통합솔루션 제공 경쟁

회계법인들도 ESG 컨설팅을 강화하고 있다.

삼일회계법인이 개최한 ESG와 기업 경영 및 공시 변화 세미나.

삼일PwC ESG 플랫폼팀은 ESG 전략·관리체계 수립, 사회적 가치 측정, 지속가능 리포팅 및 평가 대응, 녹색 검증 등 다양한 ESG 프로젝트를 수행하고 있다. 주요 고객은 삼성, SK, 포스코, 두산, 하나금융, 카카오, KT&G 등이다. 최근에는 PwC글로벌과 ESG 플랫폼을 구축해 통합적인 솔루션을 제공하고 있다.

삼정KPMG는 2008년 ESG전담팀을 신설했다. 현재 50여 명의 ESG 전문가들이 삼성전자, SK그룹, 네이버 등을 자문하고 있다. 2020년엔 환경부와 금융위원회가 발표한 '녹색채권 가이드라인' 자문위원으로 참여했다.

삼정KPMG는 ESG전담팀과 회사의 회계·재무·전략컨설팅 조직들이 원팀으로 활동하며, ESG 자문을 제공하고 있다. 서비스는 ESG 비전 수립부터, 신사업, 인증, 위험관리까지 다양하다.

딜로이트안진회계법인을 포함한 한국 딜로이트그룹은 2021년 3월 통합 ESG센터를 발족했다. 한국 딜로이트그룹은 ESG센터에 위기관리, 경영전략, 재무, 감사, 세무 등 다양한 영역의 전문가 40여 명을 배치했다. 기업별로 ESG 기반 경영전략 수립과 사업 포트폴리오 혁신을 위한 컨설팅을 제공한다. 백인규 한국 딜로이트그룹 ESG센터장은 "딜로이트의 국제 네트워크, 다양한 영역에서 쌓아온 노하우와 전문성을 바탕으로 고객에게 체계적이고 종합적인 원스톱 컨설팅을 제공하겠다"고 강조했다.

EY한영은 지난 2009년 ESG전담팀 CCaSS(Climate Change and Sustainability Services, 기후변화 및 지속가능경영 서비스)를 설립했다. CCaSS팀은 최근 미국·EU·중국의 탄소국경세 도입시 국내 기업들이 부담해야 할 세금에 대한 연구를 완료했다. EY한영은 ESG TF를 가동해 ESG 실사, TCFD(기후변화재무영향) 정보공시 프로세스 자문 서비스 등을 제공하고 있다. CCaSS 리더인 박재흠 파트너는 "기업의 ESG 경영은 '규제적 접근'보다는 '인센티브식 접근'이 필요하다"고 강조했다.

폭스바겐이 2021년 4월 29일, 제1회 '웨이 투 제로 (Way to Zero)' 컨벤션에서 자사 및 자사 제품에 대한 탈탄소화 계획의 세부 사항을 발표했다.

ESG
Brand
02

폭스바겐, 2050년까지 탄소중립 실현

2030년 중국을 제외한 전 세계 모든 공장 친환경 전기로 가동

폭스바겐이 2050년까지 탄소중립을 실현한다. 폭스바겐은 2021년 4월 독일에서 '웨이 투 제로(Way to Zero)' 행사를 열고 탄소중립 계획을 발표했다. 폭스바겐은 2030년까지 유럽에서 차량당 이산화탄소(CO_2) 배출량을 40% 줄이고, 전기차 생산 · 공급 · 운용 과정의 탄소중립화도 추진한다. 이를 위해 2025년까지 유럽 등에 태양광 · 풍력 발전소 건설 지원에 140억유로(약 18조8000억원)를 투자한다. 현재 2022년 말 완공을 목표로 독일에서 1억7000만㎾ 규모의 태양광 발전소 건설을 지원하고 있다. 태양광 발전소 생산 전력은 전기차 생산에 활용된다.

2030년엔 중국을 제외한 전 세계 모든 공장을 친환경 전기로만 가동한다. 부품도 친환경 부품만 사용한다.

전기차 배터리와 배터리 원료 재활용을 위한 시설도 운영할 예정이다.

랄프 브란트슈태터 폭스바겐 브랜드 최고경영자(CEO)는 "생산에서 재활용까지 모든 과정에서 탈탄소화를 추진한다"고 밝혔다. 폭스바겐은 매년 최소 1대 이상의 전기차도 출시한다. 2030년까지 유럽지역 폭스바겐 자동차 판매의 최소 70%는 전기차가 차지할 것으로 전망된다.

폭스바겐은 웨이 투 제로 행사에 앞서 열린 월드 프리미어 행사에서 전기차 'ID.4 GTX'를 공개했다. 77㎾h 용량 배터리는 1회 충전으로 WLTP(유럽) 기준 480㎞를 주행할 수 있다. 30분간 125㎾ 급속 충전하면 300㎞까지 달릴 수 있다.

"ESG 놓칠 수 없다" 국회도 잰걸음

2021년 3월 '국회 ESG 포럼' 발족
ESG 경쟁력을 축적하는 데 필요한
법·제도·정책을 연구하고 지원

국회도 ESG에 관심 갖고 있다

정성호 국회 예산결산특별위원장, 윤관석 정무위원장, 송옥주 환경노동위원장, 김두관 의원, 김한정 의원, 성일종 의원 등 현역 정치인들은 2021년 3월부터 6월까지 진행된 매경·환경재단 주최 'ESG 리더십 과정'에 참여했다. 정치인 수강생들은 ESG 활성화를 위한 규제 완화를 한목소리로 언급했다. 정성호 위원장은 "ESG 관련 정책도 좋지만 불필요한 규제를 덜어주는 것도 국회의 역할"이라면서 "혁신과 성장을 가로막는 규제들은 과감히 정비해야 하며, 기업·정부·국회의 긴밀한 소통·협력이 필요하다"고 강조했다.

'국회 ESG 포럼'은 2021년 3월 발족했다. 김성주 더불어민주당 의원과 조해진 국민의힘 의원이 공동대표를 맡은 '국회 ESG 포럼'은 여야 국회의원 61명이 초당적으로 참여했고, 기업·금융기관·ESG 관련 전문기관 등 총 128개 기관이 회원으로 가입했다. 국회 ESG 포럼은 기업과 금융기관이 ESG 경쟁력을 축적하는 데 필요한 법·제도·정책을 연구하고 지원한다. ▲ESG 정책과제 발굴 및 입법 지원 ▲책임투자 활성화를 위한 정책 기반 구축 ▲ESG 생태계 조성 및 대국민 홍보 강화 ▲국가 간 ESG 협력 네트워크 구축 등을 통해 국내 ESG 발전 속도를 높인다는 계획이다.

조해진 국회 ESG 포럼 공동대표는 "국회 ESG 포럼을 통해 초당적인 협력이 이루어지고 민관의 소통이 도모되기를 기대한다"며 "ESG를 단순히 장려하는 데 그치지 않고 금융 및 산업계 전반에 필수적으로 적용되도록 지원해, 우리 경제의 새로운 도약을 이끌어 내겠다"고 말했다.

'포용국가 ESG 포럼'

새로운 혁신 성장 주도할 수 있는 소통의 장 마련 목표

'포용국가 ESG 포럼'도 있다. 포용국가 ESG 포럼은 이원욱 국회 과학기술정보방송통신위원회 위원장을 비롯한 더불어민주당 의원들과 전경련, 한국과학기술단체총연합회, 대한상의, 한국경영자총협회, 중소기업중앙회, 중견기업연합회, 벤처기업협회, 자동차산업협회, 기업지배구조원 등으로 구성됐다.

포럼 대표는 이원욱 위원장이며, 공동운영위원장은

'국회 ESG 포럼' 발족식 및 기념
세미나에 참여한 국회의원들이
기념사진을 촬영하고 있다.
사진: 김성주 의원실

배상근 전경련 전무와 이우일 과학기술단체총연합회 회장이다.

이원욱 위원장은 "과학으로 개척하고 기업이 실천하는 ESG 경제는 포용국가의 첫걸음"이라며 "ESG란 우리 사회의 모든 이를 포용하고 우리 모두가 성장의 과실을 나눌 수 있게 하는 환경, 사회, 지배구조 분야의 실천과제"라고 밝혔다. 그는 이어 "과학계가 기술로 지속성장을 가능케 하고, 기업은 ESG 경영을 실천하고, 포럼에 참여하는 다양한 단체들이 ESG를 구체화하고 확산시킬 예정"이라고 말했다.

정세균 전 국무총리도 포럼에 참석해 "우리에게 가장 중요한 가치는 지속가능한 발전"이라며 "ESG 실현을 통해 지속가능한 미래를 모색하는 포럼의 역할이 중요하다"고 전했다.

이형희 SK수펙스추구협의회 SV 위원장은 이날 '포용국가와 ESG: 지속가능경영의 중심 ESG'를 주제로 강연을 진행했다.

이낙연 전 국무총리와 홍성국 의원이 동참한 범시민 운동인 '생활ESG행동'은 플라스틱 사용을 줄이는 '굿바이 플라스틱'을 시작으로 국민제안에 나섰다.

생활ESG행동은 2021년 4월 20일 유엔환경계획 FI(UNEP Finance Initiative) 후원으로 서울 여의도 중소기업중앙회에서 '생활ESG행동 국민제안' 행사를 실시했다. 이는 포스트코로나 시대에 경제사회 대전환을 계기로 세계의 구성원이자 대한민국 국민으로서 새로운 행동을 제안하기 위해 기획됐다. 환경과 기후 문제, 사회적 불평등, 민주주의 위기 등을 근본적으로 해결하기 위해 사회 구성원들이 적극적으로 앞장서자는 취지다. 이 자리에는 홍성국 더불어민주당 의원, 조희연 서울시교육감, 김헌영 강원대 총장, 김형진 세종텔레콤 회장, 김정희 아이쿱생협연합회 회장을 포함해 정·재계, 금융, 학계, 사회적 기업 등 인사 약 100명이 함께했다.

생활ESG행동은 ▲화석연료 사용을 줄여 탄소중립사회 지향 ▲일회용품과 플라스틱 안 쓰기 운동 ▲생태도시 조성 ▲위장환경주의 감시 ▲사회 통합 ▲ESG 실천 기업 상품과 서비스 이용 ▲민주주의 파괴하는 허위·조작 정보 반대 ▲ESG 실천 보상받는 사회경제체제 구축 ▲ESG가 국가 운영에 기본이 되는 정책 지지 ▲ESG 지지하는 전 세계인과 협력 등 10대 약속을 선언했다. 이어 이러한 10가지 약속을 실천하겠다는 의지를 담아 함께 서명했다. 또한 일본 후쿠시마 원전오염수방류를 반대하는 퍼포먼스도 진행했다.

이낙연 전 국무총리도 생활ESG행동 최초 제안자로 동참했다. 이 전 총리는 "ESG는 인류가 직면한 위기의 상징이자 출구"라며 "생활ESG행동이 새로운 대한민국의 행동기준이 되기를 기대한다"고 언급했다.

서현정 ERM코리아 대표

ESG는 북극곰 서식지 지키기 위한 전 세계적 압박

"빙하가 녹아 북극곰의 서식지가 사라지는 현상은 누구 한 명의 노력으로 해결할 수 없죠. 지구가 겪는 몸살에 대한 전방위적인 압박이 바로 ESG(환경·책임·투명경영)입니다."

서현정 ERM코리아 대표(43)는 2021년 상반기 서울 중구 본사에서 매일경제와 만나 ESG의 핵심을 이같이 설명했다. ESG 경영이 본래 취지대로 작동하기 위해선 분야를 막론하고 ESG를 조직의 핵심 강령으로 받아들여야 한다는 의미다.

사회 각계에서 ESG 선언이 쏟아지는 상황에 일각에선 거품론이 제기되지만, 지구 공동체가 새로운 패러다임을 받아들이기 위한 자연스러운 모습이라는 게 서 대표의 해석이다.

ERM은 50년 업력을 자랑하는 세계 최대 ESG 컨설팅사다. 아마존, 애플, 삼성, 넷플릭스 등 '글로벌 포천 500(미국 경제지 Fortune이 선정하는 매출 기준 세계 500대 기업)' 중 절반을 고객사로 두고 있다. 한국에서 ERM코리아가 활동한 지도 20년이 넘었다. 2020년 ERM코리아는 매출이 17% 오르는 등 아시아에서 가장 큰 성장 폭을 기록하고 있다.

서 대표는 ESG를 잠깐의 열풍으로 보지 않는다. 그는 "우리나라에선 이제야 ESG 논의가 활발하지만, 해외에서는 오랜 기간 진행돼왔다"며 "ESG는 이미 새로운 비즈니스 규범이 돼버렸기에 앞으로 방향이 바뀌진 않을 것"이라고 강조했다.

실제 ESG를 대하는 국내 기업의 태도가 달라졌다. 그는 "과거엔 실무진이 공장에 안전 설비를 갖출 때나 피인수 기업의 환경 부문을 실사할 때 ERM코리아를 찾았다"며 "최근엔 CEO(최고경영자), CFO(최고재무책임자) 등 C레벨 임원들이 조직 전략 차원에서 ESG에 대한 문의를 많이 해온다"고 소개했다.

"탄소국경세나 적도원칙의 확산을 비용 측면에서만 접근하지 말고, 이에 맞춰 사업모델을 수정해야"

그는 기업과 정부, 시민단체 등 각 분야에서 ESG를 기반으로 조직의 스토리를 다시 쓰길 주문했다. 서 대표는 "2021년부터 본격 적용되는 파리기후변화협약은 산업화 이전 대비 지구 평균 온도가 2℃ 이상 상승하지 못하도록 억제하는 것을 골자로 한다"며 "이것은 하나의 기업, 특정 분야, 정부의 노력만으로 이뤄낼 수 없는 것이기에 모두 힘을 합쳐서 움직여야 한다"고 역설했다. 아울러 탄소국경세나 적도원칙의 확산을 비용 요인의 증가라는 측면에서 접근하지 말고, 이에 맞춰 사업 모델을 수정해야 한다고 조언했다.

ESG가 특정 기업에 유리하고, 다른 쪽엔 불리한 이슈는 아니라는 점도 명심해야 한다고 말했다. 화석연료를 기반으로 시작한 정유 회사라도 노력에 따라 ESG 지표를 개선할 수 있고, 친환경 에너지 생산 기업이라도 ESG 경영에 대한 의지 없이는 낙제점을 받을 수 있다는 이야기다. 그는 "오일·가스 기업의 대표주자 셸(Shell)은 기후변화에 역행한다는 비판을 받았으나 이젠 신재생에너지에 꾸준히 투자하면서 이해관계자에게 지속가능성을 보여주고 있다"며 "반면, 해상

풍력 사업을 하더라도 관련 시설을 설치하는 과정에서 멸종위기종의 이동경로를 방해한다면 생물의 다양성을 위배해 ESG 점수가 낮게 나올 수 있다"고 부연했다.

한국 기업이 ESG에 소극적으로 대응했을 땐 해외 무대에서 경쟁력을 완전히 상실할 수 있다고 경고했다. 그는 "아마존과 소니 같은 글로벌 기업이 서플라이 체인의 ESG를 관리한다고 했을 때, ESG를 도외시한 기업은 납품처를 잃을 수밖에 없다"며 "투자자, 주주, 고객 전반에 있어서 대규모 이탈이 일어날 수 있다"고 말했다.

근래엔 여러 기업이 ESG 컨설팅 전문 회사를 표방하고 있다. 서 대표는 글로벌 시장에서 장기간 구축한 프로젝트 경험을 그들과 대비되는 ERM 강점으로 꼽았다. 그는 "ESG가 기업의 경영에서 적용되는 범위 자체가 너무 방대해서 어느 한 업체가 ESG 서비스에 완벽한 전문성을 가지는 것은 어려운 일"이라며 "ERM은 50여 년 동안 40개국을 서비스하면서 글로벌 기업들의 환경 · 사회 · 안전 · 보건에 관한 수많은 프로젝트 경험을 쌓았다"고 했다. 이어 "우리나라 기업들에 논리와 이론이 아닌 프로젝트 경험에 기반을 둔 실질적인 솔루션을 제공할 수 있다"고 자신했다.

ERM은...

"ESG는 불변하는 지표가 아니라는 점을 명심하세요. 장기적인 로드맵을 가지고 항상 개선해 나가야 합니다. 강점은 강화하고, 약점은 보완해 나가는 것이 핵심입니다. 한국 기업이 ESG를 새로운 도약의 기회로 삼게 되길 바랍니다."

세계 최대 규모 환경 · 안전 · 보건 · 사회 · 지속가능성 전문 컨설팅사다. 1971년 영국에서 설립된 이래 40개국에 지속가능성 컨설팅을 제공해왔다. 기술, 전략, 금융 등 각 분야의 전문인력 5000여 명이 소속 컨설턴트로 활동 중이다.

글로벌 포천 500(미국 경제지 Fortune이 선정하는 매출 기준 세계 500대 기업)' 중 절반을 고객사로 두고 있다. 씨티, 바클레이스, BNP파리바 등 금융 기업부터 칼라일, CVC, KKR를 포함한 PEF(사모펀드)운용사, 애플, 삼성, 페이스북, 넷플릭스 등 글로벌 시가총액 상위 기업들이 ERM으로부터 컨설팅을 받는다.

한국에 진출한 지는 20년이 넘었다. 인수합병(M&A) 시장의 큰손이 된 사모펀드 운용사를 대상으로 한 여러 프로젝트를 수행했다. 빅히트의 주요 투자자인 스틱인베스트먼트에는 ESG 정책 · 프레임워크 점검 서비스를 제공했다. 기업 내에 글로벌 수준의 ESG 정책 및 프레임워크 체계를 구축했으며 포트폴리오 기업의 ESG 상황을 리뷰했다. 근래엔 법무법인 율촌과 ESG 업무 개발 및 수행을 위한 MOU를 맺고 전방위적 협력을 약속했다.

사진출처: 매경DB

넷플릭스, 2022년 말까지 '탄소 순 배출 제로' 프로젝트 시행

단기간 내 효과적인 탄소의 순 배출 영점화 전략 수립

넷플릭스는 오는 2022년 말까지 탄소의 순 배출량을 '0'에 수렴시키는 '탄소 순 배출 제로, 이제 다시 자연으로(Net Zero + Nature)' 프로젝트를 실시한다. 프로젝트는 총 3단계로 진행된다. 우선 지구 평균 기온 상승 폭을 1.5도℃ 이하로 제한하기 위한 유엔기후변화협약(UNFCCC) 파리협정에 따라 넷플릭스 내부 탄소 배출량 저감부터 시작한다. 두 번째 단계로 탄소 배출이 불가피한 경우, 대기 중 탄소 유입을 방지하고자 열대림 등 자연보호를 위한 프로젝트에 투자하고 2021년 말까지 배출량을 상쇄한다. 마지막으로, 2022년 말까지 주요 자연 생태계 재건을 지원하며, 대기 중 탄소 제거를 통해 순 배출량 제로를 달성하고 매년 이를 지속적으로 유지할 계획이다.

이번 프로젝트는 60명 이상의 관련 전문가 및 독립된 자문위원단의 지속적인 검토를 거쳤으며, 탄소집약적 산업 대비 넷플릭스가 상대적으로 적은 양의 탄소를 배출하고 있는 만큼 단기간 내 효과적인 탄소의 순 배출 영점화 전략을 수립했다. 특히 넷플릭스의 전략은 '과학 기반 감축 목표 이니셔티브(SBTi)'의 기준에 맞춰 설계됨에 따라 SBTi의 권장 지침 10가지를 모두 충족할 계획이다.

이 밖에 넷플릭스는 〈우리의 지구〉, 〈나의 문어 선생님〉, 〈투모로우〉, 〈산호초를 따라서〉 등 다양한 지속가능성에 관한 콘텐츠를 소개하고 있다. 넷플릭스에 따르면 2020년 전 세계 1억6000만 가구가 지속가능성 관련 콘텐츠를 한 편 이상 시청한 것으로 확인됐다.

에마 스튜어트 넷플릭스 지속가능성 책임자(Sustain-ability Officer)는 "넷플릭스가 추구하는 엔터테인먼트의 즐거움도 우리가 살아갈 수 있는 세상이 전제될 때 가능한 가치"라고 밝혔다.

크리스티아나 피게레스 유엔 기후변화협약 파리협정의 공동 설계자는 "넷플릭스가 단기간 내 탄소 순 배출량을 없애기 위한 체계적 목표를 설정하고, 스토리텔링의 저력을 통해 지속가능성에 대한 대중의 이해도를 높이며 새로운 엔터테인먼트 경험을 선사한 것을 높이 평가한다"고 말했다.

넷플릭스는 190여 개국에서 2억400만 개 유료 멤버십을 보유한 엔터테인먼트 스트리밍 서비스회사다.

Part 4

ESG 평가

평가를 잡으면
ESG가 보인다

ESG 평가기관은 어디?

ESG 평가 사업에 여러 기관 뛰어들어
다양한 데이터 활용해 평가 방식 고도화

2008년 금융위기 이후 글로벌 기업들이 연쇄도산하자 이른바 기업의 지속가능성에 대한 관심이 부쩍 높아졌다. 이 시점부터 금융투자사들의 ESG 투자가 증가하며 ESG를 평가하는 기업들도 본격적으로 늘어나기 시작했다. ESG 초기 시장은 모건스탠리(MSCI), 서스테이널리스틱스(Sustainalytics), 톰슨로이터(Thomson Reuters) 등 대형 평가기관들이 선도적으로 표준 인덱스뿐 아니라 투자자별 맞춤 인덱스를 설계하여 판매했다. 비재무, 비정형 데이터에 대한 평가가 비중이 높은 ESG의 특성상 평가 노하우, 비정형 데이터 수집 능력 및 평가 기술 등이 필요하기 때문이다. 기업 활동의 ESG 범위를 확정하고 평가 요소를 분류 · 확인해 일정한 척도로 산출하여 투자에 실제로 반영하기 위해서는 많은 노력이 수반된다. 특히 재무 투자 관점에서 환경, 사회 및 지배구조 성과가 높은 종목을 선별해야 하기 때문에 광범위하고 동시에 세분화된 데이터(Data Granularity)가 요구되기 때문이다. ESG 평가기관들은 기업들의 정보를 공시를 통해 얻거나 설문조사를 직접 제공받거나, 다른 대안 원천 데이터 발굴을 통하여 수집한다. 이를 각자의 분류 방식과 등급 산정 방법론을 사용하여 데이터, 등급, 지수 등 관련 서비스의 제공을 확대하고 있다.

기업의 지속가능경영에 대한 범세계적인 관심과 코로나19로 인해 ESG 투자 수요가 확대되면서 이러한 평가기관들의 수는 급속도로 증가했다. 금융투자사, 컨설팅업체, 언론사 등 다양한 기관들이 ESG 평가 사업에 뛰어들어 현재 전 세계적으로 최소 125개 이상의 ESG 평가기관과 국내외 600여 개 ESG 지표가 존재하는 것으로 알려졌다.

국내 ESG 평가기관들은 해외 기업들에 비해 평가 경험이나 인력, 노하우가 아직까지 부족하지만 ESG 시장 확대에 대한 기대감으로 꾸준히 발전하고 있다. 연기금을 중심으로 기존의 SRI 투자가 ESG 투자로 확대 · 발전하기 위한 계획들을 발표하고 있으며, 한국거래소도 최근 상장 기업들의 ESG 공시 관련 업무를 전담하는 조직을 확대한 바 있다.

인공지능 등 신기술 활용한 ESG 평가기관들도 늘어나
ESG 투자의 최근 동향 중 주목할 점은 해외를 중심으로 빅데이터, 인공지능(AI) 등을 활용한 분석기술이 활용되고 있다는 점이다. 기본적으로 기존의 ESG 평가 요소들은 재무 데이터(수익성, 성장성, 안정성, 밸류에이션)보다 수치화하기 어려운 비정형 데이터의 형태로 존재하는 경우가 많다. 대대수의

ESG 평가 종류 및 체계

평가명	평가 방법	평가척도	평가 항목
에코바디스 (EcoVadis) 공급업체 CSR 평가	평가 플랫폼을 활용하여 협력사의 제출 자료를 기반으로 평가 실시	100-0 Scorecard	· 공급업체에 대하여 5가지 주제-일반(3문항), 환경(14항목), 노동관행 및 인권 정책(9문항), 공정한 비즈니스 관행(7문항), 지속가능한 조달(6문항)-총 39 CSR 질문으로 구성
다우존스지속가능 경영지수(DJSI)S&P	피평가자가 질문에 답변한 내용을 기반으로 평가 실시	0-100	· 공동 평가항목 및 산업별 항목으로 구분 - 공통항목: 기업지배구조, 윤리경영, 리스크 관리, 공급망 관리, 환경성과, 인적자본개발, 사회환경 정보 공개 - (금융)ESG Framework 구축, ESG 상품·서비스 이름 및 금액 고시등
탄소정보공개프로젝트 (CDP) 기후, 수자원, 산림자원	피평가자가 질문에 답한 내용을 기반으로 평가 실시	A to D-, F	· 환경 관련 세 가지 영역에 대해 질의 -기후변화: 온실가스 배출량, 지배구조, 전략, 감축 목표 등 - 산림: 산림훼손 원자재, 원자재 의존도, 관련 정책, 의사결정 구조 등 - 물: 수자원 사업상 중요도, 수자원 관련 정책, 의사결정 구조, 취수량 등
모건스탠리 캐피털 인터내셔널(MSCI) ESG 평가	공개 정보 기반으로 평가 실시 피평가자는 정보 검증 과정에 참여가능	AAA to CCC (leader, Average, Laggard)	· ESG 관련 37개 이슈로 구분하여 평가 - 환경 이슈: 탄소 배출, 전자폐기물, 친환경 기술 관련 기회 등 - 사회 이슈: 인적자원개발 등 -거버넌스 이슈: 이사회, 급여, 소유권 통계 등 * 이슈별 세부 평가항목이 있으나 피평가 기관 별도 요청 필요
서스테널리틱스 (Sustainalytics) ESG 리스크 평가	공개 정보 기반으로 평가 실시 피평가자 요청 시 보고서 발간 전 리뷰 및 정보 업데이트 가능	0-100 (neglegible, low, medium, high, sever)	· 지배구조, 주요 ESG 이슈(산업별 상이), 특수 사건을 평가 * 각 산업별 최소 70개 항목을 평가하나, 세부 평가항목 외부 비공개
블룸버그 (Bloomberg) ESG 공개 평가	공개 정보 기반으로 평가 실시	0-100	· 에너지 & 배출, 폐기물, 여성 임원, 이사회 독립성, 임직원 사고, 산업 특정 데이터 등을 포함한 ESG 정보 공사의 투명성에 대해 평가 * Bloomberg Terminal 이용자만 평가 결과 및 내용 접근 가능
ISS 퀄리티 스코어 (Quality Score)	공개정보 및 기관 제출 자료를 기반으로 평가 실시 피평가자 정보 검증 과정 참여	1 to 100 (low to high risk)	· 이사회 구조, 보수, 주주권리, 감사 및 리스크 관리 4가지 영역에 대해 약 230개의 항목을 평가 * 상세 항목 공개되어 있음

평가기관들이 수집하는 비정형 데이터는 주로 기업공시나 자체적으로 실시한 설문조사 결과에 의존하는 경우가 많아 '데이터 조작'에서 완전히 자유로울 수 없다는 한계를 지닌다. 이에 따라 회사가 공시하는 지속가능성 보고서를 비롯해 뉴스, 경영자의 인터뷰, 고객들의 회사에 대한 평가, SNS 등을 시스템적으로 수집, 평가하기 위해 텍스트 마이닝, 웹 마이닝, 자연어 처리 기술 이용이 늘어나는 추세다. 대표적으로 렙리스크(RepRisk)는 평가 기업의 재무제표는 물론, 해당 기업 관련 뉴스와 SNS 등도 모아 ESG 평가에 활용한다. 국내에서는 지속가능발전소(Who's Good)가 정부 부처와 공공기관에 제출된 공시자료와 인공지능(AI)으로 뉴스 데이터를 분석·취합해 'ESG 리스크'를 분석하는 평가 모델을 선보였다.

물론 인공지능, 자연어처리 등 신기술이 적용된 ESG 평가 역시 알고리즘에 유리한 단어를 의도적으로 보고서나 뉴스에 노출시킴으로써 등급을 올리려는 시도(Green Washing)에서 자유로울 수는 없다. 예를 들어 소송, 제품 결함 등 특정 단어가 회사 제품이나 서비스와 함께 노출되면 주가에 부정적인 영향을 줄 수 있기 때문에 의도적으로 다른 단어로 대체하는 방식이 있을 수 있다. 그럼에도 여러 기업들은 보다 많은 데이터를 활용해 ESG 평가 방식을 고도화하기 위해 다양한 시도를 하고 있다.

평가기관마다 성적도 고무줄?

✔

기관마다 다른 평가항목과 기준서 기인
기업 어느 장단에 맞춰야 하나 논란도

국제 준칙에 의하여 작성한 회계정보와 정형화된 기업 공시자료를 바탕으로 하는 신용등급 평가와는 다르게 환경, 사회 및 지배구조와 같은 비재무 정보를 중심으로 하는 ESG 평가는 투명성이나 평가기관별 방법론에 따라 달라질 수 있어 결과의 비교 가능성 측면에서 많이 부족하다는 평가를 받고 있다. ESG는 그 자체로 포괄하는 영역이 매우 다양해 평가기관별로 항목이 다르고 평가지표도 표준화되어 있지 않은 상황이다. 기관별로 공통으로 포함되는 평가항목임에도 점수 산출 방식이 다른 경우 최종 점수에서 크게 차이가 발생하기도 한다. 원데이터(Raw Data)를 각기 다른 방법론으로 적용하기 때문에 결과의 변동폭이 커지는 문제가 발생하는 것이다. 실제 국내외 다양한 ESG 평가기관이 등장했지만 기준과 항목별 가중치가 달라 평가 결과의 차이가 크게 나타나고 있는 상황이다.

전국경제인연합회(전경련)는 최근 국내 매출액 상위 100대 기업 중 국내외 대표 3개 ESG 평가기관(모건스탠리캐피털인터내셔널, 레피니티브, 기업지배구조원)이 모두 등급을 발표한 55개 기업을 분석한 보고서 〈국내외 ESG 평가 동향과 시사점〉을 발간했다. 이 보고서에 따르면 55개 기업의 평가기관별 ESG 등급 평균 격차는 1.4단계였으며 3단계 이상 차이가 나는 기업은 22개로 전체의 40%를 차지했다.

일례로 현대자동차는 모건스탠리캐피털인터내셔널(MSCI)의 환경 · 사회 · 지배구조(ESG) 평가 B등급을 받았다. MSCI의 경우 총 7개 등급으로 구분해 ESG 평가 등급을 매기는데 현대차는 이 가운데 가장 낮은 CCC보다 한 단계 위의 등급을 받았다. 반면 100점 만점으로 점수를 매기는 금융 정보 업체 레피니티브(옛 톰슨로이터) 기준으로는 74점을 기록했다. 이를 MSCI의 7개 등급으로 환산하면 현대차는 최상인 AAA등급 바로 아래인 AA등급에 해당한다. 현대차를 놓고 두 기관 간 ESG 등급이 4단계(B~AAA)나 차이가 나는 셈이다.

글로벌 기업에 대한 평가 결과도 차이가 큰 것으로 나타났다. 세계 1위 자산운용사인 블랙록이 ESG 상장지수펀드(ETF)를 구성하는 217개 기업을 조사한 결과 MSCI와 레피니티브의 평균 등급 차는 1.0단계로 나타났다. 3단계 이상 차이가 나는 기업은 17개, 2단계 차이가 나는 기업은 28개였다.

이러한 차이는 기관마다 다른 평가항목과 기준에서 기인한다. ESG 각 분야별로 세 개 평가기관의 평가항목을 살펴보

국내 주요 기업의 국내외 ESG 평가기관별 등급 차이

기업명	조정등급*			등급격차			등급격차 평균
	MSCI (7단계 등급)	Refinitiv (100점 만점)	KCGS (7단계 등급)	M-R**	M-K**	R-K**	
현대제철	CCC	AA	BBB	5단계	3단계	2단계	
기아자동차	CCC	A	A	4단계	4단계	0	
현대자동차	B	AA	A	4단계	3단계	1단계	
삼성중공업	CCC	A	BBB	4단계	3단계	1단계	
한국전력공사㈜	BB	AA	A	3단계	2단계	1단계	
한국가스공사㈜	BB	AA	A	3단계	2단계	1단계	
현대글로비스㈜	BB	AA	A	3단계	2단계	1단계	
현대건설㈜	BB	AA	A	3단계	2단계	1단계	
두산중공업㈜	BB	AA	A	3단계	2단계	1단계	
에쓰-오일㈜	BB	AA	AA	3단계	3단계	0	
현대모비스㈜	B	BBB	A	2단계	3단계	1단계	2.2단계
롯데쇼핑㈜	B	BBB	A	2단계	3단계	1단계	
이마트	B	BB	A	1단계	3단계	2단계	
금호석유화학㈜	B	B	A	0	3단계	3단계	
비지에프리테일	BB	CCC	A	2단계	2단계	4단계	
에스원	BB	CCC	BBB	2단계	1단계	3단계	
씨제이대한통운㈜	BB	B	A	1단계	2단계	3단계	
호텔신라	BB	B	A	1단계	2단계	3단계	
한국항공우주산업㈜	BB	B	A	1단계	2단계	3단계	
오뚜기	B	CCC	BBB	1단계	2단계	3단계	
삼성전자㈜	A	AAA	BBB	2단계	1단계	3단계	
엘지전자㈜	A	AAA	BBB	2단계	1단계	3단계	

* 등급체계: (MSCI) AAA, AA, A, BBB, BB, B, CCC, (KCGS) S, A+, A, B+, B, C, D, (Refinitiv) 100점 만점 점수체계를 14점 간격으로 7 단계 등급으로 환산
** 약자는 M(MSCI), R(Refinitiv), K(KCGS)로 각 기관 평가등급 간 몇 등급 차이인지를 의미

자료 : 전국경제인연합회

면 환경(E) 평가의 경우 모건스탠리캐피털인터내셔널(MSCI)은 기후변화, 천연자원, 오염 · 폐기물, 환경적 기회를 기준으로 삼았고, 한국기업지배구조원은 평가 기준에 환경전략, 환경조직, 환경경영, 환경성과, 이해관계자 대응을 기준에 포함했다. 레피니티브는 자원사용, 배출, 제품혁신을 항목에 포함했다. 큰 틀에서의 기준뿐 아니라 세부적인 점수 산정과 가중치 부여 과정에서도 기관별 차이가 발생했다. 특히 해외 평가기관들이 한국 기업을 상대적으로 저평가하는 '코리아 디스카운트'가 의심된다는 지적도 나왔다. 전경련은 전문가들의 견해를 종합해 "한국 기업과의 피드백이나 커뮤니케이션 없이 공개 데이터에만 의존해 등급이 산정돼 발생하는 문제"라고 진단했다.

ESG 평가 모델별로 차이가 나타나는 이유는?
ESG 평가기관들은 기본적으로는 ESG 각 요소에 대해 각종 공시 사이트, 정부 관련 통계에서 해당 정보를

추출한다. 최근에는 뉴스, SNS 등 빅데이터 분석을 통해 실시간, 상시로 ESG 관련 데이터를 수집하고 분석하는 방식을 도입했지만 아직 걸음마 수준에 불과하다.

재무 분석과 달리 ESG 평가는 짧은 역사를 가지고 있으며 표준적 평가 방법이 아직 구축되지 못했다고 평가받는다. ESG 평가 요소의 특성상 질적 평가, 비수치형 데이터 처리가 요구되므로 평가기관마다 다르게 나타날 수 있다. 이외에도 ESG 평가는 투자자의 맞춤형 요구에 따라 평가 방법론이 크게 달라질 수도 있다. 예를 들어 투자자가 환경(E) 중심의 ESG 투자상품 설계를 운용사에 요청한다면 운용사는 평가 요소 중 E의 가중치를 높여서 ESG 벤치마크 지수를 설계할 수 있기 때문이다. 공시정보 위주의 ESG 평가 방식의 문제점으로는 대표적으로 대형주 편중 효과, 평가기법의 단순성, 지역별 편차, 등급 산정 모델의 불투명성 등이 문제로 제기되고 있다.

ESG 평가의 Bias

구분	내용
대형주 편중 효과	· 자본력이 있는 대기업일수록 ESG 공시자료 준비를 위한 인력 등의 자원이 활용 용이 · 따라서 ESG 평가 시 높은 점수를 받는 경향이 있음
평가기법의 단순화	· ESG 평가 시 개별 기업 위험을 고려하지 않은 산업별 표준화 및 지나친 단순화가 결과를 왜곡 · 특정 업종 또한 편중되는 효과 발생, 화석 연료 등을 사용하는 전통적인 에너지 업종은 ESG 등급을 낮게 받을 수밖에 없음
지역별 편차	· 공시요건이 까다로운 지역의 기업 ESG 평가 점수가 타 지역보다 높은 경향 · 유럽 펀드매니저의 58%가 ESG 투자의 중요성을 느낀다고 답한 반면, 미국 매니저는 14%에 불과 →지역별 평가 편차로 이어짐
등급 산정 모델의 불투명성	· ESG 평가 세부 항목에 대한 방법론은 대부분 공개 · 이용자들(투자자, 운용사)은 보다 구체적인 방법론에 대한 설명 요구 · 피평가 회사와 평가 회사 간의 유착과 같은 모럴 해저드 위험도 지적됨

자료 : 메리츠증권 리서치센터

1. 대형주 편중 효과

자본력이 있는 대기업일수록 ESG 공시자료 준비를 위한 인력 등의 자원 활용이 용이하여 ESG 평가 시 높은 점수를 받는 경향을 보일 수 있다. 실제 서스테이널리틱스(Sustainalytics)에 따르면 시가총액이 큰 메가캡(Mega Cap) 회사들의 평균 ESG 평가 점수(64)는 시총이 작은 마이크로캡(Micro Cap) 회사(46)보다 높은 것으로 나타났다.

2. 평가기법의 단순화

ESG 평가 시 개별 기업 위험을 고려하지 않은 산업별 표준화와 지나친 단순화가 결과를 왜곡할 수 있다. 특정 업종이 편중되는 효과가 발생. 전통적인 에너지 업종들은 산업 구조 특성상(화석연료 사용 등) ESG 등급을 낮게 받을 수밖에 없는 것이 하나의 예다.

3. 지역별 편차

ESG 자료 공시에 대한 지역별 요구 편차가 존재함에 따라 공시요건이 까다로운 지역의 기업들의 평가가 타 지역보다 높은 경향을 보일 수 있다. EU에서는 500인 이상 기업의 경우 다양성 정책 등 비재무정보 공시가 의무(Reporting Directive 2014/95/EU)이나 나머지 지역에서는 불필요하다.

4. 등급 산정 모델의 불투명성

ESG 평가 세부 항목에 대한 방법론은 대부분 대외비다. ESG 등급 산정 업체들은 평가 방법과 노하우를 보호하기 위한다는 이유로 비공개를 원칙으로 하고 있다. 이용자들(투자자, 운용사)는 보다 구체적인 방법론에 대한 설명을 요구하는 과정에서 피평가 회사와 평가 회사 간의 유착과 같은 모럴 해저드(Moral Hazard) 위험도 지적된다.

한국형 ESG 평가 표준 'K-ESG' 지표도 구상 중

정부는 한국 시장에 최적화된 한국형 ESG 평가지표인 'K-ESG' 지표를 구상하고 있다. 산업부는 2020년 4월부터 한국생산성본부, 전문가 등과 함께 산업발전법에 근거한 가이드라인 성격의 ESG 지표를 마련해 왔다. 그동안 해외 시장에 최적화된 평가지표로 인해 한국기업들이 저평가 받고 있다는 목소리에 대한 대안으로 독립지표를 만들기로 한 것이다. 실제 몇몇 해외 기관의 경우 기업의 인종 다양성을 평가항목에 포함하고 있다. 그러나 우리나라는 외국인 근로자 비율이 유럽연합(EU), 미국 등 선진국과 비교해 현저히 낮아 같은 잣대로 평가하는 것은 불합리하다는 지적이 나왔다.

이에 정부는 공신력을 갖춘 국내외 주요 13개 지표를 분석, 도출한 핵심 공통문항을 중심으로 K-ESG 지표 초안을 마련했다. 분야별 대표 문항을 살펴보면 정보공시 분야는 'ESG 정보 대외공개 방식은?', 'ESG 정보공개 주기는?' 등과 같은 5개 문항으로 구성됐다. 환경 분야는 재생에너지 사용량, 온실가스 배출량 집약도 등 14개 문항, 사회 분야는 정규직 비율, 최근 3년간 산업재해율 등 총 22개 문항이다. 지배구조는 이사회 내 여성 인력 수 등 20개 문항으로 이뤄져 전체 문항 수는 61개다. 산업부는 이 초안에 대한 의견수렴과 보완을 거쳐 올 하반기에 최종적으로 발표할 계획이다.

매경-지속가능발전소 ESG 평가기준은

✔

인공지능(AI) 활용해 실시간 등급 반영
공공데이터로 성과 분석하고 AI로 뉴스 1만 건 분석해 위험 점검

전 세계에서 기업들의 ESG 경영 성과 평가기관은 600곳이 넘는다고 한다. ESG 경영에 대한 글로벌 표준이 정립되지 않은 상황이기에 ESG 성과 점수는 평가기관에 따라 천차만별로 나타날 수밖에 없다. 그럼에도 E(Environmental · 환경), S(Social · 사회적 책임), G(Governance · 투명경영)에 대해 신뢰할 만한 대표적 평가 모델을 개발하려는 노력은 지속되고 있다. 이러한 과정이 한국형 ESG 평가 표준화를 앞당길 것으로 기대된다. 나아가 ESG 평가에서 높은 점수를 받은 기업들이 장기적으로 우수한 실적을 거두고 지속가능성장을 하면서 주가상승률도 높아지는 ESG 생태계도 만들어지게 되는 것이다.

매일경제는 인공지능(AI)으로 기업별 ESG를 실시간 측정하는 기업인 지속가능발전소와 함께 '매경-지속가능발전소 ESG 평가'를 정기적으로 발표하고 있다. 평가 대상은 상장사 800곳이다. 이들의 비재무관리 성과인 'ESG 퍼포먼스', 인공지능 알고리즘으로 ESG 관련 뉴스 데이터를 분석한 'ESG 위험' 등을 종합한 수치로 매경-지속가능발전소 ESG 평가 결과를 내놓는다. 여기서 종합 ESG 점수는 ESG 퍼포먼스 점수에다 ESG 위험 척도로 할인해서 최종 계산된다. 예를 들어 ESG 퍼포먼스로 70점을 받았더라도 ESG 위험만큼 차감해서 50~60점이라는 최종

종합점수가 나오는 것이다. 이는 기존 대부분 기관들의 ESG 평가 방식이 기업들의 설문답변 방식으로 진행되던 것과 비교된다.

세부 조사 방법을 살펴보면 평가 대상 업종별로 차이가 있지만 제조업의 경우 정부부처와 공공기관에 제출된 ESG 199개 지표(E 41개, S 57개, G 101개)를 평가해 ESG 퍼포먼스를 내놓았다. 기업들이 공개한 믿을 만한 공시정보 가운데 글로벌 기준에 충족하는 성과 데이터를 활용하는 방식이다. 예를 들어 환경성과 기준에서는 환경정책, 오염 방지 대책, 화학물질 관리, 기후변화 대응, 자원 효율성 등에 관한 기업의 상세한 지표가 집계된다. 사회적 책임 성과 분야에서는 노동자와 경영진 관계, 작업장 상태, 공정한 기회와 차별 금지, 인권과 커뮤니티, 소비자 이슈 등의 구체적인 지표가 활동된다. 투명경영 성과 기준으로는 이사회 운영과 구성, 사업 도덕성, 경영관리, 주주권리 등에 대한 정보가 담긴다. ESG 퍼포먼스 최대 상한점수는 이론적으로 100점이다. 그러나 업종-회사 규모별 편차를 줄여 같은 선상에서 기업 간 ESG 점수를 비교하기 위해 전체 조사 대상(800개 기업) 평균을 정규화 과정을 거쳐 50점으로 조정했다. 이에 따라 종합 ESG가 50점을 넘으면 평균 점수 이상의 긍정적인 성과를 거둔 것으로 해석된다.

ESG 위험의 경우 매일 94개 언론사의 1만 건 이상 기업별 뉴스에서 인공지능 알고리즘으로 다양한 ESG 데이터를 추출해 나온다. ESG 수집 기준은 기업의 사회적 책임에 대한 글로벌 지침인 ISO 26000, UN 글로벌 콤팩트의 10대 원칙, UN 책임투자원칙 등의 매뉴얼을 참고했다. 예를 들어 환경 분야 위험 기준으로는 화학물질 및 오염사고, 기후변화, 자원낭비, 생물 다양성 침해 등이다. 사회 분야는 근무환경, 사업장 안전보건 위반, 불공정관행, 공급망 리스크, 인권침해, 소비자 문제, 지역사회 문제 등이다. 지배구조에서는 도덕성, 임원의 보상, 리스크관리 부실, 경영권 분쟁, 투명한 지배구조, 내부거래 등이다. ESG 위험은 0점(위험 낮음)~5점(위험 심각) 척도로 결과가 나온다. 이에 따라 기업별 ESG 최종 평가 결과인 '매경─지속가능발전소 ESG 평가'는 기존 퍼포먼스 지표에서 위험을 할인 적용해서 수치로 나오게 되는 것이다. 매일경제와 지속가능발전소는 정기적으로 '매경─지속가능발전소 ESG 평가' 결과를 산출해 국내 기업의 ESG 경영 성과를 측정하고 ESG 생태계 확산을 촉진한다는 방침이다.

지속가능발전소는 인공지능 기반의 기업 ESG 데이터 분석 업체로서 2019년 매경 핀테크 어워드 대상을 수상했다. 또 금융위원회로부터 혁신금융서비스로 선정되면서 기술신용평가를 보완하는 기업 지속가능성 신용평가인 SCB(Sustainability Credit Bureau)를 운영하고 있다.

100대 기업 ESG 점수 54.24

'매경·지속가능발전소 ESG 평가'에 따르면 2021년 2월 초 기준 국내 시가총액 100대 기업의 종합 ESG 점수는 54.24로 나타났다. 이는 2018년 55.2점에서 2019년 54.38점, 2020년 54.5점, 2021년 1월 54.24점으로 사실상 3년째 제자리걸음을 한 것으로 나타났다. 항목별로 보면 2021년 1월 환경경영이 54.93점으로 가장 높았고 책임경영은 54.16점, 투명경영이 52.73점으로 상대적으로 낮은 것으로 나타났다. 기업별로는 유한양행이 종합 ESG 점수 중 가장 높은 67.2점을 받았다. E·S·G 중 환경 부문을 나타내는 E 부문의 점수가 76.23점으로 월등히 높아 종합점수 1위를 기록한 것으로 나타났다. 유한양행은 환경 관련 데이터를 충실하게 공개한 가운데 최근 3년 동안 환경 관련 사고를 내지 않았으며 근무 여건도 우수했다. 그 덕분에 바이오·헬스케어 업종 가운데 E(환경경영)와 S(책임경영) 분야에서 최고 점수를 받았다. 2위는 사회적 책임에서 성과를 인정받아 66.65점을 받은 만도가 차지했고 다음으로 LG이노텍이 64.25점으로 뒤를 이었다. 반면 롯데지주, 에이치엘비, 한국전력공사, 한진칼 등은 최하위권에 랭크되는 수모를 겪었다.

국내 100대 기업별 ESG 점수(E=환경, S=책임, G=투명경영)

기업명	ESG	E	S	G
유한양행	67.20	76.23	55.16	55.92
만도	66.65	59.33	69.50	58.84
LG이노텍	64.25	66.35	58.83	52.36
현대글로비스	63.71	53.65	60.57	59.52
삼성전기	63.48	51.12	59.38	61.74
한미약품	63.43	68.07	65.01	51.02
삼성SDS	63.41	70.56	68.48	54.12
LG생활건강	62.95	62.68	58.91	59.61
KB금융	61.88	59.49	57.06	57.61
강원랜드	61.77	67.33	60.89	53.88
현대모비스	61.52	58.42	64.86	56.56
셀트리온	61.06	65.17	54.21	55.58
SK텔레콤	60.63	63.18	58.43	55.43
SKC	59.83	55.33	62.04	59.74
신한금융	59.81	71.15	49.70	54.03
한온시스템	59.42	58.14	59.73	59.38
삼성바이오로직스	59.27	58.96	64.82	50.40
SK하이닉스	58.96	57.76	66.93	55.49
쌍용양회	58.43	53.71	62.87	55.47
두산중공업	57.86	57.52	56.88	53.70
삼성SDI	57.71	55.27	52.28	58.35
SK	57.47	65.56	64.06	48.44
동서	57.45	65.63	53.36	51.24
우리금융	57.36	64.62	51.11	52.75
호텔신라	57.21	61.10	55.26	54.98
삼성중공업	56.97	61.02	55.25	46.24
삼성화재	56.46	54.83	60.61	53.57
SK 이노베이션	56.26	55.02	49.47	57.26
CJ제일제당	56.15	55.53	58.89	59.63
기아자동차	55.80	59.06	55.41	51.36
SK머티리얼즈	55.62	52.63	50.39	58.34
삼성전자	55.61	58.51	55.29	51.75
삼성물산	55.58	68.81	54.65	48.29
한국가스공사	55.54	56.20	57.74	47.37
오리온	55.53	54.31	52.22	53.48
코웨이	55.077	52.29	58.68	56.11
삼성증권	55.04	48.60	62.40	49.65
한국투자금융	55.00	47.83	45.15	58.26
NH투자증권	54.97	47.83	61.96	52.40
엔씨소프트	54.96	47.90	54.34	57.96
아모레퍼시픽	54.96	47.21	61.89	58.30
LG전자	54.95	56.82	56.63	49.23
두산밥캣	54.93	45.85	57.11	62.79
씨젠	54.80	48.41	55.71	56.69
셀트리온헬스케어	54.71	48.41	62.88	57.94
아모레퍼시픽 그룹	54.63	46.96	49.91	58.97
녹십자	54.57	63.28	48.70	46.93
KT	54.54	62.13	41.57	55.21
하나금융	54.53	56.23	51.57	51.15
넷마블	54.52	47.90	51.91	55.96

※ 2021년 1월 18일 시가총액 100대 기업 기준.

기업명	ESG	E	S	G
SK케미칼	54.48	54.79	56.27	55.94
한국타이어	54.46	56.14	57.24	48.99
네이버	54.44	61.60	48.43	58.26
중소기업은행	54.30	59.96	59.06	49.75
삼성생명	54.27	63.23	54.48	48.94
두산퓨얼셀	53.88	46.10	51.87	61.13
한국조선해양	53.67	59.45	54.96	45.85
이마트	53.50	62.22	43.22	56.34
KT&G	53.39	53.55	48.73	56.44
현대건설	53.35	56.48	43.79	54.16
포스코케미칼	53.19	53.17	52.68	49.53
LG디스플레이	53.18	56.91	59.00	50.46
S-OIL	53.12	53.34	56.76	56.23
포스코	52.98	52.61	58.23	58.16
키움증권	52.98	47.83	49.51	53.25
에스원	52.63	49.83	51.29	52.92
고려아연	52.42	51.02	47.75	58.82
HMM	52.27	46.49	60.58	54.84
더존비즈온	52.09	47.90	54.47	51.12
현대자동차	51.91	55.37	54.01	48.68
GS건설	51.87	56.31	49.39	45.52
대한항공	51.85	56.08	49.35	46.18
에코프로비엠	51.71	48.47	52.84	53.36
한화솔루션	51.62	51.56	51.01	48.95
씨에시윈드	51.45	46.90	54.33	54.91
현대제철	51.39	52.61	50.83	52.19
CJ대한통운	51.30	53.65	45.56	51.02
펄어비스	51.01	47.90	50.39	51.67
대웅	50.37	47.83	55.48	48.40
LG유플러스	50.32	58.97	43.91	51.26
롯데케미칼	50.32	49.53	59.81	50.56
금호석유화학	49.98	52.35	47.78	52.40
CJ	49.54	48.28	51.16	54.69
삼성카드	49.53	47.83	53.64	49.75
롯데쇼핑	49.51	63.93	51.87	44.37
미래에셋대우	49.13	48.77	48.77	49.17
LG화학	48.53	51.56	55.61	50.33
CJENM	48.40	47.75	53.86	46.34
알테오젠	48.35	48.41	46.81	49.89
현대중공업지주	48.17	46.46	48.40	53.49
신풍제약	46.91	48.41	50.76	45.93
카카오	46.05	47.90	46.03	49.21
한미사이언스	45.58	47.83	42.57	49.91
셀트리온제약	45.20	48.41	44.90	45.58
LG	45.20	49.61	49.08	46.19
GS	45.17	48.28	44.31	50.62
한진칼	44.20	44.25	47.50	48.57
한국전력공사	44.16	51.36	47.29	40.87
HLB	43.68	45.85	48.95	39.40
롯데지주	42.15	48.30	50.02	41.20

자료 : 지속가능발전소

실시간 반영된 ESG 통합점수
개별 기업에 이메일로 알림서비스

매일경제와 지속가능발전소는 ESG 점수와 리스크 분석이 실시간으로 산출 가능하다는 점을 활용해 개별 기업에 이메일로 제공하는 서비스를 시작했다. 매일 오전 7시 30분과 낮 12시 30분 두 차례 개별 기업의 환경·책임·투명경영(ESG) 위험을 실시간 분석한 자료가 이메일로 매경 ESG클럽 회원사에 전달되는 형태다. 매경 ESG클럽 회원사들은 'ESG ALERT' 이메일 서비스를 통해 하루 두 차례씩 자신들의 ESG 위험 현황을 신속하게 모니터링할 수 있다. AI를 통해 기업의 ESG 위험으로 수집된 사건 뉴스를 접할 수 있는 것은 물론 회원사와 관련한 기사 내용 외에 산업별·기업별 기사 건수를 확인할 수 있다. 오후에 전달되는 이메일에서는 17개 이슈별로 세분화한 회원사의 ESG 위험도를 1~5단계 척도로 확인할 수 있으며 최근 1년간 ESG 관련 뉴스 현황을 추세선으로도 보여준다.

'ESG 위험 알람 서비스'는 최근 환경·책임·투명경영(ESG)에서 위험 관리의 중요성이 매우 커져 차별화된 서비스라고 할 수 있다. ESG 경영에 있어서 비재무 성과만큼이나 위험 관리의 중요성도 점차 높아지고 있기 때문이다. 전 세계적으로 ESG 평가 때 ESG와 관련한 위험을 반영하기 위해 다양한 방법론이 활용되고 있는 추세다. 이외에 매일경제는 지속가능발전소와 함께 'ESG 위험 보고서'를 정기적으로(연 2회 추진) 매경 ESG클럽 회원들에게 발송하는 방안을 추진 중이다. 요약본 형태의 보고서 외에 세부적인 내용을 위해서는 지속가능발전소의 유료 서비스를 이용해야 한다.

한국기업지배구조원의 ESG 평가

国内기업의 ESG 통합평가 및 ESG 모범규준의 제정
지배구조(G)의 평가 3월, 환경(E) 및 사회(S) 부문에 대한 평가는 6월
정기등급은 10월에 부여

한국기업지배구조원(KCGS)은 2002년 한국거래소, 금융투자협회, 한국상장회사협의회, 코스닥협회 등의 출자로 설립된 공적기업으로 국내 기업의 ESG 통합평가 및 ESG 모범규준을 제정하고 의안 분석 서비스 및 SRI 자문 서비스 등을 제공한다.

KCGS의 ESG 평가는 2003년 G(지배구조) 부문평가로 시작해 2011년 ESG 전 영역으로 확대했다. 매년 900여 개 상장회사를 대상으로 ESG 평가를 실시하며 2018년부터 비상장 주요 금융기관의 지배구조를 별도로 평가하고 있다.

KCGS ESG 평가는 기업을 선정하고 기업공시자료 · 뉴스 등 미디어 자료, 감독기구 · 지자체 등 공시자료를 기초데이터 수집부터 시작한다. 이러한 데이터 자료를 활용하여 정량평가를 실시하고 그 점수가 일정 기준 이상인 기업을 대상으로 인터뷰를 실시한다. 정량평가는 다시 기본평가와 심화평가로 세분화된다. 기본평가는 ESG 각 부문별 총 18개의 대분류, 281개 핵심평가항목으로 구성되며 상세 평가문항은 평가 대상 기업만 열람 가능토록 했다. 주로 기업의 ESG 관련 위험을 최소화하기 위한 시스템 구축 여부를 중점적으로 평가한다. 심화평가는 총 58개 평가항목에 대해 기업가치를 훼손할 우려가 있는 ESG 관련 이슈가 발생했는지를 확인하는 방식으로 이루어진다. 최종등급은 기본평가 점수 백분율에서 심화평가 점수 백분율을 차감한 값을 기준으로 산정한다. 기본평가는 기업 특성별로 분류 후 가점방식을, 심화평가는 부정적 ESG 이슈에 대한 감점 방식을 적용하는 것이다.

지배구조(G) 평가는 3월, 환경(E) 및 사회(S) 부문에 대한 평가는 6월에 시작되며, 모든 정기등급은 10월에 부여한다. 평가 이후 다음 연도 1월, 4월, 7월에 ESG 등급위원회를 개최하여 ESG 이슈를 반영한 등급으로 수시로 조정한다.

11년 만에 바뀌는 ESG 모범규준

글로벌 ESG 보고 기준 제정 움직임이 가시화하고 있는 가운데 KCGS도 대대적인 모범규준 개정을 추진하고 있다. ESG 모범규준과 관련 지배구조(G) 모범규준은 2003년과 2016년 두 차례 개정됐지만 환경(E) · 사회(S) 분야 개정은 모범규준 제정 이후 11년 만에 처음이다. ESG 모범규준은 상장회사들이 ESG 경영을 하려면 어떤 사항을 고려해야 하는지를 알려주는 가이드라인이다. 국내에서는 기업지배구조원의 모범규준이 많이 활용되고 있어 상장기업에게는

관심사항이다. 이번 개정 배경에 대해 기업지배구조원은 "기존 ESG 모범규준 활용도가 미흡하고 평가와의 괴리가 발생해 개정에 나서기로 했다"고 취지를 밝혔다. 모범규준 개정 방향은 ESG 정보 공개와 책임투자가 확대되고 있는 세계적인 흐름에 발맞추어 ▲국내외 모범 사례와 동향을 반영하고 ▲원칙과 공시 중심 규범으로 개편하며 ▲리더십과 거버넌스를 강조하는 데 중점을 두는 형태로 잡았다. 공개된 개정안에는 환경 모범규준이 가장 두드러진다. 먼저 환경모범 규준에는 리더십과 거버넌스, 위험관리, 운영 및 성과, 이해관계자 소통이라는 4개의 대분류가 신설됐다. 전사적인 위험관리 프로세스에 환경경영관리 프로세스 통합관리를 유도하기 위해서다. 주요 내용을 보면 환경경영 리더십, 전략 및 목표, 환

경경영 거버넌스, 기후변화 위험 및 기회, 위험관리 체계, 친환경 제품 및 서비스, 친환경 공급망, 친환경 사업장, 생태계 보전, 환경정보 공개 등이 포함됐다. 기업 최고경영자의 환경경영 실천의지를 표명한 환경방침을 수립, 이를 대내외에 적극적으로 공개하도록 했다. 또 전사적 환경경영 체계를 수립, 주요 활동을 실행하기 위한 체계적인 의사결정 체계를 구축하고 이를 지속적으로 실행 및 유지하게 개정했다. 또한 이전에는 단순히 환경 관련 정보의 공개 의무만 부과했다면 개정안에서는 보고의 범위를 국내 또는 국내외 전 사업장으로 설정하고, 보고 대상을 1년 이하로 설정하며, 연간 혹은 분기별과 같이 정기적으로 시의적절하게 환경정보를 공개하도록 구체화했다. 나아가 환경정보의

유형분류		환경(E)	사회(S)	지배구조(G)	금융사지배구조(FG)
지속 가능성 제시	기업 분류	환경민감도 상 환경민감도 중 환경민감도 하	B2C B2B B2B IT	자산 2조원 이상 자산 2조원 미만**	상장 금융사 비상장 금융사***
	문항 구성	환경경영 환경성과 이해관계자 대응 3대 대분류	근로자 협력사 및 경쟁사 소비자 지역사회 4대 대분류	주주권리보호 이사회 감사기구 공시 (일반) 4대 대분류 (금융사) 7대 대분류	주주권리보호 이사회 최고경영자 보수 위험관리 감사기구 및 내부통제 공시
심화 평가	분석 방법	· 기업 활동에서 발생한 부정적 이슈를 확인하기 위해 공시자료·뉴스·미디어 등 다양한 출처의 정보를 상시 수집 · 기업가치 훼손 우려가 높은 ESG 이슈를 위반 여부·중대성·규모·기간 등을 종합적으로 고려하여 감점 수준을 결정			

**이사회 내 위원회 설치 여부에 따른 이사회 규모 추가를 고려하여 분류 세분화
***'금융사회의 지배구조에 관한 법률'이 전부 적용되는 기업

공개창구 역시 사업보고서, 지속가능경영보고서, 홈페이지 등 불특정 이해관계자가 접근할 수 있는 채널을 이용하도록 권고하고 있다.

기업이 환경 위험 속에서 기회를 파악하고 활용하기 위해서는 어떠한 체계 및 시스템을 도입하고, 이를 어떻게 기업 경영 일반에 반영하며, 활용하여야 하는지에 대해 가이드라인을 제시한 것이라고 할 수 있다.

사회 모범규준은 리더십과 거버넌스, 위험관리, 이해관계자 소통 대분류 신설을 통해 사회책임경영과 기존 경영 전략의 통합을 유도하는 방향으로 개정된다. 기존 이해관계자 분류 중심에서 운영 및 성과로 통합, 사회책임경영 주요 이슈를 중심으로 재편한 것이

그 예다.

기업 활동의 모든 과정에서 인권 이슈를 전담하는 실무부서를 설치하는 등 인권 이슈가 고려될 수 있도록 인권정책을 마련하도록 권고하는 내용도 포함된다. 다양성을 고려해 차별 없는 고용과 생활임금 수준의 임금 보장, 기간제 · 사내하도급 근로자 등을 모두 포함하는 일과 삶의 균형을 위한 제도를 만들도록 하는 등 노동관행도 바꾸도록 규정했다.

마지막으로 지배구조 모범규준 주요 개정 사항은 기존 5개 대분류를 주요 4개 대분류(이사회 리더십, 주주권 보호, 감사, 주주 및 이해관계자와의 소통)로 재편해 해외 모범규준 및 가이드라인과의 적합성을 높일 수 있도록 했다.

더불어 '이사회의 역할과 책임', '주주 및 이해관계자와의 직접 소통' 등의 중분류를 신설해 관련 세부내용을 추가했다. 이 밖에 소수주주의 권리를 강화하기 위해 이사 선임 시 집중투표제를 도입할 것을 권고하기도 했다.

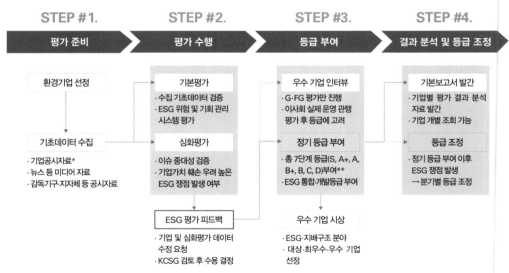

96

기업지배구조원은 이번 개정안에 CDP(Carbon Disclosure Project), TCFD(Task Force on Climate-related Financial Disclosures) 등 글로벌 ESG 대표 공시 표준 기관의 가이드라인이 대폭 반영됐다고 설명했다.

전경련 "개정된 모범규준 기업에 불리?"

KCGS의 ESG 모범규준 개정안에 대해 전경련은 2021년 3월 기업에 지나친 부담을 지워 오히려 지속가능한 성장을 방해할 수 있다는 우려를 표했다.

전경련은 "ESG 경영을 통한 지속가능한 성장이라는 취지에 적극 공감하지만 ESG 기준을 급격하게 강화하는 것은 기업들에 부담이 된다"며 "이번 모범규준이 향후 지배구조원의 ESG 평가 기준으로 반영될 가능성이 높아 기업들의 우려가 큰 상황"이라고 주장하고 나섰다.

특히 전경련이 문제삼은 것은 특히 좌초자산과 관련한 모범규준이다. 좌초자산은 화력 발전 등 기후변화로 자산 가치가 급격히 떨어져 상각되거나 부채로 전환될 위험이 큰 자산을 의미한다.

이번 개편안에서는 기업이 기후변화로 인한 직·간접적인 좌초자산 위험을 사전에 인지해야 하며 저탄소 포트폴리오 전환을 목표로 경영 전략을 재검토해야 한다는 내용이 포함돼 있다.

전경련은 "좌초자산은 아직 한국채택국제회계기준(K-IFRS) 등에 명시적으로 반영되지 않은 개념"이라며 "기업의 회계에 반영하게 할 경우 기업 가치에 왜곡이 발생할 수 있다"고 우려했다.

이외에 신설된 내부탄소가격 도입도 아직은 사회적 논의가 필요한 부분이라고 지적했다. 전경련 측은 내부탄소가격은 기업의 탄소 배출에 가격을 매기는 제도로, 세계은행은 탄소 가격 책정을 포함하는 정책을 사회적인 의견 수렴을 통해 신중하게 계획해야 한다는 입장이다.

이 밖에도 인권 관련 실무 부서 구축, 인권영향평가 실시, 인권 경영 현황 공개 등 '인권 경영'과 관련한 모범규준을 새롭게 추가한 것에 대해서는 "추후 ESG 평가 기준으로 이어질 가능성이 높다"며 기업에 지나친 부담이 될 것이라고 우려의 목소리를 표하기도 했다.

이밖에도 전경련은 경영 승계 관련 내부 규정을 마련해야 한다는 지배구조 모범규준에 대해서는 "글로벌 스탠더드의 관점으로 봤을 때 생소한 제도"라며 "현실적으로 불가능에 가깝다"고 주장하기도 했다.

글로벌 ESG 평가기관과 평가기준은

MSCI는 1999년부터 ESG 평가 제공해온 선두주자
환경, 사회, 지배구조 등 항목별로 가중치 부여 점수화

모건스탠리(MSCI: Morgan Stanley Capital International)

MSCI는 1999년부터 ESG 평가를 제공해온 선구자다. 초기 ESG 분야를 개척한 RiskMetrics, Innovest, KLD 등을 인수합병해서 2011년부터 ESG 리서치를 독자적으로 제공하고 있다. 2019년에는 기후변화 이슈에 대응하기 위해 관련 애널리틱스 기업 카본델타(Carbon Delta)를 인수하기도 했다.

MSCI의 ESG 평가는 공개된 기업 정보, 정부 DB, 매크로데이터 등을 활용한다. 평가 대상이 되는 기업도 정보 검증 과정에 참여할 수 있다. 환경, 사회, 지배구조 각 항목별로 10개 테마, 37개의 핵심 이슈로 분류하여 각 이슈별로 정해진 가중치에 따라 점수를 부여한다.

평가는 4가지 단계를 거친다.

1단계: GICS 하위 산업마다 핵심 이슈 판단

2단계: 산업별로 선정된 핵심 이슈에 대한 비중 설정

3단계: 글로벌 PEER와 비교하여 기업별 ESG 평가 (핵심 이슈가 리스크 요인이거나 기회 요인으로 의미가 있을 때 점수 부여)

4단계: 기업 지배구조 평가의 경우 업종 구분 없이 평가. 핵심 이슈 4가지 사항에 해당할 경우 감점

평가 등급은 AAA~CCC의 7개 등급으로 부여한다. 거버넌스 평가에 가중치가 부여되며, 전체 평가 등급 외에 ESG영역별 등급도 별도로 부여한다. 매주 새로운 정보가 반영돼 업데이트되며, 심층기업 분석 리뷰는 연간 1회 정도 제공된다.

- E(환경): 기후변화(탄소 배출, 기후변화 취약성 등), 자연자본(생물 다양성, 물 스트레스 등), 오염 및 폐기물, 환경 기회(청정기술 기회, 재생에너지 등)
- S(사회): 인적자원(노동, 임직원 건강 및 안전 등), 제품책임(제품 안전, 개인정보보호 등), 이해관계자 반대(지역사회와의 관계 등), 사회적 기회(취약계층의 보건, 영양, 금융 등 접근성 등)
- G(지배구조): 기업 지배구조(이사회, 경영진 보수 등), 기업행동(반부패 등)

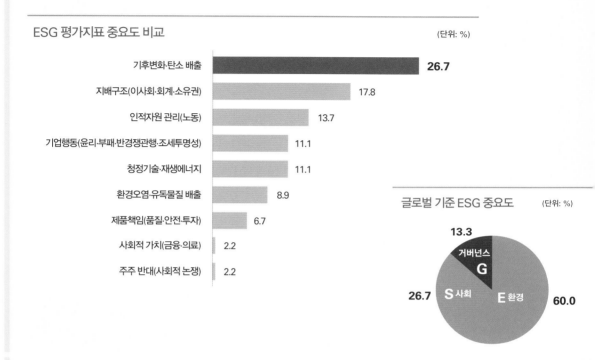

ESG 평가지표 중요도 비교 (단위: %)

기후변화·탄소 배출	26.7
지배구조(이사회·회계·소유권)	17.8
인적자원 관리(노동)	13.7
기업행동(윤리·부패·반경쟁관행·조세투명성)	11.1
청정기술·재생에너지	11.1
환경오염·유독물질 배출	8.9
제품책임(품질·안전·투자)	6.7
사회적 가치(금융·의료)	2.2
주주 반대(사회적 논쟁)	2.2

글로벌 기준 ESG 중요도 (단위: %)

거버넌스 G 13.3
S 사회 26.7
E 환경 60.0

스탠더드앤드푸어스(S&P)

미국의 금융정보업체 스탠더드앤드푸어스 다우존스(S&P Dow Jones)는 스위스 지속가능경영 평가사인 로베코샘(RobecoSAM)과 1999년부터 다우존스 지속가능경영지수 (DJSI, Dow Jones Sustainability Indices)를 개발해 매년 평가 결과를 발표한다. 전 세계 상위 기업을 대상으로 기업의 경제적 성과, 환경 및 사회 성과 등을 종합적으로 고려해 기업 경영의 지속가능성을 분석한다.

평가 대상 기업들이 답변한 설문지 내용을 기반으로 집계를 실시한다. 설문지는 공통 평가 항목과 산업별 항목으로 구분되며 80~120개 문항으로 구성된다. 산업별 특성을 반영한 기준을 적용해 가중치를 부여하는 것이 특징이다. 평가 결과 상위 10%는 대상 기업에 따라 DJSI 월드 지수, 아시아 · 태평양 지수, 코리아 지수 등에 편입된다. 국내에서는 매년 한국생산성본부(KPC)에서 결과를 발표하고 2020년 월드 지수에는 국내 기업 17개사가 편입되었다. 2019년 12월 S&P 글로벌이 로베코샘의 ESG 평가사업을 인수했으며, 2020년 5월 S&P 글로벌 ESG 스코어 (S&P Global ESG Score) 서비스를 출시하기도 했다. S&P 글로벌 ESG 스코어는 전 세계 시가총액의 95%에 해당하는 7300여 개 기업의 ESG 점수를 제공한다.

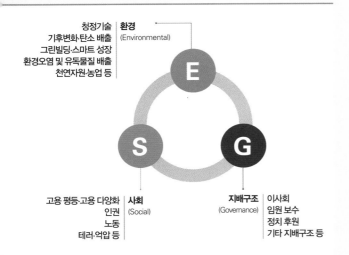

청정기술
기후변화·탄소 배출
그린빌딩·스마트 성장
환경오염 및 유독물질 배출
천연자원·농업 등

환경
(Environmental)

고용 평등·고용 다양화
인권
노동
테러·억압 등

사회
(Social)

지배구조
(Governance)

이사회
임원 보수
정치 후원
기타 지배구조 등

각 부문별로 0~5까지 점수화해 결과를 산출하며, 평가 대상 기업이 각 평가항목과 관련된 정도에 따라 가중치가 부여된다. 또한 평가항목 중 일부 부문에서 기준에 미달되면 지수 편입에서 제외된다.

블룸버그(Bloomberg)

블룸버그(Bloomberg)는 2008년 9월 CDP와의 제휴를 통해 블룸버그 터미널(단말기)에서 기업의 탄소발자국, 에너지 사용량 등을 조회하도록 했으며, 2009년 7월 ESG 데이터 서비스를 론칭했다. 블룸버그의 ESG 데이터는 102개국 1만1700개 이상의 기업에서 공개한 정보를 수집해 검증한 후 블룸버그 터미널에 공개된다. 블룸버그 단말기 이용자만 평가 결과와 내용에 접근이 가능하다.

10년 이상 전 세계 기업의 ESG 공시 데이터를 제공하면서 쌓인 경험을 바탕으로 블룸버그는 2020년 8월부터 ESG 스코어(Score) 서비스를 시작했다.

ESG 스코어에는 ESG 데이터를 바탕으로 이사회 구성, 환경 및 사회성과, 성 평등(Gender Equality), 공시 투명성 등에 관한 평가 점수가 포함된다. 자체 평가 점수 외에 MSCI, 서스테이널리틱스(Sustainalytics) 등 주요 ESG 평가기관 자료도 함께 제공, 투자자의

FTSE Russell

2001년 ESG 평가를 바탕으로 한 지수인 'FTSE4Good'을 론칭하였다. 이 지수는 DJSI의 S&P500 ESG 지수, MSCI의 ESG Leaders 지수와 함께 3대 ESG 지수로 꼽히며, 유럽 시장을 대표하는 지수로 분류된다. 공개된 정보를 기반으로 평가하며, 14개 주제별로 300개 이상의 지표로 구분된다. 사회책임투자(SRI) 지수의 하나로서 담배, 무기, 석탄 등 일부 산업은 평가 기업에서 제외하는 것이 특징이다. 분기별로 지수에 편입된 기업을 발표하고 2020년 9월 기준 현재 국내 기업은 약 30개사가 편입되어 있다. FTSE4Good 지수의 ESG 각 분야를 구성하는 14개 주제는 다음과 같다.

- E(환경): 생물 다양성, 기후변화, 공급망, 오염 및 자원, 물안보
- S(사회): 근로기준, 공급망, 인권과 지역사회, 건강과 안전, 소비자 책임
- G(거버넌스): 세금 투명성, 리스크 관리, 기업 지배구조, 반부패

의사결정을 돕는다.

한편, 블룸버그는 2020년 8월 최초로 석유 및 가스 기업 252개의 환경(E) 및 사회(S) 점수를 공개했고, 4350개 기업의 지배구조(G) 점수도 공개했다.

의 탄소 배출량을 추적할 수 있는 온도 평가 (Temperature Rating) 시스템을 개발했다. 이는 기업 활동으로 인한 기후변화의 위험을 투자자들이 더 잘 예측 및 관리하도록 지원하는 것이 목적이다.

CDP(Carbon Disclosure Project, 탄소정보공개프로젝트)

2000년 영국에서 설립된 국제 비영리기구로, 전 세계 9600여 개 기업의 기후변화 대응 등 환경경영 관련 정보공개를 요구해 공시정보를 분석, 투자자 및 금융기관에 제공한다. 매년 발표되는 CDP 평가결과는 전 세계 금융기관의 ESG 투자 의사결정을 위한 정보원으로 활용되고 있다. 기후변화, 수자원, 산림자원의 3대 영역(아래 참조)에 대한 데이터 공개 여부, 리스크 인식 및 관리 이해도, 목표 설정 등에 대해 피평가 기업이 응답한 내용을 기반으로 평가한다.

- 기후변화: 온실가스 배출량, 감축 목표, 전략, 지배구조 등
- 수자원: 취수량, 사업상 중요도, 관련 정책, 의사결정구조 등
- 산림자원: 산림 훼손 원자재, 관련 정책, 의사결정구조 등

평가 결과는 A~D등급으로, 데이터가 미공개이거나 부족해 평가가 불가능한 기업은 F등급을 부여한다. 2020년 평가 결과, 삼성전기, 신한금융그룹 등 국내 기업 7개사가 A등급을 받았다.

또한 CDP는 2020년 약 4000여 개 글로벌 공급망

렙리스크(RepRisk)

렙리스크는 기업 재무제표는 물론, 해당 기업 관련 뉴스와 SNS 등도 모아 ESG 평가를 하는 데이터 사이언스 기업이다. 1998년 설립된 ESG 데이터 평가 기관으로 인공지능과 머신러닝을 사용해 전 세계 15만 개 이상의 기업 ESG 리스크를 분석한다. GRI, SASB, UNGC 등 글로벌 ESG 표준에 의거해 28개의 ESG 이슈, 58개의 하위 주제를 설정하여 ESG 리스크를 측정한다.

2007년부터 운영하는 ESG Risk Platform은 ESG 리스크에 대한 세계 최대실사 데이터베이스로, ESG와 연관된 기업 경영, 투자, 사업 관계 등의 데이터가 포함된다. 공개된 정보뿐 아니라 온라인 정보 출처(미디어, 싱크탱크, 뉴스레터, 소셜미디어 등)를 통해 비정형 ESG 리스크를 식별한다. 기업의 자체 보고나 공개 정보를 의도적으로 제외해, 제3자 데이터를 통해 이슈를 분석하는 게 특징이다. 인공지능을 활용하여 전 세계 20개 이상의 언어로 된 9만여 개의 정보를 검토해 매일 업데이트한다.

렙리스크가 제공하는 데이터의 목적은 중대한 ESG 리스크를 체계적으로 식별하고 평가하는 데에 있다. 이용자들은 ESG 리스크를 매일 모니터링할 수 있어, 350곳 이상 고객들이 이 플랫폼을 이용한다. 일례로 플라스틱 산업에서 ESG 리스크가 높은 10개 기업에 관한 보고서를 발간하면서, 최근 2년간

플라스틱 관련 ESG 사고 빈도와 심각도를 함께 조사해 산정한다.

서스테이널리틱스(Sustainalytics)

1992년 설립되어 기업의 ESG 리스크 평가 및 리서치 등의 높은 전문성을 보여온 평가기관이다. 글로벌 펀드 평가회사 모닝스타(Morningstar)가 2020년 인수해 화제가 되기도 했다. 인수 이후 모닝스타는 서스테이널리틱스와 ESG 평가방법론을 활용하여 모든 펀드, 주식, 자산 분석에 ESG 요소를 통합하는 작업을 진행 중이다. 전 세계 4만 개 기업의 데이터와 2만 개 기업의 ESG 평가 등급을 제공하며 2020년부터 자사 웹사이트에 4000개 이상 기업의 ESG 등급을 공개하고 있다.

서스테이널리틱스의 ESG 리스크 평가 방식은 공개된 정보 기반으로 ESG 리스크가 기업의 재무가치에 미치는 영향을 측정한다. 평가 대상 기업이 요청할 경우 보고서 발간 이전 검토와 정보 업데이트가 가능하다. 평가 결과는 0~50 점수 및 리스크 등급으로 표시된다. 점수가 높을수록 기업의 ESG 리스크가 크다.

ESG 리스크 평가체계는 ▲거버넌스 ▲산업별 중대 ESG 이슈(Material Esg Issues) ▲기업별 기타 ESG 이슈로 구성되어 있다. 산업별 70개 이상의 평가항목을 평가하며, 세부 평가항목은 공개되어 있지 않다.

서스테이널리틱스는 '지속가능채권 가이드라인' 검증기관으로 국내 여러 기업 및 금융기관들이 ESG 채권을 발행하면서 평가 및 인증을 받고 있다.

비지오아이리스(Vigeo Eiris)

비지오아이리스는 2002년 설립된 ESG 평가, 데이터, 분석도구 및 지속가능 금융 분야 전문 기업으로 2019년 4월 신용평가기관 무디스(Moody's)가 인수해 유명세를 탔다. 이 기업은 기업의 전략, 운영, 관리 측면에 ESG 요소를 통합하는 과정을 평가해, 평가 대상 기업이 주요 지속가능성 이슈를 회사의 활동과 통합하여 관리할 수 있는 역량 수준을 보여준다.

ESG 평가체계는 환경, 사회 및 거버넌스 요소가 서로 관련 있고 보완적이라는 시각에 따라 각 요소를 분리하지 않는다. 또한 ISO 26000 지침을 기준으로 환경, 인적자원, 인권, 지역사회 참여, 비즈니스 행동 및 기업 거버넌스의 6개 영역으로 구성되며, 피평가 기업의 중대 ESG 이슈는 비즈니스 특수성을 감안하여 조정한다.

비지오아이리스는 평가 기업들이 ESG 기준을 사업부서 및 전략적 운영(지속가능채권, ESG 등급, CSR 평가 등)에 통합하는 것을 지원하고, 투자자들에게는 지속가능 투자 전략, 리스크 평가 및 관리 전략, 포트폴리오 분석, ESG 지표 등에 관한 정보를 제공한다.

MSCI, 서스테이널리틱스, 블룸버그 등과 마찬가지로 비지오아이리스 역시 2020년부터 자사의 ESG 등급을 일반에 무료로 공개하고 있다.

ESG 투자자 이니셔티브

ESG 투자와 관련한 주제에 대한 논의의 실천 방향을 만드는 글로벌 기관들을 이니셔티브라고 칭한다. 다음과 같은 기관이 제공하는 정보는 ESG 경영과 평가의 기준이 된다.

유엔책임투자원칙
(UN PRI United Nations Principles of Responsible Investment)

2006년 유엔 사무총장이던 코피 아난(Kofi An
-nan)이 주도해 창설된 UN PRI는 전 세계 기관
투자가들의 책임투자 흐름을 이끌고 있는 가장
큰 이니셔티브다. 유엔책임투자원칙에 가입 서
명한 기관은 2021년 1월 현재 3615곳이다.
유엔책임투자원칙이 제시한 책임투자 원칙은 총
6개 항목으로 이루어진다. 투자분석과 의사결정
과정에 ESG 이슈를 통합하고, 투자 대상에게
ESG 이슈에 대한 정보 공개를 요구하는 등 투자
산업의 책임투자 원칙 수용과 이행을 촉진하는
것 등이다.
유엔책임투자원칙에 서명한 기업은 매년 책임투
자 원칙 이행 현황을 보고하고, 평가 등급은 A+
부터 E까지 6단계로 구분된다. 만약 해당 보고가
불성실하거나 충분하지 못한 경우 2년간 재평가
기회를 주고 그럼에도 보고 내용이 부족할 경우
서명기관에서 배제된다.
유엔책임투자원칙의 새로운 기준에 따르면, 서
명기관들은 모든 관리자산의 최소 절반 이상에
대해 책임투자 정책을 시행해야 하며, 이를 이행
할 담당 직원 및 임원 레벨의 감독 책임자가 있어
야 한다.

유엔환경계획 금융 이니셔티브
(UNEP FI: United Nations Environmental Program Financial Initiative)

1991년 유엔환경계획(UNEP)과 세계 주요 금융
기관들이 공동으로 금융 분야의 지속가능발전을
위한 역할을 수행하기 위해 결성한 국제 파트너십
이다. 1992년 은행업계가 UNEP Financial Institu
tions Initiative를 출범시켰고, 1995년 보험업계에
서 UNEP Insurance Industry Initiative를 출범시
킨 이후 2003년 두 이니셔티브가 통합됐다. 이
후 자산운용사, 연기금 등이 참여해 현재에 이르
렀다. 2021년 1월 기준, 전 세계 378개의 금융
기관(은행, 보험사, 투자사)이 참여하는 글로벌
이니셔티브로 성장했다. UNEP FI는 금융기관
의 재무적 요소뿐 아니라 ESG를 비롯한 비재무
적 요소를 고려한 경영과 투자, 리스크 관리 및
정보공개를 추구한다. 이 원칙은 지속가능한 발
전을 위한 약속, 경영지침, 정보 공개 및 커뮤니
케이션 등 3개 분야 내 19개 항목으로 구성되어
있다.
UNEP FI 참여를 원하는 금융기관은 환경과 지속
가능발전에 대한 자발적 참여 선언에 대한 동의
의사를 CEO의 승인하에 UNEP FI 사무국에 전
달하고 회비를 납부함으로써 참여할 수 있다.

기후행동100+(Climate Action 100+)

파리기후변화협약 달성을 위해 2017년 결성된 글로벌 투자자들의 이니셔티브로 블랙록(Black Rock), 캘리포니아공무원연금(CalPers) 등 545개 이상의 투자자들이 협력하기로 서명했다. 이들이 운영하는 자산규모만 52조달러에 이를 정도로 영향력이 막강하다. CA100+의 투자자들은 기업들이 기후변화에 대한 지배구조를 개선하고, 온실가스 배출량을 억제하며, 기후 관련 금융공시를 강화할 것을 요구하고 지속적으로 모니터링한다.

온실가스 배출량이 가장 많은 전 세계 167개 기업에 서한을 보내 2050년까지 넷제로(Net Zero, 온실가스 순배출량 0)에 도달하는 방안과 계획 수립을 요구하고 있다. 이들 167개 기업이 배출하는 온실가스는 전 세계 산업부문 온실가스 배출량의 80%에 해당한다.

최근에는 'CA100+ Net Zero Company Bench-hmark'를 도입해 기업별 배출량을 객관적으로 비교하고 기업들의 온실가스 배출 저감활동을 구체적으로 평가하고 있다.

글로벌지속가능투자연합
(GSIA: Global Sustainable Investment Alliance)

2014년 유럽, 호주, 캐나다, 영국, 미국, 일본, 네덜란드의 지속가능투자연합 기관들이 함께 설립한 조직으로, 멤버십을 바탕으로 상호 간 네트워크와 협력 강화, 공동의 이니셔티브 수행 등을 위한 협의체다.

GSIA는 ESG 투자 방법론을 7가지 하위 부문으로 구분해 제시한다. 네거티브 스크리닝, 포지티브 스크리닝, 규범 기반 스크리닝, ESG 통합, 지속가능 테마 투자, 임팩트·지역사회 투자, 기업 관여 활동 및 주주행동 등이다.

투자철학에 부합하지 않는 술, 담배, 무기 등과 같은 산업을 포트폴리오에서 배제하던 '네거티브 스크리닝' 방식에서, 1990년대 이후로는 우수한 ESG 성과를 보이는 기업을 선별해 투자하는 '포지티브 스크리닝' 방식으로 변화했다.

최근에는 투자 목적 설계, 포트폴리오 비중 선정 등 투자 의사결정 전반에 ESG 요소를 적용하는 'ESG 통합(Integration)' 방식이 인기를 끌고 있다. 2012년부터 2년마다 글로벌 지속가능투자 규모를 발표하는 GSIR(Global Sustainable Investment Review)를 발간하고 있다.

국제기업지배구조네트워크
(ICGN: International Corporate Governance Network)

기업 지배구조 개선에 관한 정보 교류 및 연구를 위해 1995년 설립된 국제 비영리기구. 기관투자가를 중심으로 학계, 기업, 정부기관 등 폭넓은 네트워크를 지닌 기업 지배구조 관련 세계 최대 규모의 기관이다. 1980년대 중반 이후 북미와 유럽에서 기업 지배구조의 중요성이 높아지고, 기관투자가들이 10년 이상 주주행동주의에 관한 경험을 쌓은 것이 ICGN 설립의 주요 배경이 되었다.

ICGN은 기업 지배구조 관련 정보와 이슈를 교류하기 위한 글로벌 플랫폼 역할을 하며, 기업 지배구조 원칙과 관행에 대한 연구를 수행한다. 또한 기업 지배구조 모범규준 및 가이드라인 제정을 촉구하고 연구 활동을 지원한다. 2016년 도입한 국내 스튜어드십코드도 ICGN의 자료를 기준으로 삼았다. 국민연금과 한국투자공사(KIC)를 비롯해 세계 각국의 연기금과 블랙록, 피델리티 등 글로벌 금융사들도 회원사로 참여하고 있다. 회원사인 45개국 기관투자가가 운용하는 자산규모는 2021년 현재 54조달러에 이른다. 전(前) 한국기업지배구조원(KCGS) 원장인 조명현 고려대 경영학과 교수가 2019년 ICGN 이사로 선임돼 6년 임기로 활동하고 있다.

국제금융공사
(IFC: International Finance Corporation)

개발도상국 및 저개발국 민간기업에 투자하는 유엔 산하금융기관으로 1956년 설립되었다. 2005년 'Who Cares Wins' 콘퍼런스 보고서 〈Investing for Long-Term Value〉에서 ESG라는 용어를 처음 만들어 사용했다. 같은 해 유엔환경계획 금융 이니셔티브(UNEP FI), 2006년 유엔책임투자원칙(UN PRI) 등이 자본시장에 ESG 요소를 통합하려는 시도가 가속화되었다.
세계 최대 개발금융기관인 IFC는 2003년 적도원칙(Equator Principles) 이외에도 ESG 성과 및 리스크를 평가하고 관리할 수 있는 여러 표준 및 원칙을 개발하였다.
그중 대표적인 것은 환경 및 사회적 지속가능성에 대한 성과 표준(Performance Standards on En-vironmental and Social Sustainability, 2012)으로 IFC의 투자를 받은 기업들이 준수해야 할 환경 및 사회적 리스크 관리 책임을 규정하였다. 임팩트 관리를 위한 운영원칙(Operating Principles for Impact Management, 2019)은 펀드 관리에 있어 재무수익과 함께 사회·환경에 긍정적인 영향력을 고려하기 위한 운영 원칙으로, 투자 포트폴리오와 임팩트 목표 연계, 임팩트 달성 전략 등을 포괄한다.

포트폴리오 탈탄소화 연합
(PDC: Portfolio Decarbonization Coalition)

글로벌 금융기관들의 탈탄소화 투자를 지원하는 플랫폼으로 유엔환경계획 금융 이니셔티브(UNEP FI), 프랑스 자산운용사 아문디(Amundi), CDP(탄소정보공개프로젝트), 스웨덴 국가연금기금인 AP4가 2014년 함께 설립한 민관협력체제다.
PDC는 기관투자가들로 하여금 투자 포트폴리오를 탈탄소화함으로써, 탄소집약적인 기업으로부터 자본을 회수하여 같은 부문의 탄소 효율이 높은 기업에 재투자하도록 촉진한다. PDC 회원사는 32곳, 8000억달러에 달한다. 세계 최대보험사인 독일 알리안츠그룹, 로베코샘, BNP인베스트먼트 등이 PDC 회원으로 가입돼 있다.
PDC에 참여하는 투자자들은 우선 그들의 핵심 투자 포트폴리오의 탄소발자국을 몬트리올 탄소 서약서(Montréal Carbon Pledge)를 통해 측정 및 공개해야 하며, 포트폴리오 조정을 통한 온실가스 감축 계획을 실행 가능한 수치로 제시해야 한다.

주요 평가 항목과 최신 동향

✔

국민연금 환경, 사회, 지배구조로 나눠 세부 지표 평가
산업 재해 문제가 ESG 평가에서 꾸준히 이슈화

ESG의 대표적인 평가 기준은 국내 자본시장의 큰손인 '국민연금'의 ESG 평가지표를 통해 알아볼 수 있다. 국민연금은 ESG 관련 이슈 13개(세부 평가 지표 52개)를 기준으로 한 해 두 번씩 국내 기업들을 평가하고 있다. 대분류 격인 이슈 13개는 환경 분야 3개(기후변화, 청정 생산, 친환경 제품 개발), 사회 분야 5개(인적 자원 관리 및 인권, 산업 안전, 하도급 거래, 제품 안전, 공정 경쟁 및 사회 발전), 지배구조 분야 5개(주주의 권리, 이사회 구성 및 활동, 감사 제도, 관계사 위험, 배당)로 나뉜다.

E(환경) 평가 항목

국민연금의 환경 분야 평가는 크게 세 가지 이슈에 대응한다. 첫 번째 항목은 기후변화이다. 탄소 배출 관리 수준으로 정의되는 이 항목의 평가지표로는 온실가스 관리 시스템과, 탄소 배출량, 에너지 소비량 등이 사용된다. 두 번째는 청정생산이다. 기업이 환경유해물질 배출 관리를 얼마나 잘하고 있는지를 평가하는 것이다. 이 항목을 평가하기 위한 지표로는 청정생산관리 시스템, 용수 사용량, 화학물질 사용량, 대기오염물질 배출량, 폐기물 배출량 등을 활용한다. 마지막은 친환경 제품 개발이다. 기업의 환경 친화적 제품 개발 노력수준을 평가한다. 이를 위해 친환경제품 개발 활동, 친환경 특허, 친환경 제품인증, 제품 환경성 개선 등을 살펴본다.

 환경 분야 주요 이슈

재무정보로 활용되고 있는 기후변화
탄소배출권 거래제 3기 '신기후체제'

ESG에서도 E는 그 중요성이 더욱 커지고 있다. 기후변화는 이미 기업의 재무적 정보로 인식되는 경향이 확산되고 있고 기후변화에 따른 경제적 손실 규모도 '측정 가능한 지표'로 활용되고 있는 추세다. 기후변화의 비용편익 분석에 대한 연구는 더욱 활발히 진행되고 있으며 이를 온실가스 감축 이행전략과 연계하려는 시도도 늘어나고 있다.

2021년는 특히 2015년부터 시행된 온실가스 배출권 거래제도가 3기에 돌입하게 된다. 2012년 온실가스 배출권의 할당 및 거래에 관한 배출권 거래제도 법률이 제정된 후 1기(2015~2017년), 2기(2018~2020년)에 걸쳐서 배출권 거래제 초기 안착 및 감축 개시에

노력해 왔다. 2021년부터 시작되는 3기는 기후체제(파리기후협약)에 대비한 자발적 감축 유도, 배출권 거래제도에 대한 유동성 공급 확대 등 탄소 배출을 줄이기 위한 적극적인 제도가 시행될 예정이다.

기업별 온실가스 배출 현황을 보면 배출 기준 상위사들의 배출 집중도가 매우 높은 것으로 나타난다. 이와 관련해 국가 단위의 배출량 감축 노력보다는 개별 기업 수준의 자발적 노력 및 제도상의 인센티브와 규제 노력이 강화되는 추세다.

바이든 행정부가 미국의 신기후체제(파리기후협약) 참여를 재개한 점도 주목할 만하다. 파리기후협약은 이전의 교토의정서에 비해 참여 대상 국가가 크게 확대됐으며, 보다 구체적이고 강화된 온실가스 감축 계획을 포함한다. 철강, 유틸리티, 건설을 중심으로 관련 업종들의 친환경, 신재생에너지 투자가 가속화될 수밖에 없는 이유다.

S(사회) 분야 주요 평가 항목

국민연금의 ESG 평가지표 중 S(사회) 분야에서는 크게 5가지 항목을 평가한다. 먼저 인적자원관리 항목이다. 근로환경과 인권 및 다양성 관리 수준을 평가하는 이 항목은 급여, 복리후생비, 고용, 조직문화, 근속연수, 인권 등의 평가지표를 활용한다. 다음으로 작업장 내 안전성 관리 수준을 의미하는 산업안전 부문을 평가한다. 이를 위한 평가지표로는 보건안전시스템, 안전보건경영시스템 외부인증, 산재다발사업장 지정 등을 평가한다.

다음으로 하도급 거래와 관련해 공정하고 합리적인 협력업체 관리 수준을 평가한다. 이를 위해 공정거래자율준수 프로그램, 협력업체 지원활동, 하도급법 위반 사례 등을 평가한다. 제품안전성 관리 수준을 위해 제품안전시스템과 제품안전경영시스템 인증 등을 평가하고 공정경쟁 항목을 위해서는 내부거래설치 위원회, 공정경쟁 저해행위 유무 등 항목을 살펴본다.

E·S·G의 주요 범위(IMF, 2020)

환경

기후변화	탄소발자국, 기후변화 사건에 대한 취약성
자연자원	에너지 효율, 물 효율, 토지 사용, 원자재 추출
환경오염쓰레기	독성물 배출, 대기 질, 폐수관리, 위해물질 관리
기회와 정책	재생에너지, 청정에너지, 녹색건물, 환경·종 다양성

사회

| 인적자본 | 직정건강 및 안전, 노동자 참여, 노동관행(임금, 근로여건) |
| 생산책임 | 생산물 안전·품질, 고객 신분보호 및 데이터 보안, 상품 접근성 |

지배구조

| 기업 지배구조 | 이사회 구조·책무, 경영진 보상, 회계·공시 관행, 주주권리 |
| 기업 형태 | 부패관리, 경쟁행위, 세금·특수관계자 거래 투명성 |

사회분야 주요 이슈

산업안전 법령·인권 경영 강화

ESG에서 S(사회적 가치)의 평가에는 기업 내부 인적 자원 관리(고용 조건, 고용 평등, 근로자 안전 등), 협력업체와의 상생과 공정거래, 고객 정보 보호, 사회 공헌 활동 등 다양한 이슈가 포함되어 있다. 최근 들어 작업장 사건사고 등 사회적 이슈에 대한 관심이 커지고, 전 업종의 디지털 경영이 가속화되는 상황에 S(사회적 이슈)에 대한 평가가 더욱 부각될 가능성이 높아지고 있다. 실제 최근 2, 3년간 근로자의 인권 강화와 관련된 이슈가 많이 제기됐다. 부당해고, 직장 내 괴롭힘에 대한 법령 강화가 있었고 52시간 근무제 등 다양한 인권 경영 노력이 제도화되고 있다.

올 한 해 S항목에서 주목해볼 만한 이슈로는 '산업안전 법령 강화'를 꼽을 수 있다. 한국은 산업재해 사망률이 OECD 국가들 중에서 상당히 높은 수준으로 2018년 '김용균법'으로 불리는 산업안전보건법이 2020년에 개정되는 등 산업안전을 강화하려는 제도적 노력이 있으나 아직 갈 길이 멀고 산업재해 예방 효과가 크지 않다는 평가가 많았다.

코로나19 이후 크게 늘어난 특수형태 근로 종사자, 배달 종사자 등의 처우나 산업 재해 문제가 꾸준히 이슈가 되고 있다. 이와 관련 법령 및 제도, 기업의 자발적 노력이 더욱 크게 요구되고 있는 환경이다. ESG 투자가 더욱 강화될수록 이러한 요소들에 대한 투자자들의 개선 요구, 민간 차원의 사회적 모니터링 활동도 강화될 것으로 보인다.

기업들 스스로의 자발적인 인권 교육, 인권 취약 지대 모니터링, 예방 조치 등에 대한 노력도 강화되고 있다. 특히 인권 이슈는 현재의 디지털 시대에는 회사 외부로 쉽게 공유되고 확산될 가능성이 높고, 부정적 사례가 이슈화될 경우 해당 회사의 브랜드 이미지 추락이나 불매운동으로 확산될 가능성도 과거보다 증가했다. 페이스북, 구글 등 해외 선도기업들은 종업원의 성별, 인종, 출신에 대한 다양성 노력을 전담하는 인사 조직을 구축 및 홍보하는 등 노력의 범위가 매우 넓다. 사내 종업원들의 회사에 대한 평판을 모니터링하는 전담 조직을 두는 모습도 나타난다.

G(지배구조) 관련 주요 평가 항목

지배구조 평가에는 주주권리 보호 정도, 기업의 공시 의무 충실성, 이사회의 구성, 보수, 활동 등에 대한 평가 등이 기본이다. 그 외 지속가능경영에 관한 전담 조직과 노력을 얼마나 하고 있는지가 중요하다. 지배구조와 관련해 국민연금은 총 5가지 항목에 대해 평가한다. 먼저 주주권리 보호 및 소통 노력 수준이다. 이를 위해 경영권 보호장치, 주주 의견 수렴장치, 주주총회 공시 시기 등을 평가한다. 두 번째로는 이사회의 독립성과 충실성이다. 이를 위해 대표이사와 이사회 의장의 분리, 이사회 구조의 독립성, 사회이사 구성현황, 이사 보수의 적정성 등을 평가한다. 다음으로 감사의 독립성 수준도 평가항목에 포함된다. 감사위원회 사외이사 비율, 장기재직 감사 또는 감사위원 비중 등을 살펴본다. 관계사 부실로 인한 위험성 수준도 평가한다. 순자산 대비 관계사 우발채무 비중이나 관계사 매입거래 비중이 과도할 경우 낮은 평가를 받는다. 마지막으로 배당이다. 주주가치 환원을 위해 얼마나 노력했는지 여부를 평가한다. 이를 위해 중간 · 분기배당 근거 마련, 총 주주수익률, 최근 3년 내 배당 지급, 과소배당 등이 지표로 활용된다.

 지배구조 관련 주요 이슈

공정거래법 강화, 지속가능경영 위원회 증가

2021년 ESG의 G(지배구조) 이슈상의 관전 포인트는 지속가능경영 위원회의 도입과 공정거래법 강화를 꼽을 수 있다. 이러한 관점에서 2021년 국내 주요 기업들의 ESG 경영 강화 노력을 평가하는 하나의 지표로 지속가능경영 전담 조직(위원회)에 주목할 만하다. 즉, ESG 전담 조직또는 지속가능경영 위원회의 구성 여부, 활동 목표, 구성 등을 평가하는 것이다. 최근 국내 금융 지주사들은 ESG위원회를 구성하고 계열사 별로 세부적인 시기별 목표를 제시하고, 경영진을 평가하는 실질적 구속력으로 활용하고 있다. 이는 개별 기업들이 MSCI, 기업지배구조연구원 등 ESG 등급 평가기관으로부터 좋은 평가를 받는데도 유리하게 작용해 기업 전반으로 확대될 가능성이 크다. 다만, 회사의 규모에 따라 도입 속도는 차이가 날 수밖에 없어 실제로 ESG 분야에 전문성을 갖춘 인력이 포함되는지 여부 등이 중요하게 작용할 것으로 전망된다.

더 뉴 EQS

메르세데스-벤츠, 2039년까지 탄소 제로

2030년까지 전기차 비율 50%까지 끌어올리기로

메르세데스-벤츠는 2021년 4월 럭셔리 전기 세단 '더 뉴 EQS'를 공개했다. 더 뉴 EQS는 메르세데스-벤츠가 자체 개발한 전기차 전용 모듈형 아키텍처를 최초로 적용했다. 이 차는 1회 충전 시 770㎞ 주행이 가능하다. 더 뉴 EQS는 또한 재활용품이나 재생 가능 원료 등을 차량 소재로 사용했다.

메르세데스-벤츠는 2039년까지 모든 차의 탄소 배출을 제로화한다는 목표다. 이를 위해 2030년까지 전기차 비율을 50%까지 끌어올리기로 했다.

협력업체에도 탄소중립원칙이 요구된다. 메르세데스-벤츠는 협력회사 선정 시 탄소 배출량을 핵심기준으로 설정했다. 2039년 이후부터는 탄소중립 제품 공급회사와만 계약을 유지·추진한다. 현재 75% 이상 협력업체가 탄소중립 서약서에 서명을 완료했다. 전기차 배터리회사 CATL은 제품 생산 시 신재생에너지만 사용하겠다고 약속했다.

벤츠는 협력사에 ESG 경영 표준도 제시하고 있다. ESG 준수 여부에 따라 계약을 결정한다. 벤츠는 HRRS(Human Right Respect System)를 활용해 공급사의 인권보호를 평가한다. HRRS는 벤츠와 공급사에서 발생 가능한 인권보호 위험 요소를 측정해 인권보호 현황을 조사하고, 관련 위험을 평가하는 시스템이다.

메르세데스-벤츠는 또한 유엔, OECD(경제협력개발기구), ILO(국제노동기구)의 환경·인권보호 윤리 규정을 토대로 'Daimler Supplier Sustainability Standards'를 수립했다. 이를 통해 공급사의 환경보전, 인권보호, 안전, 준법시스템 준수 여부 등을 평가한다. 구매팀은 공급사 지속가능성 준수 여부에 대한 감사를 진행한다. 감사 결과는 공급망 선정 시 반영된다.

Part 5

ESG 사례연구

기업 현장에선
이렇게

삼성전자

기존보다 적은 에너지로 동일한 효율 만들어낸다
제품에 사용되는 자원을 재사용 · 재활용하는 데 앞장

삼성전자는 지속가능한 기후변화 대처에 나서고 있다. 삼성전자의 ESG 전략 중 하나는 기존보다 적은 에너지로 동일한 효율을 만들어내는 에너지 효율 제품 생산이다.

삼성전자에 따르면 2021년 생산되는 제품 중 친환경 아이템이 적용된 제품의 온실가스 감축량은 약 2만 5000t에 이를 것으로 예상된다. 이는 30년생 소나무 380만 그루가 흡수하는 양이다. 삼성전자는 2021년 1월 태양전지(Solar Cell)를 적용한 친환경 리모컨 도입과 재생플라스틱 사용 등을 통한 탄소 배출량 저감 계획을 밝혔다. 2021년형 QLED 제품에 적용되는 솔라셀 리모컨은 자체에 태양전지 패널을 넣어 일회용 배터리 없이 태양광이나 실내조명으로 충전이 가능하다. 이를 통해 7년간 AA 배터리 9900만 개를 절약하는 효과를 낼 수 있다.

사이니지와 모니터 뒷면 커버 등에 재생플라스틱을 지속 활용해왔으며, 향후 적용 확대를 검토 중이다. 모바일 제품에도 친환경 노력들이 담겨 있다. 2016년부터 스마트폰과 태블릿 일부 모델에 사용 중인 폴리케톤(Polyketone)은 일산화탄소와 온실가스 배출을 줄이는 소재다. 탄소 배출을 최소화하기 위해 갤럭시S21

사이드 키의 내장 브라켓에 이 소재를 활용하고 있으며, 산업통상자원부 산하 한국산업기술진흥원으로부터 녹색기술 인증도 취득했다.

전원을 끈 상태에서 전기제품이 소비하는 대기전력 낭비를 막을 수 있는 충전기를 2012년부터 갤럭시 스마트폰 플래그십 모델 대상으로 적용해왔다.

생활 가전제품에서도 에너지 저감 노력을 찾을 수 있다. ▲진공 단열재 적용으로 에너지 소비효율 1등급을 달성한 비스포크냉장고 ▲기존 제품 대비 건조에 사용하는 에너지를 약 22% 절감한 식기세척기 ▲유도가열 방식으로 열 손실을 줄여 에너지 사용량을 줄인 포터블 인덕션 더플레이트 등이다.

냉장고 핵심 부품인 컴프레서에도 에너지 효율이 적용됐다. 냉장고 사용 빈도에 따라 1050RPM부터 4300RPM까지 속도 범위 내에서 에너지 사용량을 조절하는 디지털인버터컴프레서는 에너지 소비량을 약 30%가량 절약할 수 있다. 이 기술이 적용된 6개 냉장고 모델은 미국 환경청(Environmental Protection Agency)이 주관하는 에너지스타 고효율 · 첨단제품상(Emerging-Tech Award)을 수상했다.

반도체 분야 성과도 주목된다. D램 4종, SSD 3종, e

1 업사이클링 가능한 삼성 TV 에코 패키지 **2** 삼성전자 기흥캠퍼스 태양광 발전 시설
3 갤럭시 스마트폰 친환경 패키지 **4** 스마트공장 지원: 진단키트업체 코젠바이오텍
5 스마트공장 지원: 마스크업체 레스텍

스토리지 2종 등 메모리 제품 9개가 카본트러스트(Carbon Trust)로부터 '제품 탄소 발자국(Product Carbon Footprint, PCF)' 인증을 받았다. 특히 스마트폰용 메모리 512GB eUFS 3.1은 반도체 업계 최초로 '탄소 저감 인증'을 취득했다.

카본트러스트 인증 제품 중 포터블 SSD T7터치는 반도체 제품 최초로 환경부 '저탄소 인증'을 획득했다. 삼성전자는 포장재 제조 단계에서 발생되는 탄소량을 줄이기 위해 친환경 펄프 소재 포장재를 개발해 포터블 SSD T7터치에 적용했다. 또한 반도체 부문은 공정가스 처리 효율 개선과 설비 운영 효율화 등을 통해 연평균 탄소 배출을 약 84t 줄일 수 있을 것으로 예상된다. 삼성전자 관계자는 "화석연료 사용 급증으로 인한 지구 온난화와 기후변화는 지구 곳곳에서 모두의 삶을 위협하고 있다"며 "삼성전자는 앞으로도 온실가스 배출을 최소화한 에너지 고효율 제품 개발과 설비 도입, 신재생에너지 사용으로 ESG 경영을 더욱 공고히 하겠다"고 말했다.

삼성전자는 자원재순환 사업도 펼치고 있다. 폐가전에서 추출한 플라스틱을 재활용해 냉장고와 세탁기 부품을 만드는 '폐가전 리사이클링'을 실시하고 있다. 폐가전이 하나의 제품으로 재탄생하기까지 리사이클링은 6단계를 거친다.

삼성전자 관계자는 "제품에 사용되는 자원을 재사용·재활용하는 데 앞장서고, 사용주기도 늘리는 등 제품 생애주기 전 과정에서 취할 수 있는 모든 방법을 찾아 적용하고 있다"며 "2030년엔 전자폐기물이 무려 7400만t으로 늘어날 것으로 예상되는 등 '적게 사용하고 덜 버리는 방법'에 대한 전 세계적 관심이 높아지고 있는 상황"이라고 설명했다.

풍력 태양광 등 재생에너지 사용 확대

전 세계에서 매년 버려지는 전자폐기물은 5000만t이 넘는다. 이 중 재활용되는 비율은 17%에 불과하다. 삼성전자는 재생에너지 사용에도 적극적이다. 삼성전자는 2020년까지 미국·중국·유럽의 모든 사업장에서 100% 재생에너지를 사용하겠다는 계획을 2018년 발표했다. 2019년 미국·중국·유럽 사업장의 전력 92%를 재생에너지로 전환한 데 이어, 2020년 100% 전환 달성에 성공했다. 인도에서는 풍력·태양광 발전소와 공급 계약을 체결해 현지 사업장에서 사용 중이며, 멕시코에선 재생에너지 인증서를 구매했다. 브라질 사업장은 일정 비율로 재생에너지를 공급받고 있다. 이 밖에 여러 해외 사업장들이 재생에너지 인증서(Renewable Energy Certificate, REC) 구매와 재생에너지 공급 계약(Power Purchasing Agreement, PPA) 체결 등을 실행하고 있다.

국내에서도 재생에너지 사용을 확대하고 있다. 국내 사업장 곳곳에 태양광·지열 발전 시설을 설치했다. 현재 수원·기흥·평택 사업장 내 주차장과 건물, 옥상, 부지 등에 설치된 재생에너지 발전 시설을 통해 재생에너지 사용 확산 계획을 실행해 나가고 있다.

현대글로비스

친환경 물류사업 토대로 다양한 친환경 경영
한국기업지배구조원 평가에서 종합 A등급

현대글로비스 ESG 경영 사례

- 전기차 '사용 후 배터리' 물류사업 확대
- 국내 첫 콜드체인 시스템에 전기트럭 활용
- 수소 공급망 관리 최적화 플랫폼 구축
- 액화천연가스(LNG) 해상운송 사업 추진
- 대형 액화수소 운반선 개발 착수

현대글로비스 자동차운반선(PCTC)이 항해를 하고 있는 모습

현대글로비스가 친환경 물류사업을 토대로 'ESG(환경·사회·지배구조) 경영'에 속도를 내고 있다. 새로운 기후 체제와 대내·외 환경 정책에 맞춰 전방위적으로 다양한 친환경 경영을 펼치는 동시에 지역사회를 위한 사회공헌활동도 적극적으로 실천하고 있다.

우선, 현대글로비스는 급성장이 예상되는 전기차(EV) 사용 후 배터리 물류사업에서 발 빠른 행보를 보이고 있다. 사용 후 배터리란 신품 대비 성능이 약 70% 이하로 떨어진 구동 배터리로 사용 가치가 없어진 제품을 말한다. 전기차 수요가 빠르게 늘어나고 있어 최근 사용 후 배터리 처리 문제도 떠오르고 있다. 현대글로비스는 사용 후 배터리를 효율적으로 대량 운송할 수 있는 전용 용기의 특허를 취득하는 등 관련 사업 역량을 키우고 있다. 현대글로비스가 개발한 용기는 크기를 자유롭게 조절할 수 있는 가변레일식 구조

를 채택한 것이 특징이다. 덕분에 여러 차종의 각기 다른 모양을 가진 배터리를 실을 수 있어 국내 최초로 EV 사용 후 배터리 전용 '플랫폼' 역할을 수행할 것으로 기대된다.

국내·외 물류 현장에 친환경 운송 시스템도 적극 도입하고 있다. 현대글로비스는 SSG닷컴과 함께 국내 최초로 냉장·냉동 물류 수송체계인 '콜드체인(Cold Chain)' 시스템에 전기트럭을 투입했다. 경유차로 배송하면 한 대당 하루에 평균 15ℓ의 경유를 사용하는데, 이를 온실가스 배출량으로 환산하면 '38kgCO2eq' 정도다. 이에 비해 같은 제원의 전기배송차를 이용하면 온실가스 배출이 하루 '16.7kgCO2eq'까지 줄어 약 56.2% 저감 효과를 볼 수 있다.

또 태국 재계 1위인 CP그룹과 사업 파트너십을 구축해 현지 물류시장을 공략하고 있다. 협약에 따라 현대

글로비스는 CP그룹이 태국 전역에서 운영하는 편의점 세븐일레븐의 상품을 전기트럭으로 운송한다. 이는 태국 물류 현장에 친환경 전기트럭이 도입된 첫 사례다.

친환경 에너지인 수소 대중화에도 앞장서고 있다. 현대글로비스는 정부 부처 및 관련 기업들과 함께 '수소차용 수소 유통산업 발전을 위한 양해각서(MOU)'를 체결했다. 현대글로비스는 수소 전용 이송 특수 차량인 튜브트레일러를 투입해 충남 당진 현대제철소에서 생산된 수소를 수도권과 충청권에 위치한 하이넷 수소충전소까지 실어 나른다. 이 과정에서 '수소 공급망 관리 최적화 플랫폼'을 구축하고 실시간 데이터를 이용해 적재적소에 수소를 공급, 물류 효율화를 이끌어 수소 생태계를 조성할 계획이다.

이와 함께 친환경 해운사업 모색을 위해 유럽 대표 해운사 '윌.윌헬름센(Wilh.Wilhelmsen Holdings ASA, 이하 윌헬름센)'과 '가스 운반선 및 해운환경 변화 공동 대응' 업무협약(MOU)을 체결했다. 협약에 따라 윌헬름센과 액화천연가스(LNG) 해상운송 사업을 공동으로 추진한다. 또 수소경제 시대를 대비해 친환경 수소 선박 운영, 수소 해상운송 사업 등을 단계적으로 진행할 예정이다.

친환경 해운시장을 선점하기 위해 국내 조선사와 협력해 '대형 액화수소 운반선' 개발에 착수했다. 이를 위해 세계 최초로 한국선급과 라이베리아 기국으로부터 '기본 인증(AIP)'도 획득했다. 이는 선박건조에 필요한 기초 단계를 승인받은 것으로, 한국 선사와 조선사가 협력해 받아낸 대형 수소 운반선 인증에 관한 최초 사례다. 현대글로비스는 이번 기본 인증이 기술 표준이 될 가능성이 큰 만큼, 글로벌 수소 해상운송 주도권 경쟁에서 우위를 점한다는 목표다.

현대글로비스는 지속적인 사회공헌활동을 통해 기업의 사회적 책임도 적극 수행하고 있다. 2020년 1분기부터 물류기업의 특성을 살려 코로나19 확산 방지를 위한 구호품을 자가격리자 및 의료진들에게 전달해왔다. 지금까지 300회에 걸쳐 1100여t의 구호품을 전달했다. 쾌적한 생활환경을 조성하기 위해 비산먼지 제거 사업도 실시하고 있다. 미세먼지와 도로변 비점오염원을 제거해 사업장 인근 지역 시민의 안전을 도모한다는 목표다.

현대글로비스는 2020년 세계 최대 금융정보 제공기관인 다우존스가 발표하는 'DJSI 지수'에서 아시아-퍼시픽(Asia-Pacific) 지수와 코리아(Korea) 지수에 6년 연속 동시 편입돼 사업의 지속가능성을 인정받았다. 특히 국내 기업 중에선 '글로벌 운수 및 교통 인프라 부문'에 유일하게 올라 ESG 경영 실천의 모범사례가 됐다.

또 한국기업지배구조원이 측정하는 ESG 평가에서 종합 A등급을 받아 그간 노력해온 ESG 경영의 성과를 입증했다. 특히 국내 대표 물류기업으로서 사회적 책임과 상생경영을 선도해 '사회책임' 분야에서 A+등급을 획득했다.

탄소정보 공개 프로젝트(CDP)에 지속적으로 참여

이 밖에도 글로벌 환경 경영 평가제도인 탄소정보 공개 프로젝트(CDP)에 지속적으로 참여해 의미 있는 결과를 얻고 있다. 현대글로비스는 글로벌 환경 규제와 정책 변화에 대응하고, 이해관계자의 환경정보 공개 요구에 부응하기 위해 국내 물류기업 최초로 2016년부터 CDP에 참여하고 있다. 현재까지 최고 등급인 리더십A 획득, 상위 5개 기업만 선정되는 '탄소 경영 섹터 아너스' 수상 등의 성과를 얻었다. 현대글로비스는 향후에도 글로벌 리딩 물류기업으로서 지속적인 ESG 경영을 펼쳐 나갈 계획이다.

SK하이닉스

위두테크센터(We Do Tech Center) 통해 협력사 기술력 강화
친환경 투자에만 쓸 수 있는 특수 목적 채권 그린본드 발행

SK하이닉스가 보유 기술과 인프라를 협력회사들과 공유해 반도체 생태계를 활성화하는 SV(Social Value) 활동 강화에 나섰다. SK하이닉스는 글로벌 경쟁력을 확보했지만, 소재·부품·장비 기업들은 세계 일류 수준에 미치지 못한다. 협력회사들의 경쟁력을 끌어올려 반도체 생태계를 탄탄하게 구축해야만 반도체의 지속가능한 성장을 이룰 수 있었다.

SK하이닉스는 용인 반도체 클러스터 내 팹 준공에 맞춰 위두테크센터(We Do Tech Center)를 설립할 예정이다. 센터는 협력사의 기술경쟁력 강화를 위한 상생 협력 플랫폼이다. SK하이닉스는 위두센터 설립·운영에 1조2200억원을 순차적으로 투자한다. 센터는 SK하이닉스의 대표 반도체 생태계 플랫폼으로 운영된다. 기술혁신기업 지원과 산학·국책과제 수행 등도 확대 시행할 예정이다.

SK하이닉스 관계자는 "협력회사들의 기술 기반이 탄탄해지면 반도체 소재·부품·장비 국산화가 가능해질 것으로 보고 있다"며 "국산화가 되면 외산 제품에 의존해야 하는 불확실성을 낮출 수 있으며, K반도체의 경쟁력이 높아지면서 국가 경제에 기여하는 선순환 시스템이 공고히 만들어질 것"이라고 강조했다.

SK하이닉스는 이미 DBL스퀘어 등 협력사 지원사업을 벌이고 있다. DBL스퀘어는 협력사들이 SK하이닉스 장비를 활용하면서, 반도체 지식과 생산 현장의 노

SK하이닉스 에코얼라이언스 출범식에 참석한 30개 협력사 대표와 환경 분야 담당자들이 파이팅을 외치고 있다.

하우를 배울 수 있는 공유포털이다.

SK하이닉스 협력회사들은 또한 반도체 아카데미를 통해 제조공정, 소자, 설계, 통계 등 120여 개 온라인 교육을 무료로 수강할 수 있다. SK하이닉스의 장비와 분석 역량 등 유무형 자산을 공유하는 플랫폼인 '분석·측정 지원센터'를 통해 각종 분석 업무도 수행할 수 있다. 2020년 기준 42개의 협력사가 1만3400여 건의 분석 측정을 수행했다.

이같은 SK하이닉스의 ESG 활동은 2021년 1월 발표한 'SV 2030' 로드맵의 일환이다. SK하이닉스는 ▲환경 ▲동반성장 ▲사회 안전망 ▲기업문화 등 4대 SV 창출 분야에서 2030년까지 달성하고자 하는 목표를 구체화했다.

SK하이닉스는 2020년 ESG 경영을 통해 총 4조8874

1 SK하이닉스라인19 **2** SK하이닉스의 폐수 재활용 시스템
3 SK하이닉스 기업용 SSD 제품인 PE8110 E1.S

억원에 상당하는 사회적 가치(SV)를 창출했다. 세부적으로 살펴보면 납세 · 고용 · 배당 등 경제 간접기여 성과는 5조3737억원, 사회공헌 사회성과는 1106억원에 달했다. 사회(노동 · 동반성장)와 환경 분야의 비즈니스 사회성과는 −5969억원을 기록했다.

SK하이닉스는 기후변화 대응에도 적극적이다. SK하이닉스는 2020년 12월 RE100에 가입했다. 이에 따라 SK하이닉스는 2050년까지 소비하는 전력량의 100%를 재생에너지로 충당해 나갈 계획이다. 중국 생산시설은 2022년까지 RE100 달성이 목표다.

2050년 카본넷제로(Carbon net Zero) 달성을 위해 다양한 흡수 및 감축 활동들을 추진한다. 향후 투자 확대 과정에서 대기오염물질 배출량을 현재 수준으로 유지하기 위해 질소산화물 포집(De NOx6) 설비를 생산 공정에 확충한다.

국내 기업 최초로 국내외 모든 생산 거점에서 인증을 완료한 ZWTL(Zero Waste To Landfill, 폐기물 매립 제로 목표)은 국내 사업장에서 99% 골드 등급 인증을 받는 것이 목표다. 또한 현재 수준 대비 수자원 절감량 3배 확대를 위해 폐수 절감 기술 개발 및 용수 재활용 규모를 늘려갈 예정이다.

SK하이닉스는 환경 친화적 투자에 필요한 자금 조달을 위한 용도로만 쓸 수 있는 특수 목적 채권인 그린본드도 발행했다. SK하이닉스는 그린본드를 통해 마련한 재원을 수질 관리, 에너지 효율화, 오염 방지, 생태 환경 복원 등 친환경 사업에 투자할 예정이다.

2021년 초 ESG경영위원회 신설

신제품 개발도 ESG 활동과 연결된다. SK하이닉스는 컴퓨터 저장장치인 HDD(하드디스크드라이브)에 비해 전력 소모가 적은 SSD(솔리드스테이트드라이브)로의 전환을 위한 기술 개발을 하고 있다. HDD는 가격이 낮은 반면, 이산화탄소 배출량이 커서 환경에 좋지 않은 영향을 미친다. SK하이닉스 관계자는 "SSD가 HDD를 모두 대체하게 되면 HDD에 의해 발생하는 이산화탄소 배출량을 93% 이상 저감해 IT 기기들의 환경 영향을 획기적으로 줄일 수 있다"고 설명했다.

이석희 SK하이닉스 대표는 2021년 신년사에서 "ESG를 강화해 더욱 많은 경제적(EV) · 사회적 가치(SV)를 창출하고 인류와 사회에 기여하겠다"며 "한 단계 더 성숙한 회사로 발전하는 선순환 궤도에 올라설 것"이라고 밝혔다. 이는 EV와 SV의 토털 밸류(Total Value)를 극대화 한다는 최태원 회장의 신념과도 연결된다.

SK하이닉스는 2020년 9월 CEO 직속으로 ESG 태스크포스(TF)를 출범시켰으며, 2021년 초 ESG경영위원회도 신설했다. ESG경영위원회는 중장기 ESG 경영 정책 수립과 실행력을 강화하기 위해 CEO가 직접 주관하는 월 단위 회의체다.

SK하이닉스는 이사회 총원의 3분의 2인 6명을 사외이사로 구성했으며, 이사회 산하에 지속경영위원회를 뒀다. 지속경영위원회는 지속가능경영 전략 수립과 결과를 검토하며, 회사의 준법경영활동을 감시하고 강화할 수 있도록 심의 권한도 있다.

LG화학

PCR PC(폴리카보네이트) 제품 사진

LG화학의 슬기로운 폐플라스틱 활용법
폐플라스틱, IT 기기로 다시 태어난다

2021년 5월 18일, 전북 익산시 제2공단에 위치한 LG화학 EP소재개발센터. 연구원들이 쌀 입자 크기의 투명한 알갱이들의 물성과 외관을 테스트하고 있었다. 이 알갱이들은 전자제품과 차량 내외장재 등의 원료로 쓰이는 플라스틱 합성수지인 폴리카보네이트(PC · Polycarbonate)다. 그런데 이 알갱이들엔 비밀이 숨어있다. 일반 PC가 아닌 쓰다 버린 플라스틱을 재활용해서 만든 제품인 PCR(Post-Consumer Recycle) PC다. LG화학은 PCR와 일반 소재를 일정 비율로(20~85%) 섞어서 고객사가 원하는 제품을 생산하고 있다.

곽민한 LG화학 EP소재개발센터장은 "전 세계에서 연간 사용되는 플라스틱은 4억t인데, 이 중 재활용 비율은 15%도 안 된다"며 "PCR PC는 탄소와 에너지 소비를 줄일 수 있는 환경 효과를 갖고 있다"고 설명했다. PCR 함량이 50%인 PC는 일반 PC 대비 40% 탄소 절감 효과가 있다. 1만t의 PCR 50% 소재를 쓰면, 2000만kg의 이산화탄소가 절감된다. 1만4000대 이상의 자동차가 연간 내뿜는 탄소 배출량이다.

미국과 유럽연합(EU)이 2050년까지 넷제로(Net-Zero)를 선언했다. 넷제로는 온실가스 배출량과 제거량을 합해 순배출량이 0인 상태를 일컫는다. 글로벌 기업들은 고객사에 탄소중립을 요구하고 있다. 애플은 2030년까지, 메르세데스-벤츠는 2039년까지다. 이에 따라 LG화학 등 화학 · 소재회사들은 친환경 제품 비율을 확대해야 한다. 시장조사기관 GMA(Grand Market Analytics)에 따르면 전 세계 재활용 플라스틱 시장은 2020년 397억달러에서 2025년 598억달러에 이를 것으로 전망된다.

곽민한 센터장은 "과거 고객들은 미국 친환경 인증인 EPEAT(Electronic Product Environmental Assessment Tool)를 획득하기 위해 제한적으로 PCR PC를 이용해 왔다"며 "최근엔 기존 IT 고객들뿐만 아니라 자동차 · 산업재 등 타 산업에서도 PCR 소재를 요청하는 회사들이 늘고 있다"고 전했다. 2020년 LG화학 PCR PC 매출은 전년 대비 20% 이상 증가한 500억원대를 기록했다. 2025년까지 연평균 성장률은 20%대다.

PCR PC는 LG화학의 지속가능성 전략 5대 핵심과제인 ▲기후변화 대응 ▲재생에너지 전환 ▲자원 선순환 활동 ▲생태계 보호 ▲책임 있는 공급망 개발 · 관리 중 자원 선순환에 주력한다.

PCR PC 사업 강화도 기후 대응의 연장선상이다. 신학철 LG화학 부회장은 "우리가 기존의 방식을 전혀 바꾸지 않고 계속 사업을 한다면 2050년에는 약 4000만t 톤에 달하는 탄소를 배출할 것이란 계산이 나왔는데, 이걸 2019년 기준인 1000만t 수준으로 유지하겠다고 계획했다"고 밝혔다.

1,2 LG화학 익산공장 PCR PC
생산라인
3 LG화학 신학철 부회장이 P4G
특별세션에서 키노트 스피치를
진행하는 모습

국내 화학업계 최초로 RE100 추진

LG화학은 2020년 7월 국내 화학업계 최초로 '2050 탄소중립 성장'을 선언했으며, 전 세계 모든 사업장에 RE100(Renewable Energy 100)을 추진하고 있다. RE100은 기업이 사용하는 전력량 100%를 태양광, 풍력 등 재생에너지로 전환하는 것이다.

또한 최근 2021년 처음 시행되는 녹색프리미엄제에 참여해 연간 120GWh 규모의 재생에너지를 낙찰 받았다. 녹색프리미엄은 전력 소비자가 한국전력에 녹색프리미엄을 지불하면 '재생에너지 사용 확인서'를 발급받아 RE100 인증에 활용할 수 있게 해주는 제도다. 이번 낙찰로 여수 특수수지 공장과 오산 테크센터는 RE100 전환을 달성하게 됐다.

앞서 폴란드 브로츠와프에 위치한 엔지니어링 소재 공장은 2020년 녹색프리미엄제에 가입했으며, 중국 우시 양극재 공장은 2020년 재생에너지 구매 계약(PPA)을 체결했다. RE100 달성 사업장은 4곳이다.

LG화학은 최근 한국과학기술연구원(KIST)과 탄소중립 실현의 핵심기술인 CCU(Carbon Capture & Utilization, 탄소포집활용), 수소 에너지 등 공동연구개발을 위한 업무협약(MOU)도 체결했다. 8200억원 규모 ESG 채권도 발행했다. 국내 일반기업 최대 규모다.

신학철 부회장은 "기후변화는 지금 인류의 생존을 위협할 수 있는 위기단계까지 와 있는데, 이런 식으로 하면 미안한데 답이 없다"며 "2020년 전 세계에서 50Gt(기가톤) 정도 온실가스가 배출됐는데 3분의 2가 이산화탄소로, 이산화탄소는 대부분 산업 활동에서 나온다"고 밝혔다. 그는 "LG화학은 지난 1년 6개월 동안 기후변화 대응 태스크포스팀을 짜서 연구하고, 데이터를 보고 토론하며 이 문제에 어떻게 접근할지 고민했다"며 "이를 기반으로 '기회요인은 분명히 있다'는 개념을 정립하는 데 이르렀다"고 전했다.

신 부회장은 2021년 1월 국내 기업인으로는 유일하게 세계경제 포럼(World Economic Forum) 기후변화 대응 방안(Mobilizing Action on Climate Change) 세션에 패널로 초청받기도 했다.

LG화학은 지속가능성(Sustainability)을 핵심 경쟁력이자 최우선 경영과제로 삼고 전 사업 영역에서 체질 개선에 나서고 있다. 이를 위해 CEO 직속 대외협력총괄 산하에 10명 이상의 인원으로 구성된 ESG 전략 전담 부서를 신설했다. 또한 글로벌 ESG 트렌드와 벤치마킹 사례를 모아 전사 게시판에 공유하고 있으며, ESG 콘텐츠를 임직원 모니터 화면 보호기에 적용하는 등 구성원들에게 ESG의 중요성을 전파하고 있다.

롯데쇼핑

롯데백화점이 선보인
친환경 선물세트 포장

초소형 전기차로 탄소 배출 줄이며 빠른 배송
2025년까지 롯데마트 비닐 및 플라스틱 50% 감축

명절에 선물을 주고받을 때에는 고맙고 감사한 마음이
다. 그러나 이후 넘쳐나는 선물세트 포장재를 처리하
려면 아득하다.

롯데백화점은 3년에 걸쳐 명절 선물세트 포장재에 환
경적인 측면에서 손쉽게 분리 배출하고 재활용 가능한
소재를 적극적으로 도입하고 있다.

2021년 설 명절부터 3대 선물세트인 축산, 굴비, 청과
품목 포장재를 전면적으로 종이 박스로 변경하였다.
정육, 굴비, 청과 선물세트는 부피로 인해서 플라스틱
포장재 배출이 다수 발생하였다. 3대 선물세트는 설에
판매되는 수량만 13만 개 정도로, 높게 쌓을 경우
555m인 롯데월드타워 3700개 높이만큼 높다. (208
㎞, 13㎝*13만 개)

초소형 전기차로 골목길 누비니 슈퍼 배송 빨라진다!

롯데슈퍼는 배송에 전기차를 활용해 친환경 기업에 한
걸음 다가간다.

2021년 2월 6일부터 송파점, 신천점 등 수도권 일부
점포에서 친환경 전기자동차를 배송용 차량으로 투입
해 운영 중이다. 해당 차량은 국가 상생형 지역 일자리
선정 업체에서 생산한 차량으로, 국내에서 유일하게
초경량 화물차를 생산해내고 있다.

롯데마트가 출시한 무라벨 자체브랜드 탄산수(왼쪽)와 무라벨 방울토마토

최근 착한 소비에 대한 고객들의 관심이 증가하며 환
경보호에 도움을 주는 친환경 제품을 소비하려는 고객
들이 증가하고 있다. 이러한 트렌드에 발맞춰 지속 증
가하는 온라인 주문을 환경 친화적 수단으로 대체해,
환경은 물론 고객들의 안전도 확보할 수 있는 전기 자
동차를 배송 차량으로 선택하게 됐다. 특히 친환경 전
기 자동차를 배송 차량으로 도입함으로써 소음과 배기
가스에 대한 고객 불편을 최소화할 수 있으며, 초소형
사이즈로 배송 시 도심 아파트 내 차량 이동 및 주정차
난 해소에도 도움을 줄 것으로 기대한다.

일반적으로 슈퍼의 온라인 배송 이격거리는 2㎞로 대
형마트보다 짧으며, 좁은 골목 간의 이동량이 많다.
이에 도심 곳곳에 배송을 다니는 슈퍼 배송 차량을 초
소형 친환경 전기 자동차로 교체하면 일반 차량을 이

롯데마트 옥상 주차장 공간에 설치된 태양광 발전 설비

용했을 때보다 30%가량 빠르게 배송할 수 있다. 또한 해당 차량은 60~70㎞ 속도 제한형으로 배송 차량이 도심 곳곳을 이동할 때 발생할 수 있는 노약자 안전사고도 방지할 수 있다.

이 외에 환경보호 측면에서도 긍정적인 효과를 기대하고 있다. 슈퍼의 경우 연간 400대가 넘는 온라인 배송 차량을 운영하고 있는데, 연간 약 1000만 ㎞를 이동하며 약 100만ℓ의 휘발유를 소비하고 있다. 하지만 초소형 전기자동차를 도입하면 연간 약 100만ℓ의 휘발유를 줄여 환경보호에 기여할 것으로 기대한다.

임효종 롯데슈퍼 직원지원팀장은 "환경 친화적인 기업으로 발돋움하기 위해 온라인 주문이 증가하는 시기에 맞춰 배송에 친환경 전기자동차를 도입하게 됐다"며 "환경은 물론 고객들의 안전까지 확보할 수 있는 전기자동차 배송을 지속적으로 늘려나갈 계획"이라고 말했다.

환경에서 기부까지 생각한 무(無)라벨 상품 출시

최근 'ESG(환경, 사회, 지배구조)' 경영이 지속가능한 발전을 위한 글로벌 경영 트렌드로 떠오르고 있다. 특히 환경 오염이 사회적 이슈로 대두되면서 다양한 친환경 상품들이 출시되고 있다.

2020년 출시한 롯데칠성음료의 무(無)라벨 생수인 '아이시스 ECO'는 출시 이후 1010만 개 이상 판매되는 등 친환경 상품에 대한 소비자들의 관심도 뜨겁다.

이에 롯데마트는 녹색 소비 트렌드에 따라 '무(無)라벨 PB 생수'를 출시했다.

'초이스엘 세이브워터 ECO'는 생수 용기에 부착되어 있는 라벨을 없애 폐기물 발생량을 줄이고 분리수거 과정에서 번거로움을 없애 재활용 효율을 높인 무(無)라벨 PB 생수이다. 특히 '초이스엘 세이브워터 ECO'는 판매 금액의 10%를 국내외 아동을 위해 기부하는

착한 소비가 가능한 상품이다. 롯데마트는 2021년 상반기 내에 PB 생수 전 품목을 무(無)라벨 생수로 전환할 계획이며, 이를 통해 연간 약 2만1800㎏의 폐기물을 절감할 것으로 기대하고 있다.

이 외에도 무(無)라벨 탄산수, 무(無)라벨 방울토마토, 무(無)플라스틱 캡 리필 세제 등의 환경을 고려한 상품들을 지속적으로 선보이고 있다.

롯데마트는 2025년까지 비닐 및 플라스틱 사용을 50% 감축할 계획이다. 매년 순차적 감축 목표를 수립해 자체 PB 제작 시 7대 친환경 패키징 가이드라인을 수립하게 된다.

7대 친환경 패키징 가이드에는 '리무버블 스티커 사용', '에코 절취선 적용', '재사용 포장재 사용', '친환경 소재로 대체' 등이 있다.

이를 실천해 나가는 상품기획자의 의식 제고 및 실천력 확보를 위해 매출, 이익과 함께 환경을 핵심 업무로 편입, 성과 평가에 반영하기로 했다. 또한 매장에서 사용하고 있는 비닐봉투 제로(Zero)화를 위해 단계별 감축을 진행하게 된다. 실제로 2019년 한 해 동안 롯데마트의 롤 봉투 사용은 2018년 대비 60% 이상 줄었다. 또한 현재 39개점의 옥상에 태양광 발전설비를 구축해 연간 460만㎾, 1600가구가 1년간 사용 가능한 전력을 생산하고 있으며, 이를 확대해 60개점으로 늘릴 계획이다.

포스코

기업시민은 공존 · 공생의 가치를 추구하겠다는 경영이념
"탄소중립은 이제 선택 아닌 생존의 문제… 변화 선도"

포스코는 기업시민 성과를 화폐가치로 환산하는 작업에 본격적으로 나섰다. 기업시민은 포스코가 사회 일원으로서 경제적 이익뿐 아니라 공존 · 공생의 가치를 추구하겠다는 경영이념이다. 포스코는 ESG(환경 · 책임 · 투명경영) 경영은 기업시민 경영이념하에 이뤄지는 것이며, 기업시민이 회사의 궁극적인 지향점이기 때문에 ESG의 다양한 요소들을 포괄하고 있다고 설명한다.

양원준 포스코 경영지원본부장은 "기업가치는 재무제표뿐 아니라 ESG 등 비재무적 요소까지 같이 봐야 한다"며 "기업시민 경영이념 아래 있는 성과들의 화폐가치를 측정해보고자 그린어카운팅 담당을 만들었다"고 밝혔다.

포스코는 2019년부터 기업시민 경영이념을 내재화하며 있는 성과를 화폐가치로 측정하기 시작했는데, 보다 체계적으로 진행하기 위해 경영지원본부 기업시민실 ESG그룹 산하에 그린어카운팅섹션을 신설했다. 그린어카운팅섹션은 ESG 중 특히 환경이 기업에 미치는 영향을 어떻게 수치화해 외부와 소통할 것인지 고민하고 있다. 포스코는 연간 약 7800만t의 탄소를 배출하기 때문에 탄소가 발생시키는 +/- 가치를 측정하고 이를 상쇄할 수 있는 친환경 공정과 제품 개발도 노력 중이다. 친환경 철강 제품이 기존 제품보다 탄소를 얼마나 줄였는지 수치화해 측정함으로써, 포스코가 사회에 기여할 수 있는 가치를 가늠하고 더욱 키우겠다는 것이다.

또한 기업시민 가치에는 고용·창출과 세금납부 등 사회에 긍정적인 영향을 발생시키는 가치도 포함돼 있다. VBA(Value Balancing Alliance) 활동도 포스코의 참고 모델 중 하나다. VBA는 ESG 측정·화폐화에 대한 표준을 수립하기 위해 2019년 설립된 글로벌 기업 연합체다. 독일 바스프와 SK, 노바티스, 보쉬, BMW 등 18개 기업이 회원사다. VBA는 유럽연합(EU)이 기업활동의 환경영향을 회계에 반영하기 위해 추진 중인 녹색회계프로젝트도 수주해 진행하고 있다.

양원준 본부장은 "현재까지 비재무적 정보를 회계에 반영하기 어려운 상황이지만 기업의 실질가치를 정확하게 파악하기 위한 데이터로 활용할 수 있도록 고민하고 있다"며 "우리가 측정한 비재무적 가치를 철강업계 표준으로 만드는 것이 목표"라고 전했다.

TCFD 권고안 반영한 기후행동보고서 발간

포스코는 또한 2020년 12월에 TCFD(Task Force in Climate-related Financial Disclosures) 권고안을 반영한 기후행동보고서도 발간했다. TCFD는 기후변화가 미치는 기업의 재무적 영향 공개 기준을 만들기 위해 G20 재무장관과 중앙은행 총재들의 위임을 받은 금융안정위원회에서 발족한 태스크포스다. 보고서에

포스코센터에서 열린 '기업시민헌장 미디어 아트' 제막식 행사에서 최정우 포스코 회장이 기업시민헌장에 대해 설명하고 있다.
(최정우 포스코 회장, 이이남 작가)

서 포스코는 탄소중립 목표 달성을 위한 중단기 목표와 저탄소 솔루션을 소개했다. 장기적으로 포스코는 수소환원과 재생에너지에 기반한 탄소중립 제철 공정을 구현한다는 계획이다. 탄소 배출 감축 계획은 2030년 20%, 2040년 50%며, 2050년에는 탄소중립이 목표다.

양 본부장은 "ESG 평가는 관련 정보를 얼마나 투명하게 공개하고 있는가에서부터 시작한다"며 "포스코는 2020년부터 기업시민보고서에 TCFD나 SASB(Sus—taina bility Accounting Standards Board) 같은 최신 정보 공개 가이드라인을 적용하는 등 이해관계자들과 소통을 확대 해나가고 있다"고 설명했다.

이해관계자들도 최근 포스코에게 ESG를 요구하고 있다. 글로벌 자산운용사 블랙록은 2020년 포스코에 서한을 보냈다. TCFD 권고안에 기반해 탄소 감축 목표와 이행전략을 공개하라는 내용이다. 일부 투자자들은 탄소 배출 기업이 탄소 감축 노력을 제대로 이행하지 않을 경우 투자 축소나 철회 방침도 내놨다. 고객사들도 철강사에게 탄소중립을 요구하고 있다.

양원준 본부장은 "포스코가 기존 방식을 고수한다면 시장에서 도태되거나, 투자자로부터 외면받을 것"이라며 "탄소중립은 선택이 아닌 생존의 문제"라고 강조했다. 그는 "기후변화를 억제하기 위한 기업들의 행동에 대한 국제사회의 요구가 높아지고 있다"며 "포스코는 이같은 시대적 변화를 선도하고자 한다"고 전했다. 2021년 3월엔 이사회 산하 ESG위원회가 출범했다. 위원은 사외이사 3명, 사내이사 1명으로 구성됐다. 김신배 이사는 SK그룹 부회장 출신으로 지배구조 등에 전문성을 갖고 있다. 유영숙 이사는 환경부 장관을 지냈으며, 장승화 이사는 서울대 로스쿨 교수다. 김학동 포스코 사장은 저탄소 공정 개발을 진두지휘하며, 안전도 담당한다. 김 사장은 매일경제·환경재단 공동 주최 'ESG 리더십 과정'을 수강했을 정도로 ESG에 대한 열의가 크다. ESG위원회는 저탄소 전략 방향과 중장기 탄소 감축 목표에 대해 논의·승인하고, 이행계획 실행을 점검할 예정이다. 또한 안전 관련 정책과 투자계획 등을 심의하며, 지배구조 규정 등을 검토하는 기능도 갖췄다.

'나무 300만 그루 효과' 낸 한화큐셀… 저탄소 공정서 답 찾았다

한화솔루션의 그린에너지 사업 부문인 한화큐셀 충북 진천공장은 국내 최대 태양광 셀·모듈 공장이다. 이곳은 연간 700만 명이 사용 가능한 가정용 태양광 전기를 만들 수 있는 제품을 생산하고 있다. 진천공장에선 한화큐셀의 주력 제품군인 큐피크 듀오(Q.PEAK DUO) 시리즈가 저탄소 자재와 공정을 통해 생산되며, 이 제품은 국내 최초로 탄소인증제 1등급을 획득했다.

산업통상자원부는 2020년 7월부터 태양광 모듈 탄소인증제를 실행하고 있다. 탄소인증제는 모듈 제조 전 과정에서 배출되는 단위 출력당(1kW) 온실가스 총량을 계량화(CO_2·kg)해 검증하는 제도다. 온실가스 총량은 태양광 모듈 제조 과정에서 발생하는 배출량과 소비된 전력 생산을 위한 배출량을 합산해 평가한다. 탄소 배출량에 따라 태양광 모듈을 3개 등급으로 구분하며, RPS(Renewable Portfolio Standard) 고정가격계약 경쟁 입찰과 정부보급 사업 등에서 등급별로 차등화된 인센티브를 적용받게 된다. RPS는 재생에너지 공급의무화제도다.

임원배 한화큐셀 한국공장 지원부문장(상무)은 "저탄소 자재와 공정으로 제품을 생산하면 연간 300만 그루 이상의 수목 효과를 거둘 수 있다"며 "이는 31만t 이산화탄소 감축 규모"라고 설명했다. 한화큐셀은 화석연료가 아닌 재생에너지 전기를 사용하며, 생산 공정마다 탄소 절감 운영 프로세스가 들어가 있다.

한화큐셀은 탄소인증제와 유사한 프랑스의 '태양광 탄소발자국'에서 국내 업체 중 유일하게 저탄소 인증을 받았다. 프랑스는 2011년부터 탄소발자국(CFP·Carbon Footprint for Product)을 실시하고 있다. 프랑스 정부는 탄소발자국 점수를 설비 규모 100kW 이상 공공조달하는 태양광 설비 입찰의 평가 항목으로 반영해 저탄소 태양광 모듈 사용을 유도하고 있다.

한화큐셀 관계자는 "유럽연합(EU)에서도 친환경 시장통합정책(SMGP)으로 유럽 내 친환경 제품 정책을 통일하고, 소비자가 시장에서 객관적으로 친환경 제품을 구매할 수 있도록 하는 정책을 수립 중"이라며 "태양광 모듈 탄소발자국을 포함한 제품환경발자국제도(PEF) 도입 법안을 2021년 안에 제출할 예정이라 한국 기업도 이에 대한 준비가 필요하다"고 밝혔다.

한화큐셀은 2021년 2월 국내 재생에너지 업계 최초로 RE100(Renewable Energy 100%)을 선언했다. 태양광, 풍력 등 재생에너지 사업을 하며 저탄소 친환경 경제에 기여할 뿐 아니라 제조와 사업 수행 과정에서도 재생에너지를 활용하겠다는 의미다.

한화큐셀은 전기 소비자가 재생에너지 전력을 선택적으로 구매해 사용할 수 있도록 산업부가 2021년 도입한 한국형 RE100(K-RE100) 제도를 수행

1 한화큐셀 태양광 셀 제조공정 **2** 한화큐셀 공장 주차장 내 태양광 발전소
3 한화큐셀 공장 옥상 태양광 발전소

하고 있다. 글로벌 RE100 캠페인은 연간 전기 사용량 100GWh 이상인 기업을 대상으로 참여를 권고하고 있다. 하지만 K-RE100은 재생에너지를 구매하고자 하는 국내 산업용과 일반용 전기 소비자 모두 에너지공단 등록을 거쳐 참여할 수 있도록 했다.

한화큐셀 관계자는 "K-RE100 이행 수단 5가지 중 한화큐셀은 녹색프리미엄제와 자가 발전을 통해 RE100을 수행하고 있다"며 "한화큐셀 진천 공장에서는 주차장과 옥상을 활용해 각각 1MW, 500kW 규모의 태양광 발전소를 운영하고 있다"고 설명했다. 녹색프리미엄은 전기 소비자가 기존 전기요금과 별도의 녹색프리미엄 요금을 한국전력에 납부해 재생에너지 전기를 구매하는 제도다.

중장기적으로 전력 사용량과 배출권 가격, 재생에너지 단가 등을 고려해 제3자 PPA(전력 구매 계약) 등도 병행할 예정이다. 제3자 PPA는 전기 소비자가 한전 중개로 재생에너지 발전사업자와 PPA를 체결하고 재생에너지 전력을 구매하는 방법이다.

한화솔루션 관계자는 "단순히 태양광 모듈을 생산·판매하는 비즈니스 모델에서 벗어나 정보기술(IT) 기반 고부가가치 서비스 기업으로 변신하

이행수단	개요
녹색 프리미엄제	전기 소비자는 기존 전기요금과 별도의 녹색프리미엄 요금을 한전에 납부해 재생에너지 전기를 구매
인증제(REC) 구매	전기소비자가 RPS 의무 이행에 활용되지 않은 신재생에너지 공급인증서(REC)를 RE100 인증서 거래플랫폼을 통해 구매
제3자 PPA	한전 중개로 재생에너지 발전사업자와 전기 구매 계약(PPA)를 체결하고 재생에너지 전력을 구매
지분 투자	전기 소비자가 재생에너지 발전사업에 직접 투자하고, 해당 발전사와 제3자 PPA 또는 REC 구매 계약을 별도로 체결
자가발전	전기 소비자가 자기 소유의 자가용 재생에너지 설비를 설치하고 생산된 전력을 직접 사용

겠다"며 "태양광 기반 에너지 사업에서만 2025년 매출 12조원을 기대한다"고 밝혔다.

한편 김동관 한화솔루션 대표는 최근 P4G 정상회의 기조연설에서 글로벌 톱티어 태양광 기업으로 성장한 한화그룹이 지속가능한 성장을 위한 친환경 에너지 기업으로서 역할을 다하겠다는 의지를 밝혔다. 김 대표는 "기존 생산 설비를 활용하면서도 획기적으로 탄소 배출을 줄이는 기술혁신이 필요하다"며 수소 혼소(混燒) 발전 기술을 해결책의 하나로 소개했다.

수소 혼소 발전은 가스 터빈에서 수소와 액화천연가스(LNG)를 함께 태워 전기를 생산한다. H2GT(Hydrogen To Gas Turbine)로도 불리는 이 기술을 활용하면 기존 LNG 발전에 비해 이산화탄소를 30% 이상 줄이고 산화질소 배출도 막을 수 있다.

에쓰오일

"'세이프티토크'를 아시나요" … 일상부터 안전의식 강조
한국기업지배구조원 평가에서 8회 연속 우수기업상

정상훈 경영전략본부장

임직원 안전 의식 높이려
안전 관련 에피소드 공유

"출근길에 건설 현장을 지나는데, 자재들이 위험하게 방치
돼 있어 현장 근로자들의 각별한 주의가 필요해 보였습니
다."

에쓰오일에서 실행하고 있는 '세이프티 토크(Safety Talk)' 사
례 중 하나다. 세이프티 토크는 안전 의식을 강조하기 위해
직원들 간 일상생활에서 보거나 들은 안전과 관련된 작은 에
피소드를 공유하는 제도다.

에쓰오일에 따르면, 에쓰오일은 ESG(환경 · 사회 · 지배구
조) 경영을 실천하기 위해 2019년 세이프티 토크를 도입했
다. 회의나 미팅 시작 전 안전에 관한 짧은 대화를 나눠 안전
의식을 고취하고 '안전제일' 문화를 널리 확산한다는 취지
다. 최고경영자(CEO)나 임원들이 회의에서 말한 세이프티
토크는 사내 인트라넷에 공유되기도 한다. 도입 초기에는 에
피소드를 찾는 일에 어려움을 겪는 직원들도 있었지만, 현재
는 전 직원이 자연스레 세이프티 토크를 나눈다고 한다.

에쓰오일이 이러한 제도를 도입한 데는 정유회사의 ESG 경
영에서 'S(사회)'에 해당하는 안전이 가장 중요하다고 판단했
기 때문이다. 고압시설이 많다 보니 사실상 안전이 경영과
관련된 모든 의사결정 과정에서 절대적인 기준이 된다. 에쓰
오일에서 ESG 경영을 총괄하는 정상훈 경영전략본부장(전
무)은 "석유 제품이 잘못 취급되면 환경뿐 아니라 직원의 생
명에도 영향을 줄 수 있다"며 "안전을 희생해서 얻은 성과는
절대로 지속가능할 수 없다"고 말했다.

실제 에쓰오일은 2019년부터 무재해 캠페인을 실시하고 있

다. 2019년 10월부터 현재(2021년)까지 한 건의 인명 사고 없이 공장을 안정적으로 운영 중이다. 공장 근로자의 전체 근로시간을 더해 계산하는 '무재해 인시(人時)'는 현재 700만 인시를 넘었다. 580일 가까이 사고 없이 공장을 운영했다는 의미다. 2021년 안에 1000만 인시 돌파를 목표로 잡고 있다. 만약 현장 직원이 근무 중 다쳐 3일 이상의 병원 치료를 받거나, 5000만원 이상의 물적 피해가 발생하는 사고가 발생하면 캠페인은 처음부터 다시 시작된다.

특히 정유업의 경우 사고가 발생하면 치명적인 인명 피해와 막대한 환경적, 경제적 피해가 발생할 수 있다. 이에 에쓰오일은 2019년 말 체계적이고 철저한 안전 관리 시스템을 구축해 실행하고 있다. 또 다양한 개선 활동을 통해 임직원과 협력업체, 지역사회의 안전을 지키고 피해를 최소화하는 데 주력하고 있다. 공급망 관리 부분에서도 협력업체가 충분한 역량을 갖출 수 있도록 적극 지원해 협력업체와 함께 발전할 수 있는 토대를 만들고 있다.

넷제로에 맞춰 탄소 배출 최소화하는 '그린비전 2050' 수립

이와 함께 에쓰오일은 'E(환경)'에도 주력할 방침이다. 정 본부장은 이에 대해 "정부의 탄소 배출 '넷제로'에 맞춰 탄소 배출을 최소화하는 '그린비전 2050'을 수립 중"이라며 "스터디가 마무리되는 대로 할 수 있는 부분부터 바로 실행할 계획"이라고 전했다. 에너지 사용량을 줄이거나 재생에너지로 전환하고, 친환경 수소사업을 진행하는 일 등이 해당된다. 특히 에쓰오일은 경영 활동의 모든 단계에서 적극적이고 선제적으로 환경유해 요소와 위험 요소를 예방하는 데 주력하고 있다. 또 기후변화를 당면한 중요 과제로 인식하고, 탄소 배출을 최소화하기 위해 2012년부터 전사적인 탄소경영

시스템을 구축해 운영하고 있다.

에쓰오일은 2021년 5월 ESG 경영전략을 체계적으로 관리하는 ESG위원회를 신설했다. ESG위원회는 환경 · 사회 · 지배구조 분야의 기본 정책, 전략, 로드맵을 수립해 체계적으로 통합 관리하는 역할을 담당한다. 또 분기마다 정례회의를 열어 ESG 경영 활동에 대한 논의 · 평가 · 심의를 진행할 계획이다.

에쓰오일은 이에 대해 "현장 부서까지 전사적으로 참여해 실효성을 높이고, 유관 부서 간 유기적으로 협력해 내실 있게 추진하도록 최고경영자(CEO) 산하의 사내 ESG위원회로 출범했다"며 "ESG위원회의 논의 내용을 이사회에 보고하도록 해서 CEO의 책임경영을 강화했다"고 설명했다. 그러면서 "ESG 경영이 기업을 넘어 우리 사회의 지속가능한 성장에 기여하도록 이해관계자의 기대 사항을 경영활동에 충실히 반영해 나가겠다"고 했다.

앞서 에쓰오일은 한국기업지배구조원이 주관한 ESG 평가에서 2011년 이후 2020년까지 우수 기업상을 8회 수상했다. 또 다우존스 지속가능경영지수(DJSI) 평가에서도 2010년부터 11년 연속으로 DJSI 월드 기업에 선정됐다. 이러한 성과에 대해 정 본부장은 "회사 이해관계자의 기대와 요구가 어떻게 변화하고 있는지 파악해 앞으로 더 개선해야 할 부분이 무엇인지 찾아내는 데 집중했다"며 "실제로 평가 결과를 각 영역별로 분석하고 개선 방향을 찾는 데 많은 시간과 노력을 썼다"고 말했다.

대주주의 지원과 관심도 중요한 요소로 언급했다. 그는 "대주주인 사우디 아람코는 에쓰오일을 한국과 사우디아라비아를 연결하는 민간 외교 창구로 여기고 있다"며 "그러다 보니 에쓰오일에 세계 최고 수준의 윤리경영과 준법경영을 요구하고, 이를 위한 시스템 개선에 많은 지원을 하고 있다"고 설명했다.

카카오

CLSA 〈아시아 ESG 보고서〉에서 '아시아 인터넷/SW' 부문 9위
다양한 데이터 분석한 〈카카오 코로나 백서〉 10편에 걸쳐 내기도

정보기술(IT) 기업들은 거대한 공장을 보유하거나, 수많은 인원을 고용하는 기업들에 비하면 직접적으로 환경(Environmental), 사회(Social), 지배구조(Governance)에 신경 쓸 필요가 적은 기업군으로 분류되어 왔다. 하지만 최근 기업의 지속가능한 발전을 위해 경영 활동 전반에 ESG를 연동시키는 ESG 경영이 중요해지고, 기업의 가치를 재무적인 측면 외에 ESG 성과 측면에서도 평가하면서 ESG 관련 활동 및 성과보고에 대한 요구가 커져 카카오 역시 관련 활동을 이어나가고 있다.

카카오는 2021년 2월 카카오의 ESG를 '더 나은 세상을 만들기 위한 카카오의 약속과 책임'으로 정의하고 중점 영역을 선정했다. 이는 ▲카카오만의 방식으로 사회문제를 해결하는 데 보다 힘쓰고 ▲파트너, 크루, 그리고 IT 생태계를 공유하는 사람들과 함께 성장하며 ▲디지털 사회에서 책임을 다하면서 ▲지속가능한 지구 환경을 조성하는 일에 앞장서는 기업이 되는 것 등 네 가지로 정리할 수 있다. 2021년 2월 기준으로 카카오는 글로벌 증권사 CLSA가 발간한 〈아시아 ESG 보고서〉에서 '아시아 인터넷/SW' 부문 9위를 기록하고 있다.

우선 환경 측면에서 카카오는 비즈니스 활동이 환경에 미치는 영향이 비교적 적은 IT 기업이지만 온실가스로 인한 기후변화와 에너지 고갈 같은 다양한 환경 문제의 심각성을 인지하고 대응해 나가겠다는 입장이다. 대표이사 산하 IBS지원실 내 환경TF가 환경경영 실무 추진과 환경 데이터 관리를 전담하고 있다.

오는 2023년 준공 예정인 안산 데이터센터는 설계 단계에서부터 친환경 요소를 적용한다. 재생에너지 인프라를 구축하고 냉각 전력 효율 향상을 위한 설비를 적용할 예정이라 약 14% 탄소 배출량 감소 효과가 있으며, 에너지 비용은 연간 약 31억원 절감이 예상된다.

카카오가 현재 운영 중인 서비스들도 이용자들이 환경 보호에 동참할 수 있는 내용들이 포함되어 있다. 카카오모빌리티가 운영하는 공유 전기자전거 서비스인 T바이크는 대중교통 수단 분담률을 향상시켜 이산화탄소 감축에 기여할 수 있다. 경기도 성남에서 시범 운영을 시작해 2021년 3월 기준 전국 8개 지자체에서 운영되고 있으며, 누적 이용 횟수 500만 회 이상을 달성하였고, 현재 약 7000대 규모로 운영되고 있다. 카카오모빌리티는 택시 사업에서도 기아자동차, 한국전력 등과 업무협약을 체결하고 전기차가 빠르게 보급 및 정착될 수 있도록 지원하고 있다.

'기업의 디지털 책임' 실천 노력

사회 측면에서 카카오는 디지털 책임, AI 윤리, 프라이버시, 글로벌 협력, 소셜 임팩트 등 다양한 분야에서 사회적 책임을 다하고 있다. 특히 디지털 기업 고유의 ESG 영역인 '기업의 디지털 책임(Corporate Digital Responsibility)' 실천을 위해 노력 중이다. 우선 2021년 1월에는 국내 기업 중 처음으로 '증오발언 근절을 위한 원칙'을 발표하고 카카오 서비스 운영 정책에 반영했다. 국가인권위원회에서는 카카오가 증오발언 대응 원칙을 발표한 것을 놓고 "온라인 혐오 표현 대응의 한 획을 긋는 모범적 사례로 보고 이를 환영한다"고 밝히기도 했다.

카카오는 2018년 1월 국내 기업 중 최초로 '알고리즘 윤리 헌장'을 발표했다. 카카오 알고리즘의 기본 원칙, 차별에 대한 경계, 학습 데이터 운영, 알고리즘 독립성, 알고리즘에 대한 설명, 기술 포용성, 아동 및 청소년 보호 등을 포함하는 7개 항목으로 구성됐다. 이어 AI 알고리즘 윤리 실천을 위한 선제적인 조치에도 적극 나서기 위해 2021년 2월 부터 전 직원이 참여하는 윤리경영 온라인 사내 교육에 AI 알고리즘 윤리 교육 과정을 신설했다.

코로나19라는 특수 상황에 걸맞은 조치도 있다. 코로나19로 인해 달라진 일상의 모습을 파악하고 위기 상황을 극복하는 데 도움이 되기 위해 다양한 데이터를 분석한 〈카카오 코로나 백서〉를 10편에 걸쳐 내놓았고, 전자출입명부(QR체크인) 서비스의 카카오톡 제공과 관련해 QR체크인 서비스 전 과정의 데이터 프라이버시 점검을 시행하기도 했다.

또한 글로벌 차원에서도 국제사회윤리와 국제환경을 개선하기 위해 설립된 유엔 산하 전문기구인 UNGC(유엔글로벌콤팩트), 중소

카카오T바이크

연도	통합등급	지배구조	사회	환경
2020년	B+	A	A+	B 이하
2019년	B	B+	B+	C 이하
2018년	B	B+	B 이하	B 이하
2017년	B	B+	B	C 이하

기업의 디지털화를 돕는 경제협력개발기구(OECD)의 D4SME 이니셔티브, 전 세계 주요 기업들의 디지털 권리의 기업책임지수를 평가하는 디지털 권리 랭킹(Ranking Digital Rights, RDR) 평가 등에도 참여하고 있다.

마지막으로 지배구조 개선을 위한 노력도 있다. 카카오는 2021년 1월 제정한 기업지배구조헌장을 통해 주주, 이사회, 감사기구, 이해관계자, 시장에 의한 경영 감시 등 5개 영역에 대한 운영 방향과 전문성과 독립성을 갖춘 이사회의 감독 아래 경영진은 책임 경영을 수행하고 건전한 지배구조를 확립하고 발전시켜 나가겠다는 선언적 의미를 담았다. 카카오는 2020년 기준 이사회를 사내이사 3인(김범수, 여민수, 조수용)과 사외이사 4인(조규진, 윤석, 최세정, 박새롬) 총 7인의 이사로 구성하고 있는데, ESG에 대한 중요성을 인식하고 이사회 산하에 ESG위원회를 신설했다.

BGF리테일

업계 최초 친환경 편의점, 그린스토어
친환경 봉투 도입하고 무라벨 생수 출시

BGF리테일은 2020년 한국기업지배구조원이 국내 총 908개 기업을 대상으로 진행한 ESG 평가에서 편의점 업계 최초로 종합등급 A를 받았다.

2019년부터 ESG 평가에 참여해 전사적인 노력을 기울인 결과, 불과 2년 차 만에 A등급을 받는 쾌거를 거둔 것이다. 환경, 사회, 지배구조 세 분야의 모든 세부 항목에서 기존 대비 점수가 올랐으며 그중 환경경영(환경조직 구축 및 투자), 환경성과(친환경 제품 및 서비스 등), 이해관계자 대응(환경보고 활동 등)에서 가장 큰 상승 폭을 기록했다.

사회 분야에서도 근로자, 협력사, 소비자, 지역사회 활동에서도 높은 점수를 획득했으며, 지배구조 측면에서도 주주권리보호, 감사위원회 설치, 정기 이사회 규정 적극 실천, 성실 공시 시행 등을 적극 수행함으로써 기업지배구조 모범규준에서 제시한 체계를 적절히 갖추고 있다는 평가를 받았다.

ESG 경영위원회 출범

'좋은 친구 같은 기업'을 표방하는 BGF그룹이 미래 지속가능한 성장 기반을 마련하고 기업의 사회적이고 경제적 책임을 다하기 위해 2021년 ESG 경영위원회를 공식 출범했다.

홍정국 BGF 대표와 이건준 BGF리테일 대표가 ESG 경영위원회 공동 위원장을 맡았고, 전략·환경·사회 각 영역별로 전담 조직을 구성했다. 외부 자문그룹에는 이병욱 세종대 공공정책대학원 교수 등이 초빙됐다.

BGF그룹의 ESG 경영위원회는 회사의 환경 및 사회적 책임, 주주가치 제고 등 ESG 경영 전반에 대한 의사결정 활동을 수행한다. 향후 위원회는 그룹 차원의 중장기 ESG 경영 목표 및 전략을 수립하고 ESG 글로벌 가이드라인을 바탕으로 비즈니스 밸류체인 내 환경과 사회 각 영역별 이슈를 면밀히 파악해 구체적인 실행 로드맵을 구축, 본격 실행에 나선다.

BGF그룹은 'Be Green Friends' 전사 캠페인 전개와 함께 친환경 봉투 전면 도입, PB 상품 재활용 등급 표기, 무(無)라벨 생수 개발, 친환경 용기 적용 확대, 점포 3L 캠페인 시행 등 다양한 친환경 활동을 펼치고 있다. 2020년엔 업계 최초로 국제표준 환경경영시스템 ISO 14001 인증을 취득했다. 2021년에는 특히 ▲온실가스 인벤토리 구축 및 저감 활동 ▲점포 및 물류센터 신재생에너지 설비 적용 ▲녹색구매 및 공정무역 실천 ▲환경 친화적 소재 전환 확대 등 전방위에 걸친 친환경 정책을 펼칠 예정이다.

CU는 2019년부터 필(必)환경 트렌드에 맞춰 업계 최초이자 유일하게 도심형 친환경 편의점 '그린 스토어

산해 수익을 창출하는 사례는 이번이 처음이다.

BGF리테일은 중앙물류센터의 옥상 유휴 공간 약 9000㎡(약 2700평)에 총 2400장의 태양광 모듈을 설치했다. 이를 통해 연간 최대 1200MWh(메가와트시)의 전기를 생산할 수 있다. 이는 1년 동안 약 1400명이 가정용으로 사용할 수 있는 전력량으로 앞으로 한국전력과 전력거래소에 판매된다.

최근 기후변화 등 환경에 대한 소비자 의식이 크게 높아지며 CU의 친환경 제품에 대한 반응도 뜨겁다.

CU가 2021년 초 무(無)라벨 투명 PB생수 HEYROO 미네랄워터(500㎖)를 출시한 이후 4월 한 달간 생수 매출은 전년 대비 무려 80.7%나 급증했다. 무라벨 HEYROO 미네랄워터의 인기에 CU의 PB생수 매출은 2020년보다 34.0% 뛰었고, 특히 전체 생수에서 차지하던 매출 비중도 2020년 20.5%에서 2021년 27.2%까지 눈에 띄게 증가하며 생수 시장의 지각 변동을 예고하고 있다.

친환경 용기를 활용한 제품의 매출도 높게 나타나고 있다. CU가 친환경 용기에 담은 간편식 상품들은 출시된 지 8개월 만에 누적 판매량 130만 개(2021년 4월 말 기준)를 넘어섰다.

CU는 2020년 8월 생분해 플라스틱 소재(PLA · Poly Lactic Acid)로 만든 용기를 업계 최초로 간편식 상품에 적용하고 김밥을 시작으로 2021년 현재까지 도시락, 샌드위치 등으로 적용 범위를 꾸준히 넓히고 있다. BGF리테일 관계자는 "CU는 시대적인 흐름에 따라 업계에서 가장 적극적으로 친환경 상품을 개발해 소비자들에게 소개하며 착한 소비를 위한 환경을 조성하고 있다"며 "앞으로도 고객 · 가맹점주들과 힘을 합쳐 이렇게 ESG 가치를 담은 상품들을 더욱 확대할 것"이라고 말했다.

(Green Store)'를 운영하고 있다. 서울 잠원동, 성남 위례 등 2개 점포에서 운영되는 CU 그린스토어는 3R(Reduce, Reuse, Recycle) 콘셉트에 맞춰 시설, 집기, 인테리어, 운영에 이르기까지 점포의 모든 요소들을 환경 친화적으로 구현했다.

이 점포는 고효율 냉장진열대, 태양광 등기구, 절전형 콘센트, 단열유리 등을 설치하고 매장 에너지 관리시스템(REMS · Retail Shop Energy Management System)으로 실시간 전력량을 관리할 수 있어 일반 점포 대비 전기 사용량을 최대 20% 절감할 수 있다.

CU는 2021년부터 편의점업계 최초로 전국의 모든 점포에서 비닐봉투 사용을 중단하고 친환경 봉투로 전면 도입했다.

편의점 회사가 전기도 판다

BGF리테일은 2020년부터 충북 진천 중앙물류센터(CDC · Central Distribution Center)에 태양광 발전소를 준공하고 업계 최초로 태양광 발전 사업을 시작했다. 편의점 인프라의 핵심이라 할 수 있는 전국 물류센터의 유휴 공간을 활용해 최근 정부 정책에 부합하는 친환경 에너지를 생산하고 회사의 수익성도 강화하겠다는 복안이다.

그동안 편의점업계에서 에너지 절감을 목적으로 점포, 물류센터 등 사업장에 태양광 설비를 설치한 적은 있지만 이렇게 대규모 발전 설비를 갖추고 전기를 생

한독

매경 · 지속가능발전소 ESG 평가에서 상장사 중 1위 기염
김영진 회장 "ESG는 투자… '착한 기업'이 시장에서 우위"

김영진 한독 회장

한독의 대표 ESG 활동

- 대표 상품 '케토톱'에 친환경 패키지 적용
- 1995년 음성 공장 이전하며 GMP 기준 강화
- 백진기 대표 필두로 한 'ESG 커미티' 구성
- 음성군과 협력해 산업관광 프로젝트 진행
- 2000년 감사위원회 자발적으로 설치
- 강제규정 실시 전에 내부회계관리제도 도입

김영진 한독 회장은 기업의 ESG(환경·사회·지배구조) 활동에 있어 입지전적인 인물로 통한다. 우선 제약회사 한독을 매일경제와 지속가능발전소가 함께 업종별 ESG 점수를 분석한 결과 국내 500대 상장사 중 1위에 올렸다. 한독은 창립된 이래 60년 넘게 ESG 관련 활동을 펼쳐오고 있다. 한독의 최대주주이기도 한 김 회장은 수시로 ESG와 관련된 보고를 받으며 새로운 활동에 대해 계속해서 고민하고 있는 것으로 알려졌다.

"ESG 경영과 관련된 활동은 비용이 아닌 투자다. 앞으로는 ESG를 제대로 하는 '착한 기업'들이 시장에서 우위를 점하게 될 것이다."

김 회장이 ESG와 관련해 강조하는 한마디다.

김 회장은 직접 기업들이 ESG를 바탕으로 성장할 수 있는 방법도 제시하고 있다. 우선 직원 안전, 환경 등 ESG 활동을 잘하면 젊은 소비자들이 '착한 기업'이라고 인식해 준다. ESG에 열심히 투자한 회사가 착한 기업이 된다면 젊은 소비자들의 사랑을 더 받게 된다. 결국 매출, 영업이익과 같은 경영 실적도 성장하게 된다는 게 김 회장의 아이디어다.

다만 김 회장은 ESG가 하루아침에 잘할 수 있는 분야가 아니라고 강조했다. 모든 직원들이 ESG의 중요성을 실감해야 하며 하나의 기업문화로 자리 잡아야 진정한 ESG가 가능하다는 게 김 회장의 설명이다. 그는 매일경제와 인터뷰에서 "최고경영자부터 말단 직원까지 ESG에 대한 개념을 공유하고 왜 해야 하는지 알아야만 진정성 있는 ESG 경영을 실천할 수 있다"고 강조했다.

말단 직원부터 최고경영자까지 ESG의 중요성에 대해 인식하는 게 얼마나 어려운지는 김 회장이 직접 겪었다. 한독은 친환경 패키지 적용을 위해 케토톱의 포장 단계를 단순화하고 내부 상자를 재생용지로 교체했다. 제품을 담는 봉투도 생분해 봉투로 바꿨다. 하지만 이 과정에서 판매량에 영향을 줄까 우려하는 한독 직원이 많았다. 김 회장은 직원 하나하나가 ESG의 중요성을 깨닫고 기업문화로 자리 잡도록 교육하고 설득했다. 직원들이 ESG의 중요성을 이해하고 나니 친환경 패키지 적용에 속도가 붙었다.

하지만 김 회장은 최근 급격히 늘어난 ESG 경영에 대한 관심에는 일부 우려를 나타내기도 했다. ESG가 각광받는 건 좋은 일이지만 기업들이 평가만을 위한 ESG를 할 가능성도 있기 때문이다. 기업들 입장에선 ESG 점수가 낮으면 나쁜 회사가 되어버린다는 생각을 할 수밖에 없다. 심지어 ESG에 대한 평가기준은 기관마다 다르다. 기업들이 평가를 위한 ESG 경영을 시행할 가능성이 높은 이유다. 김 회장은 "이제 평가기관들은 기업에 실사를 나가서 ESG가 제대로 시행되는지 보는 등 제대로 심사해야 한다"며 "기업들은 평가 우선이 아닌 진정성 있는 ESG 경영전략을 수립해야 한다"고 본인 생각을 드러냈다.

대표이사 필두로 'ESG 커미티' 구성

한독은 2021년부터 ESG 경영을 체계적으로 관리하며 본격적으로 추진할 계획이다. 이를 위해 백진기 대표이사를 필두로 한 'ESG 커미티(Committee)'를 구성했다. ESG를 7가지 세부 분야로 나눈 ESG 커미티에는 각 분야를 추진할 팀이 구성된다. 한독은 지금까지 과거에 했던 활동 위주로 ESG 경영을 펼쳐왔다. 앞으로는 구체적으로 한독 ESG 경영에서 부족한 점을 찾아

보완해 나갈 계획이다.

한독은 가장 먼저 환경(E) 분야에 집중할 전망이다. 지금까진 단순히 환경오염물질 배출을 막는 데 초점을 맞춰 왔지만 앞으로 태양광 등 재생에너지 사용 비중을 높이는 데 보다 노력할 계획이다. 또 한독은 제품 용기를 환경적으로 재활용하고 폐기물을 줄일 수 있는 방안에 대해 고민하고 있다. 의약품은 안전테스트 등이 필요해 용기를 바꾸기 쉽지 않지만 친환경 재질을 사용할 수 있는 방법을 연구하고 있다는 게 한독의 설명이다.

사회(S) 분야에서 한독은 지역사회와의 상생을 우선 중시하고 있다. 대표적으로 한독의 음성 공장이 충북 음성군과 함께 준비한 산업관광 프로젝트가 있다. 한독은 음성 공장 내 위치한 의약박물관을 더 발전시켰고 음성군 산업관광 센터와 녹색 카페도 만들었다. 현재 한독은 의약박물관에 보물 6점을 포함한 2만여 점의 동서양 의약유물을 보유하고 있는 것으로 알려졌다. 실제로 김 회장은 사회(S) 관련 활동 대상이 반드시 우리 사회 전체가 될 필요는 없다는 생각을 갖고 있다. 공장이나 기업이 위치한 지역사회에서부터 시작해도 된다는 게 김 회장의 설명이다.

지배구조(G)와 관련해선 한독이 일찍이 시작한 '투명경영'이 돋보인다. 한독은 1964년 독일 훽스트사와 합작해 만들어진 기업이다. 그런 만큼 다른 국내 기업에 비해 글로벌 스탠더드를 빠르게 받아들였다. 한독이 2015년 음성 공장에 도입한 보건·안전·환경(HSE) 통합 시스템도 당시엔 국내 회사들에게 익숙하지 않던 모델이다. 심지어 한독은 지난 2000년 자산 규모 2조원 이상 회사에서만 설치가 의무화돼 있던 감사위원회를 자발적으로 설치해 주목받았다. 또 내부회계관리제도를 국내 강제규정이 실시되기 이전부터 도입하기도 했다.

신한금융지주

2020년 '제로 카본 드라이브' 추진 선언
신한은행은 적도원칙 가입해 선별적 대출

신한금융지주는 국내 금융지주 중 ESG(환경·책임·투명경영) 경영에 가장 앞서 나가는 곳 중 하나다. 신한금융은 'Finance for IMPACT'를 신한 ESG의 원칙으로 정하고 3대 전략방향(친환경·상생·신뢰)과 5대 IMPACT 과제를 선정했다. 5대 IMPACT 과제는 '제로 카본 드라이브', '트리플-K Project', 'Hope Together SFG', '사회다양성 추구', '금융소비자 보호'다.

신한금융그룹은 2020년 11월 동아시아 금융그룹 최초로 '제로 카본 드라이브(Zero Carbon Drive)' 추진을 선언했다. 기후변화 위기를 극복하기 위해 국제 협력에 적극 동참하고, 미래 세대를 위한 책임을 성실하게 수행하겠다는 각오다.

제로 카본 드라이브는 ESG에 대한 막연한 구호를 넘어 구체적 실행과 관련한 시나리오다. 신한금융에서 투자하거나 빌려준 자금으로 발생하는 탄소에 대해서도 책임지고, 저탄소 경제로 전환하는 데 앞장서겠다는 것이다. 구체적으로 향후 파리기후협약에 부합하는 SBTi(Science Based Target initiative, 과학 기반 감축목표 이니셔티브) 방법론을 활용해 그룹이 배출하는 탄소 배출량을 2030년 46.2%, 2040년 88.2% 감축하고 2043년까지 넷제로(Net Zero)를 달성하겠다는 목표를 세웠다. 또 그룹 포트폴리오(금융사가 투자 또는 대출 등 방식으로 자금을 투입한 기업 구성)의 탄소 배출량은 2030년 38.6%, 2040년 69.6%로 줄이고, 2050년 넷제로를 달성하겠다는 계획이다.

이를 실행하기 위해 우선 신한금융지주 핵심 자회사인 신한은행은 2020년 9월 시중은행 최초로 적도원칙에 가입했다. 적도원칙은 대형 개발사업이 환경파괴나 인권침해 등 문제가 있을 경우 대출을 하지 않겠다는 금융회사들의 자발적 협약을 의미한다. 이에 따라 신한은행이 1000만달러 이상 프로젝트 파이낸싱(PF)을 하거나 5000만달러 이상 기업대출을 하는 경우 환경·사회 리스크를 측정하고 있다.

향후 신한금융은 탄소회계 금융협회(PCAF·Partnership for Carbon Accounting Financials)가 제시하는 방법론을 활용해 탄소 배출량 측정 모형을 더 고도화할 계획이다. 또 탄소 배출을 감축할 수 있는 친환경 기술을 가진 기업에 대출을 확대하고, 기업과 산업이 기존 설비를 친환경 설비로 대체할 때 금융지원을 하는 등 친환경 금융에 주력할 계획이다. 이를 위해 2020년부터 10년간 총 30조원을 투입할 계획이고, 2020년 한 해에만 총 2조 6160억원을 신규 지원했다.

스타트업 발굴 및 육성으로 사회적 기여

'트리플-K Project'는 4차 산업혁명에 따라 혁신의 흐름을 이어가기 위해 스타트업을 발굴 및 육성하겠다는 것이다. 신한금융은 10개의 유니콘 기업(기업가치 10

신한 ESG 3.0 구동체계

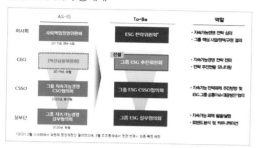

2021년 3월 9일 여의도 글래드호텔에서 열린 '2050 탄소중립 달성을 위한 기후금융 지지 선언식'에서 신한은행 정상혁 경영기획그룹장이 탄소중립 달성을 위한 기후금융 지지를 선언하는 모습

억달러 이상 비상장 벤처기업) 육성을 목표로 중장기 플랜인 '트리플-K Project'를 추진하고 있다. 2020년 신한금융은 S^2 Bridge(신한 스퀘어브릿지)를 론칭했다. 신한과 스타트업이 협업하는 의미를 반영해 'S²'라는 명칭이 만들어졌다. 신한금융은 기존에 운영하던 두드림 스페이스를 'S² Bridge: 서울'로 재탄생시켰다. 또 중소벤처기업부, 인천시 등과 함께 조성한 인천 스타트업파크에는 'S² Bridge: 인천'이 자리 잡았다. 'S² Bridge: 인천'은 혁신 창업 거점인 인천 스타트업파크에서 스타트업 창업 초기부터 해외로 사업을 확장하는 모든 단계를 지원하는 육성 플랫폼이다. 대전, 부산, 제주 등 주요 도시에 지역 스타트업 육성을 위한 프로

그램도 진행할 예정이다. 신한금융은 국내 금융권 최초로 론칭한 스타트업 육성 프로그램 '신한퓨처스랩'도 운영 중이다. 2015년 1기 출범 이후 2020년 6기까지 총 214개 스타트업을 발굴 및 육성했다.

'Hope Together SFG'는 금융 약자를 지원하고 사회 이슈를 해결해 나가기 위한 과제다. 신한금융 모든 그룹사가 2017년부터 참여하는 사회공헌 프로그램 '희망사회 프로젝트'를 추진하고 있다.

신한금융의 네 번째 과제는 '사회 다양성 추구'다. 이를 위해 조직의 다양성을 확보하기 위해 노력 중이다. 신한금융그룹은 양성평등을 선도적으로 추구하고 있다. 2019년 국내 기업 최초로 블룸버그 선정 양성평등지수(GEI)에 편입된 이래, 3년 연속 지수에 이름을 올리고 있다. 5대 IMPACT 과제의 마지막은 '금융소비자 보호'다. 사모펀드 판매사로 환매 중단에 책임을 느낀 신한금융은 대형 증권사 최초로 라임 펀드와 관련해 자발적 보상안을 마련했다. 조직개편도 단행했다. 신한은행은 2020년 소비자보호그룹을 신설하고 조직을 확대했다. 소비자보호그룹장인 CCO(Chief Custo-mer Officer)가 상품 선정과 도입 및 사후관리 등 전 과정의 최정점에서 의사결정을 할 수 있는 시스템을 갖췄다.

ESG의 핵심 중 하나는 지배구조의 투명성이다. 신한금융은 이를 달성하기 위해 다른 금융사보다 먼저 움직여왔다. 2015년 국내 금융사 최초로 이사회 내 위원회로 '사회책임경영위원회(現 ESG전략위원회)'를 신설했다. 2019년엔 금융사 최초로 전 그룹사에 전략과 지속가능 담당임원인 CSSO(Chief Strategy&Su-stainability Officer)를 임명하고 ESG 실무 책임자를 지정해 협의회를 운영하고 있다. 2021년엔 전 그룹사 CEO(최고경영자) 대상 'ESG 추진위원회'를 출범해 기후변화 관련 그룹의 추진사항을 정기적으로 검토해 상세한 모니터링을 시행하고 있다.

미래에셋

2019년 최초로 해외 공모 미국 달러화 ESG 채권 발행 ESG 테마 ETF 내놓는 등 지속가능한 자산운용 박차

2020년 국내 증권사 최초 영업이익 1조원을 돌파한 미래에셋증권은 ESG(환경·책임·투명경영)도 선도하고 있다. 사회에 긍정적인 영향을 미칠 수 있는 투자에 집중하며 지속가능 금융기업으로 도약하려는 것이다. ESG 채권 발행이 대표적이다. 이 회사는 2019년 4월 전 세계 증권사 최초로 해외 공모 미국 달러화 ESG 채권을 발행했다. 이듬해인 2020년에는 SRI(사회책임투자) 채권을 발행함으로써 ESG 채권 분야에서 독보적 영역을 구축하기 위한 작업에 나섰다. 2021년 3월에는 국내 ESG원화채권 발행에 성공했다. 미래에셋증권은 SRI외화채권 발행을 확대해 나갈 계획이다.

미래에셋증권은 ESG 채권을 통해 조달한 자금으로 사회적 약자를 위한 주택 공급 사업에 투자한다. 그간 서울 서교동, 불광역, 용산, 삼각지 등의 '서울시 역세권 청년주택' 사업의 금융을 주선하고 투자를 진행했다. 2021년 3월엔 위례신도시 의료복합단지 민간 사업자로 선정되면서 사회 인프라 개선에 나섰다.

보다 체계적인 ESG 경영을 펼치기 위해 2021년 미래에셋증권은 이사회에 ESG위원회를 설치하고 첫 안건을 결의했다. 핵심은 ESG 경영 목표와 중장기 전략을 담은 'ESG정책 프레임워크'에 있다. ESG와 연관된 논의사항이 경영 과정에서 실효성을 발휘하도록 만들기 위해 이사회부터 경영진, 실무진까지 ESG 보고·실행 체계를 세분화한 것이 특징이다. 이사회 내에 있는 'ESG위원회', 대표이사와 관련 부문 대표급이 참여하는 'ESG임원협의회', 'ESG실무협의회', 'ESG추진팀' 순으로 구성돼 있다.

ESG위원회 인적 구성도 눈길을 끈다. 최현만 수석부회장과 이만열 사장 등 사내이사 2인과 사외이사 이젬마 경희대학교 평생교육원장이 참여한다. ESG위원장인 이젬마 이사는 미래에셋증권 역사상 첫 여성 사외이사다. 기업의 지배구조(G)를 살필 때 주요 요소로 평가하는 이사회 성별 다양성을 충족하는 전문 여성 위원이라는 게 회사 측 설명이다. 미래에셋증권은 ESG위원회를 이사회 산하 지속가능경영 관련 의사결정기구로 둠으로써 강력한 권한을 줬다.

2006년 국내 증권사 최초로 지속가능경영보고서 발간

미래에셋증권의 ESG는 역사가 오래 됐다. 2006년 국내 증권사 최초로 지속가능경영보고서를 발간했다. 이후 중소벤처기업 성장 지원을 위한 양해각서(MOU)를 체결하고, 사회적 책임투자(SRI)에 집중하는 등 ESG 경영에 노력을 기울여왔다.

미래에셋증권이 국내 증권사 가운데 처음으로 'ESG 3관왕'에 오를 수 있었던 배경이다. 한국기업지배구조원(KCGS)이 발표한 '2020년 상장 기업 ESG 평가'에서 미래에셋증권은 A등급을 획득했다. 다우존스지속

미래에셋센터원

미래에셋증권의 ESG

평가	서스틴베스트 2020년 ESG평가 A등급(증권업계 최고) 다우존스 지속가능경영 월드지수 9년 연속 선정
채권	2019년 해외 공모 미국 달러화 ESG 채권 발행(전 세계 증권사 최초) 한국전력 ESG 채권 발행 2년 연속 대표주관
ETF	TIGER KRX 2차전지 K-뉴딜 등 친환경 금융상품 지속 출시
위원회	이사회 내 ESG 위원회 설치하고 'ESG 정책 프레임워크' 발표

미래에셋증권 관계자는 "전사적인 ESG 정책을 수립해 건전한 지배구조를 확립함으로써 주주가치를 높이고 사회·환경 문제 해결에 적극적으로 나설 예정"이라며 "향후 닥칠 수 있는 어떠한 외부 변화에도 안정적이고 균형 있는 사업을 지속할 수 있는 경영환경을 구축해 나갈 것"이라고 말했다.

ESG 경영 강화는 미래에셋증권을 넘어 미래에셋금융그룹 전체의 방향성이기도 하다. 2021년 3월 미래에셋자산운용은 국내외 ESG 우수등급 기업 주식에 분산투자하는 '미래에셋 상생ESG 펀드'를 신규 출시했다. 이 펀드는 미래에셋자산운용이 운용 중인 3가지 ESG 주식형 모펀드에 분산투자함으로써 글로벌 ESG 기업과 대한민국 대표 ESG 기업에 함께 투자할 수 있다. ESG 테마 ETF(상장지수펀드)를 내놓는 등 지속가능한 자산운용에도 적극적이다. 'TIGER KRX 2차전지 K-뉴딜' 등을 출시해 장기적 관점에서 지속가능 경영을 펼치는 기업에 시중의 자금이 유입될 수 있도록 유도한다.

미래에셋자산운용은 ESG 우수 기업이 내놓는 채권에 주로 투자(공사채 등)하는 ESG 채권펀드도 판매한다. 해외 ESG 우수 기업에 대한 투자 기회도 제공한다. 2021년 4월 현지 운용사를 통해 도쿄증권거래소에 'MSCI 거버넌스 퀄리티 일본 주식' ETF를 상장했다. 일본 상장 기업 중 지배구조와 재무적 요소가 우수한 기업을 선별해 투자하는 펀드다. '클린테크 ESG 일본 주식' ETF도 상장했다. 이 ETF는 환경문제 해결 관련 기술을 보유한 일본 기업에 투자한다.

가능경영(DJSI)월드지수에는 9년 연속으로 포함됐다. 국내 의결권자문사인 서스틴베스트는 '2020 ESG 등급평가'를 발표하며 미래에셋증권을 증권사 중 1위로 꼽았다. 미래에셋증권은 환경 50점(섹터 평균 13.46), 사회 58.50점(섹터 평균 31.94), 지배구조 72.98점(섹터 평균 57.71점)을 받는 등 각 부문에서 업계 평균을 압도하는 성적을 보였다.

미래에셋증권은 향후 ESG 경영에 한층 더 속도를 낼 계획이다. ESG위원회에서 결의한 '사회 환경 정책 선언문'에는 ESG 경영 강화를 향한 의지가 담겼다.

선언문은 ESG 리스크를 관리하기 위해 투자 시 유의·배제할 영역을 설정하고 이행 과정을 제시했다. 석탄화력발전 건설, 석탄 채굴과 관련된 직접 투자를 배제하는 '네거티브 스크리닝(Negative Screening)' 내용도 선언문에 들어갔다.

137

KT

KT "광화문 골목상권 살리자"…14개 단체와 한 뜻
도시락·밀키트 판매 돕고 소상공인 무료 법률 상담도

이선주 KT ESG경영추진실장

광화문원팀은 KT 아이디어로
시작된 상생프로젝트

2016년엔 업계 최초로
ESG위원회(지속가능경영위원회)
신설

KT가 주축이 된 광화문원팀이 2021년 5월 출범했다. 광화문원팀은 KT 아이디어로 시작된 상생프로젝트다. ESG(환경·책임·투명경영) 중 'S'에 해당한다. KT의 뜻에 공감한 매일유업, 라이나생명, 행정안전부, 서울시, 한국무역보험공사, 법무법인 태평양, 법무법인 세종 등 15개 단체가 참여했다. 광화문 소재 다른 기업과 기관들도 광화문원팀 참여를 검토하고 있다.

이선주 KT ESG경영추진실장은 "광화문원팀 출발은 KT에서 코로나19로 매출이 급격히 하락한 우리 회사 건물 인근 소상공인들을 돕기 위해 진행했던 '사랑의 밀키트(간편조리식)' 캠페인이었다"며 "KT 혼자가 하니까 한계가 있었고, 근처 기업·관광서들과 연합해야 할 필요성을 느꼈다"고 전했다.

퇴근길 밀키트는 광화문 골목상권을 돕기 위해 인근 식당에서 만든 밀키트를 임직원에게 판매하는 프로젝트다. 회사

KT가 2021년 5월 서울 종로구 KT스퀘어에서 광화문 소재 기업, 지자체, 비영리기관과 광화문 원팀 출범식을 열었다.

KT 임직원들이 KT 광화문 이스트빌딩에서 사전 예약한 밀키트를 수령하고 있다. 밀키트는 광화문 인근 음식점에서 제조했다.

와 직원이 각각 절반씩 비용을 부담하는 방식이다.

밀키트 판매를 위해 KT는 '나눠정 애플리케이션(앱)'을 만들었다. 식당 운영하는 소상공인들은 점심 · 저녁 장사 외에 한가한 시간에 밀키트를 만들어서 앱을 통해 판매할 수 있게 됐다. 직원들이 나눠정 앱을 통해서 밀키트를 주문해 놓으면 퇴근길에 회사 지하 데스크에서 수령해갈 수 있다. 이 실장은 "종로구청으로부터 식당 리스트를 받고, 그 식당들을 방문해 광화문원팀 취지를 설명하고 나눠정에 등록했다"며 "갈치조림은 오전 10시 예약이 오픈되면, 2~3분내 매진될 정도로 인기"라고 말했다.

밀키트는 KT에서만 하루 최대 300여개가 판매되고 있다. 광화문팀 출범 전 파일럿 기간까지 포함해 총 1만4000개의 밀키트가 판매됐다. '사랑의 효박스'는 종로구 꽃집과 인사동 전통 물품을 담아 만든 패키지로, 광화문원팀 소속 임직원을 대상으로 판매했다. 두 프로젝트에서 나온 사회경제적효과는 약 1억 7000만원에 달했다.

매일유업 · 라이나생명 등 참여

광화문 인근에서 식당을 운영하는 이용묵 씨는 "코로나19로 인근 직장인들의 회식도, 주말에 광화문에 놀러오는 유동인구도 줄면서 매출이 뚝 떨어져 졌다"며 "광화문원팀 출범 후 KT가

밀키트를 제작해서 판매할 수 있도록 판로를 열어줘 매출 걱정을 조금이나마 덜게 됐다"고 전했다.

KT 직원 A씨는 "광화문 맛집에서 만든 밀키트로 저녁식사를 할 수 있어 대만족"이라며 "맛있는 음식과 함께 소상공인들을 도울 수 있어 뿌듯하다"고 밝혔다.

광화문원팀은 소상공인 대상 밀키트를 시작으로 향후 독거노인, 불우아동까지 지원 대상을 확대할 예정이다. 밀키트 외에도 광화문원팀 멤버들은 각사의 장점을 활용하려고 한다. 세종문화회관은 소상공인 대상 공연을 준비중이다. 로펌은 무료 법률상담, 한국의학연구소는 건강검진을 제공할 계획이다. KT와 매일유업은 '사랑의 음식박스'를 제공하는 등 원팀 참여기관들은 머리를 맞대고 있다. 행정안전부는 세종시 기관들과 함께 '세종원팀'을 꾸리는 방안을 기획하고 있는 것으로 알려졌다.

KT는 자체적으로도 ESG활동에 적극적인 모습이다. AI 기술을 활용해 청각장애인의 목소리를 복원하는 '목소리 찾기'와 비대면 멘토링 프로그램 '랜선야학' 등이 대표적이다. 또한 '파트너사 행동 수칙 및 책임기준'을 명시한 가이드라인을 배포하고, 협력사 대상 ESG 컨설팅도 강화하고 있다.

2016년엔 업계 최초로 ESG위원회(지속가능 경영위원회)도 신설했다. 위원회는 사외이사 4명, 사내이사 1명으로 구성됐다. 위원장은 표현명 전 KT 사장이며, 위원은 이강철 전 대통령 비서실 시민사회 수석, 성태윤 연세대 경제학부 교수, 박찬희 중앙대 경영학부 교수, 강국현 KT커스터머부문장이다.

농협 축산경제

"소(牛) 방귀나 트림도 줄여야죠" ESG패러다임 전환
사육기간 단축과 사료개발 추진, 분뇨는 에너지자원 재순환

김태환 농협 축산경제 대표

면, 소의 방귀나 트림에서 나오는 메탄가스 양을 줄인다는 사료를 알아보고 있다. 잘만 하면 정부로부터 친환경 인증도 받고 상도 받을 수 있다. 농협 축산경제가 추진하는 ESG(환경·책임·투명경영) 정책이 지역 농가에서 구현되고 있는 모습이다.

김태환 농협 축산경제 대표는 매일경제와 인터뷰하면서 "축산업이 탄소 배출량이 많은 산업이라는 비판을 받고 있지만 축산업의 온실가스 배출량은 국내 전체 배출량의 1.3% 수준"이라며 "탄소중립 달성에 농협 축산경제도 동참하겠다"고 밝혔다.

전국 139개 축산농협을 대표하는 축산경제는 사업취급액이 2016년 6조1509억원에서 2020년 7조3070억원으로 늘었다. 외형적인 성장에 맞춰 사회적 책임을 다해야 한다는 기대도 함께 올라갔다. 온실가스와 악취라는 축산업에 대한 지적도 외면할 수 없다. 김 대표가 매출뿐 아니라 ESG경영을 강조하는 이유다.

청주시 북이면 한우 농장. 2021년으로 30년째 소를 키우고 있는 한우 전문가 이상만 씨(51)는 요즘 할 일이 더 많아졌다. 예전처럼 생애 주기에 딱딱 맞춰 사료 주고, 운동시키고, 혹시 어디 아픈 곳이 없는지 면밀히 잡아내는 식으로 소만 잘 키운다고 끝나는 게 아니다. 최근에는 소들이 배출한 분뇨를 따로 모아서 발효시킨 후 축협에서 운영하는 자원화시설에 보내는가 하

소가 만드는 메탄가스 줄여

축산부문 온실가스 주범은 메탄가스다. 메탄은 주로 소와 같은 반추(되새김) 동물의 장내 발효 과정과 소·돼지·닭의 분뇨처리 과정에서 나온다고 알려졌다. 김 대표는 메탄가스를 줄이기 위해 한우 사육 방식과 사료를 개선하고, 가축 분뇨를 자원화하는 자연순환 농업에 주목하고 있다. 그가 주목한 사육 방식은 사육

기간을 줄이는 방법과 소의 장내에서 발생하는 메탄가스 배출량을 줄이는 사료 개발이다. 한우 사육기간은 30개월 가량 보장돼야 고기의 풍미를 유지할 수 있기 때문에 쉽지만은 않은 문제다.

김 대표는 "소의 사육 기간이 짧은 유럽연합이나 호주 등 축산 선진국의 관리 방식 등을 조사해 국내 환경에 접목하고 있다"며 "미국에선 해조류를 먹이니 메탄가스의 양이 80%까지 줄었다는 보고가 있다"고 설명했다.

축산경제는 농식품부 등과 함께 2022년부터 3년 동안 성장단계별 영양소 함량조정 등 사육방식 프로그램을 개발하기로 했다. 총사업비 130억원 규모다.

소의 장내에서 발생하는 메탄가스를 최소화 하는 사료 첨가제는 2021년 1월 연구에 돌입했다. 현재 검증물질 선발과 효과 평가를 진행하고 있다. 개발이 완료되면 소의 방귀나 트림에서 나오는 온실가스를 최소화할 수 있다. 김 대표는 "사람도 영양 상태나 식이 습관에 따라 방귀나 트림의 양이 다른 것처럼 소도 사료에 따라 메탄가스 배출의 양을 획기적으로 줄일 수 있다"고 강조했다.

축산경제가 ESG를 위해 발빠르게 움직인 분야는 가축 분뇨를 에너지 자원으로 순환시켜 온실가스를 감축하는 시스템 구축이다. 이를 위해 축산경제는 분뇨를 모집해 퇴비로 만들거나 제철소의 소각 원료로 제공하는 자원화 시설을 공격적으로 확충하고 있다. 이같은 자원화 시설은 전국에 31개소인데, 2035년까지 120개로 늘릴 계획이다. 김 대표는 "2035년이 되면 축협의 자원화 시설을 통해 온실가스를 매년 약 14만4000t 감축할 수 있다"고 밝혔다.

대기업과의 협업모델도 만들었다. 대상은 철강회사다. 축산경제는 가축 분뇨를 건조해 제철소에 공급하면, 철강사는 이를 활용해 재생에너지를 만들 수 있다

김태환 농협 축산경제 대표와 임직원들이 한우농가에서 냄새저감제를 살포하고 있다. 농협 축산경제는 소가 배출하는 메탄가스를 줄이기 위해 사료를 개선하고 사육 기간을 줄이는 방안을 살펴보는 중이다.

는 게 김 대표 설명이다.

축산경제는 사회적 책임 확충에도 노력하고 있다. 폴리머 냉매를 사용하던 아이스팩을 물로 대체하고, 스티로폼 박스를 재활용 가능한 재질로 교체하는 게 대표적인 사례다. 업무용 차량은 전기차로 대체할 계획이다.

김태환 대표 "축산업 부정적 인식 확 바꿀것"

특히 냄새 저감 사업은 지역민에 좀 더 가깝게 다가선다는 면에서 의미가 있다. 2017년 냄새 저감 장비를 10개 농가에 설치해준 것을 시작으로 2020년까지 73개 농가에 지원을 완료했다. 그 결과 2021년 1월 냄새 관련 민원 건수가 전년 동기 대비 11.2% 감소했다.

김 대표는 "축산이 환경 문제를 해결하지 못하면 지속가능하지 않고 기업의 도덕성을 강조하는 MZ세대로부터 멀어질 수밖에 없다"면서 "ESG경영이 축산업에 대한 사회적 인식을 개선하고 국민 곁으로 다가서도록 할 것"이라고 밝혔다.

인텔

"아동착취로 채굴한 '분쟁광물' 안쓴다"
10년전부터 노력…반도체 광물조달 새로운 표준 제시

스마트폰 핵심 칩 만들려면
탄탈룸·주석·텅스텐·금 필수

아프리카 광산 직접 찾아가
무장세력 개입 등 불법 확인

반도체회사 인텔 직원들은 2019년 11월 아프리카 르완다 르윙크와부에 소재한 울프램 광산을 방문했다. 광물 채굴 과정에서 법적 또는 윤리적으로 문제 되는 일이 없는지 살펴보기 위해서다. 인텔은 아동노동이나 임금 착취 등과 연계된 업체는 공급망에서 배제한다. 르완다 등에서 채굴되는 탄탈룸, 주석, 텅스텐, 금 등은 스마트폰과 노트북PC 등에 쓰이는 실리콘칩 소재다. 인텔은 이 같은 칩을 제조한다.

분쟁광물(Conflict mineral)은 아프리카 분쟁 지역에서 나오는 탄탈룸, 주석, 텅스텐, 금 등이다. 채굴 과정에서 노동 착취가 이뤄지거나 광물 판매 금액이 게릴라 자금으로 유입돼 국제적으로 문제가 일으키는 광물이다.

미국 증권거래위원회의 경우 상장 기업에 대해 분쟁광물 사용현황 정보를 제공하도록 의무화했다.

인텔은 사회적 책임 목표 중 하나로 '책임 있는 광물 조달'을 꼽았다. 이에 따라 분쟁광물뿐 아니라 반도체 제조에 사용되는 모든 광물에 대해 새로운 채굴 표준을 만들겠다는 의지를 갖고 있다. 인텔은 이미 10여 년 전부터 분쟁광물인 탄탈룸, 주석, 텅스텐, 금 등을 책임 있게 조달하는 작업에 착수했다. 2017년엔 코발트까지 확대했다. 책임있는 광물 조달은 법적·윤리적으로 문제 되는 업체나 지역로부터의 광물 공급을 배제하는 것을 뜻한다.

2018년 인텔은 분쟁광물 출처 국가 범위를 확장했다. 또한 경제협력개발기구(OECD)의 '분쟁 발생 및 고위험 지역(CAHRA)의 책임 있는 광물 공급망을 위한 실사 지침'에 기재된 인권 침해 사례를 조사하기 위해 실사도 시행했다. 아울러 광물 조달 지역에 재생에너지 등 청정 전력을 제공하거나 청년 직업 훈련 등을 통해 지역사회를 지원한다.

인텔 관계자는 "인텔은 책임 있는 광물 수급, 노동 위험 해결, 기후 대응 등을 주도하고 있다"며 "인텔 협력사 약 400곳은 공급업체 리더십 이니셔티브에 참여했다"고 밝혔다.

재생에너지 사용률 82%
2030년까지 100% 달성 목표

인텔은 글로벌 가치사슬 전반에 걸쳐 ESG(환경·책임·투명경영) 활동을 펼치고 있으며, 1994년부터 기업책임보고서를 발간하고 있다. 2020년엔 사회적 책임(Responsible)과

인텔 관계자들이 르완다 울프램 광산을 살펴보고 있다. 인텔은 분쟁광물에 대한 채굴을 제한하고 있다.

사진제공 : 인텔

포용성(Inclusive)을 갖추고, 지속가능한(Sustainable) 미래를 창조한다(Enabling)는 비전을 발표했다. 약자로 'RISE'다. RISE 전략은 △완전한 수자원 재사용 △100% 녹색 에너지 구현 △제조 분야 폐기물 제로 △여성과 성적 소수자 임원 비율 두 배 증가 △인권 프로그램 확대 등이다.

팻 겔싱어 인텔 최고경영자(CEO)는 지난 5월 기업책임보고서를 통해 2030년까지 RISE 목표를 달성하겠다고 밝혔다. 이를 위해 인텔은 지역사회와 정부 등 다양한 이해관계자들과 긴밀한 협조체계를 구축했다.

기업책임보고서에 따르면 2020년 인텔은 제조 과정에서 71억갤런의 물을 절약했다. 총 전력 사용량 중 재생에너지 공급·구매 비율은 71%에서 82%로 확대했다. 또한 이 기간 약 1억6100만kwh의 에너지를 절약할 수 있는 프로젝트에 투자했으며, 2020~2030년 총 40억kwh의 누적 에너지 절약을 달성하기 위해 노력 중이다. 아울러 인텔은 최근 5년간 260억kwh 이상의 태양광과 풍력 등 친환경 전력을 구입했다. 이는 1년 동안 240만가구 이상의 미국 가정에 전력을 공급할 수 있는 양이다.

인텔은 ESG경영을 위한 지배구조도 갖췄다. 이사회 내 지배구조위원회(CGN·Corporate Governance and Nominating)는 ESG를 담당한다. 경영진은 매년 최소 2회 이상 이사회에 ESG 성과 보고서를 제공한다. 인텔은 30퍼센트연합(TPC·Thirty Percent Coalition)의 일원이다. TPC는 이사회 내 여성 비율을 30% 이상에 맞추자는 취지로 만들어진 글로벌 이니셔티브다. 2020년 여성은 부사장 승진자의 약 27%를 차지했다. 인텔은 기술 직군 내 여성 임직원 비율을 40%로 높일 예정이다.

코로나19로 인해 전례 없는 도전에 직면했던 2020년 인텔은 혁신적인 기술이 인류에 공헌할 수 있음을 다시 한번 인식했다. 겔싱어 CEO는 "인텔은 고객과 긴밀한 기술협력을 통해 과제를 해결하고, 기업의 사회적 책임 목표를 달성하겠다"며 "이는 세상을 바꾸는 기술을 창조하고 모든 사람들의 삶을 감동시키고 개선시키고자 하는 인텔 비전과도 직결된다"고 밝혔다. 인텔은 컴퓨터와 데이터센터, 자율주행차, 사물인터넷 기기 등에 탑재되는 반도체 제조회사다. 2020년 인텔은 779억달러 매출을 기록했다.

Part 6

ESG 인사이트

전문가와
생생토크

ESG 전문가 간담회

최열 환경재단 이사장   **홍종성** 딜로이트 안진회계법인 대표   **윤덕찬** 지속가능발전소 대표

'ESG 경영을 해야 하는 이유는…'

40년 가까운 인생을 환경운동에 몰두한 최열 환경재단 이사장, 글로벌 최대 컨설팅회사 딜로이트의 한국 제휴사인 딜로이트 안진회계법인의 홍종성 대표, 인공지능으로 기업별 ESG를 실시간 평가하는 지속가능발전소의 윤덕찬 대표에게 이러한 가장 기본적인 궁금증부터 물었다. 전 세계적으로 ESG 열풍이 불고 있지만 우리 산업 현장에서는 ESG가 손에 잡히지 않고 모호하다는 지적이 많기 때문이다. 이에 대해 분야별 최고 전문가 3인은 "ESG가 기업에게 선택이 아니라 필수, 비용이 아니라 투자, 위기가 아니라 기회"라는 공통된 답을 내놨다. 이어서 'ESG 경영이 기업의 지속가능성장을 이끌어 줄까', '그렇다면 ESG 경영을 어떻게 실천할 것인가', 'ESG 평가는 어떻게 이뤄지는지' 등에 대한 답변을 하나씩 풀어갔다.

매일경제는 2021년 2월 황인혁 증권부장 사회로 최열 이사장, 홍종성 대표, 윤덕찬 대표 등 ESG 전문가 3인과 간담회를 진행했다.

이 자리에서 최열 환경재단 이사장은 "정부, 기업, 시민사회가 힘을 합쳐서 세계에서 주목받는 한국형 ESG 모델을 만들어야 한다"고 강조했다.

홍종성 딜로이트 안진 대표는 "주주 및 투자자뿐만 아니라 직원, 고객, 공급업체, 지역사회 등 각각의 이해관계자들을 잘 관리하는 것이 ESG 경영 열쇠"라고 말했고, 윤덕찬 지속가능발전소 대표는 "ESG를 기반으로 해서 자본 흐름을 전환하는 '지속가능 금융'이 저탄소 경제로 이끌어가는 레버리지로 작용할 것"이라고 내다봤다. 다음은 일문일답이다.

한국 ESG의 현주소는.

▶최열 환경재단 이사장 = "ESG라는 개념을 한 번이라도 접한 적이 있나?"라는 조사에서 응답자의 60%는 "한 번도 들어본 적이 없다"고 답했다고 한다. 국민이 ESG를 알아야 기업도 적극적으로 대응할 수 있다. 유럽에서 200여 년 걸린 산업화를 우리는 40~50년 만에 빠르게 이뤄냈지만 그 결과 에너지 과소비 국가로서 심각한 환경문제에 직면했다. 투명성 논란과 안전사고도 발생했다. 그러나 한국은 기술이 있고 변화에 언제나 신속히 대응해 왔다. 앞으로 5년, 10년 확실한 목표를 세워 정부, 기업, 시민사회가 힘을 합치면 한국형 ESG 모델을 개발하고 표준화해 세계 시장을 선도할 수 있다.

최열 환경재단 이사장

10년 내 기후재난 대응 못하면 회복 불가

오너와 CEO가 결단해서 ESG 경영 주도해야

한국형 ESG 모델 개발하고 표준화해서

글로벌 주도권 잡고 개발도상국에 전파

정부 지원 ESG 교육프로그램 확대돼야

▶홍종성 딜로이트 안진회계법인 대표 = 전 세계 ESG 열풍 속에서 누가 주도권을 갖느냐가 중요하다. 기업 입장에서 ESG는 선택이 아니라 다양한 이해관계자들과 함께 반드시 가야 할 숙제다.

ESG는 기회이자 리스크인데.

▶홍 대표 = 글로벌 펀드들이 ESG를 잣대로 평가해 투자하겠다고 밝혔다. 금융권의 화두도 ESG와 디지털 전환이다. 앞으로 투자를 받거나 주식시장에 상장하려고 할 때 ESG를 준비하지 못한 기업에는 큰 리스크 요인이 된다.

▶최 이사장 = 연말마다 연탄을 배달하는 사회공헌 활동이 등장한다. 기업이 이런 것에 홍보비를 쓰는 건 끝내야 한다. 이제는 실질적인 활동을 해야 한다. 30년 전에 기후재난 문제를 해결해야 한다고 말했을

때는 "늑대가 나타났다"는 식의 거짓말로 인식됐지만, 지금은 남극과 북극의 얼음이 녹아 해수면이 올라가고 있는 게 현실이다. 이대로 가다가는 인간이 살아남을 수 없다. 긴박감을 갖고 집중적으로 ESG를 준비해야 한다. 온실가스 배출 7위 국가라는 산업구조를 완전히 바꿔야 한다. 좋은 전략을 세워 ESG 모델을 정착시키고 극복 과정을 개발도상국에 보급했으면 한다.

▶윤덕찬 지속가능발전소 대표 = ESG는 3년 내에 강제성 있는 규제 형태로 나타날 것이다. 이는 서구 자본주의 헤게모니가 전환되는 신호탄이다. ESG가 바꾸는 미래는 단순히 기업만이 아니다. 금융과 산업, 사회를 같이 봐야 보인다. 지금껏 ESG가 좋은 기업에 투자하기 위한 평가 요소였다면 앞으로는 ESG를 기반으로 자본 흐름을 전환하는 '지속가능 금융'이 저탄소 경제를 이끌어갈 일종의 촉매제로 작용할 것이다.

기업의 ESG 대응 전략은.

▶홍 대표 = 앞으로 탄소중립을 충족시키지 못하면 세금이 부과될 수 있다. 한국처럼 수출주도형 경제에는 큰 위협 요인이다. 비즈니스 근간을 바꿔야 하는 상황까지 고려해야 한다. 기업들에 ESG 경영은 새로운 도전인데, ESG 활동을 공시하고 검증받고 그 결과를 측정할 수 있어야 한다. 인공지능(AI) 기반의 다양한 기능을 통해 ESG 생태계를 만들어가야 한다.

▶최 이사장 = 석유화학, 철강 등 에너지 다소비형 산업구조를 한번에 바꾸는 것은 불가능하다. 새로운 공정을 만들고 일자리를 전환하는 등의 구체적인 로드맵을 만들어야 한다. 온실가스 저감장치를 갖추지 못하고 수출했다가 앞으로는 불량 기업으로 낙인찍

홍종성 딜로이트 안진회계법인 대표

주주, 투자자, 직원, 고객, 사회 등

이해관계자 자본주의 확산이 중요해져

많은 기업규제가 ESG 평가에도 영향 줄 듯

수출기업에게 ESG는 보이지 않는 관세

공급망관리 위해 협력업체 ESG 관리 중요

힐 수 있다. 온실가스 탄소세도 고려해야 한다. 우리는 기술이 있으니 수소에너지부터 태양광, 풍력, 배터리 등을 재빠르게 업그레이드할 수 있을 것이다.

항목별로 어떤 점을 개선해야 하나.

▶윤 대표 = 한국의 ESG 평가는 세계 46개국 중 31위(2018년 모닝스타 자료)로 하위권이다. 특히 지배구조에서 44위에 그쳤다. 국내 상장사의 ESG 뉴스를 분석한 결과 지속가능성을 저해하는 요인은 지배구조 부문에서는 특히 도덕성이었다. 다음으로 산업안전과 노사관계가 문제점으로 꼽혔다.

기업들이 ESG에 대응하기 어렵다는 하소연도 나온다.

▶윤 대표 = ESG 평가는 기본적으로 투자자들에게 좋은 회사를 고르도록 하는 것이다. 환경, 산업안전, 보건 등의 컴플라이언스를 준수하는 것도 중요하겠지만, ESG는 그 이상을 요구한다. 글로벌 기업들 중 RE100(Renewable Energy 100%, 신재생에너지 100% 사용) 선언과 함께 신재생에너지로 전환하

2021년 2월 서울 매경미디어센터에서 윤덕찬 지속가능발전소 대표, 최열 환경재단 이사장, 홍종성 딜로이트안진 대표(왼쪽부터)가 ESG 생태계 구축을 위한 전문가 좌담회를 진행했다.

는 기업이 나오고 있다.

▶최 이사장 = 이제는 과거의 관행을 지속해서는 안 된다. 이재용 삼성 부회장이 자녀에게 경영권을 넘겨주지 않겠다고 밝힌 것은 큰 결단이다. 요즘 오너와 최고경영자(CEO)들이 ESG를 담당하는 의장을 맡는 등 전환점에 와 있다. ESG를 실천하지 않으면 기업이 생존하기 힘들다는 것을 많은 사람들이 경험으로 알게 됐다.

글로벌 기업들이 ESG 잣대를 강화하면서 한국 수출기업들도 영향권에 들어왔는데.

▶최 이사장 = 마이크로소프트 등 글로벌 기업들이 RE100을 속속 선언하고 있다. 이런 기업들이 RE100 협력업체에서만 제품을 구입하게 된다면 한국 경제에도 직격탄이 될 것이다. 예를 들어 글로벌 부품 공급사인 삼성도 신재생에너지로 모든 제품을 생산할 수 있는 시스템을 갖춰야 하는 것이다. 그렇게 준비하지 못한다면 대안으로 탄소배출권을 자유롭게 사고팔 수 있어야 하지만 한국전력에서 독점하는 현행 거래시스템이 활발하게 운영되지 않는다.

주주 중심 경영이 끝났다고 보나.

▶홍 대표 = 과거에는 주주와 경영진이 기업의 주인이었지만 현재는 주주와 투자자뿐 아니라 직원, 고객, 공급업체, 지역사회 등 각각의 이해관계자들을 어떻게 잘 관리하느냐가 ESG 경영의 열쇠다. 이해관계자 자본주의가 급속도로 확산되고 있다.

▶최 이사장 = ESG 경영을 내재화하려면 오너와 CEO의 결단이 중요하다. 얼마나 온실가스를 줄일 수 있을지 이사회에서 결정하고 체계적인 ESG 시스템을 구축해야 한다.

ESG 확산을 위한 정부의 역할은.

▶ 홍 대표 = 중견·중소기업들도 ESG 기준을 충족할 수 있도록 정부에서 충분한 가이드라인을 만들어주고 예측 가능한 규제를 설정해야 한다. 이를 통해 기업들이 스스로 ESG 경영을 실천할 수 있고 전체적인 에코시스템을 만들 수 있다.

▶윤 대표 = 정부는 지속가능금융정책을 추진해야 한다. 금융이 먼저 움직여야 산업이 움직인다. 저탄소 경제 전환이라는 명확한 메시지를 재계에 던져줘

야 한다.

▶최 이사장 = 앞으로 10년 동안 기후변화에 대응하려고 노력하지 않으면 그 다음에 노력해도 아무 소용 없다. 2차 세계대전 당시 미국이 자동차 대신 탱크를, 비행기 대신에 전투기를 만드는 데 모든 자원을 각각 투입했던 것처럼 우리도 총력을 기울여야 한다. 당장에 탄소세를 매기면 기업들에게 새로운 부담인데, 총량은 같지만 탄소 배출이 많은 기업에 세금을 부과하고 친환경 기업에게는 세금을 줄여주는 것도 정책 방향일 수 있다.

금융당국이 2030년까지 코스피 상장사의 ESG 공시를 의무화했다.

▶홍 대표 = 수출기업에게 ESG는 보이지 않는 관세와 같다. ESG에 잘 대응하는 기업에게는 혜택이 돌아가겠지만 그렇지 않으면 위험이다. 공시 의무화가 기업들의 ESG 경영을 촉진했으면 한다.

▶윤 대표 = ESG 공시 의무화는 불가피하다. 오히려 공시가 가리키는 대상을 봐야 한다. 공시는 무엇을 공개할지에 대한 구체적인 목표와 방향을 제시해야 한다. 지금의 ESG 가이던스는 해외 공시기준을 정리한 수준인 만큼 보다 정밀하게 마련되어야 한다.

기업들이 ESG 평가를 잘 받으려면?

▶윤 대표 = ESG 평가를 잘 받기 위해 대응하지 말고 ESG 경영을 내재화하라고 말하고 싶다. ESG 평가기관별 다양한 기준을 모두 충족할 수 없다. ESG 기회와 위험을 잘 식별하고 전략을 찾아야 한다.

2~3차 협력업체인 중소기업의 ESG 대응은 막막한 상황인데.

▶홍 대표 = 대기업이 ESG 로드맵을 실천하더라도 1~2차 밴더들이 준비하지 못하면 결국 대기업의 공급망이 붕괴될 수 있다. ESG 펀드가 활성화되어서 중견·중소기업들의 ESG 전략 수립을 도울 수 있도록 투자하고, 금융산업은 산업섹터별로 적절하게 자금을 배분해줘야 한다.

▶최 이사장= ESG는 국가경쟁력과도 직결되어 있다. 정부와 지방자치단체는 국민들에게 ESG를 설명하는 교육프로그램을 지원했으면 한다. 필요하면 ESG 현장을 수시로 다녀와서 벤치마킹했으면 한다. 또한 ESG를 표준화하고 측정할 수 있어야 한다.

▶윤 대표 = 글로벌 가치사슬에서 원청업체의 하청업체 관리가 ESG 평가에서 강조된다. 또 은행이 중소기업에 대출할 때 ESG를 평가해서 우대해주는 지속가능 연계대출을 마련해야 중소기업들의 ESG 경영을 유도할 수 있다. 정부는 ESG 정책으로 법적 테두리를 만들어주고 기업들이 그 안에서 자유롭게 움직일 수 있도록 유도했으면 한다.

유니레버 Comfort One Rinse

ESG Brand 05

유니레버 긍정적 사회적 영향을 Up, 환경 영향은 Down

전 세계 공장 재생 가능한 스마트 그리드 전력 이용

도브 비누로 유명한 유니레버는 폴 폴먼 전 회장(CEO) 시절 ESG 경영에 고삐를 당겼다. 그는 2009년 최고경영자에 오른 이후 2018년 퇴임 전까지 사회적 책임을 강조하며, 매년 지속가능경영 계획을 발표했다. 폴먼 전 회장은 P&G와 네슬레를 거쳐 유니레버 CEO가 됐다. 폴먼 전 회장은 "작은 변화가 큰 차이를 가져온다(Small changes can make big difference)'라는 슬로건을 내놓으며 ESG 경영에 박차를 가했다. 또한 유니레버만의 경영전략인 USLP(Unilever Sustainable Living Plan)도 수립했다. USLP는 긍정적 사회적 영향을 향상시키면서, 환경적 영향은 줄이는 경영전략이다. 유니레버 공장 2019년 물 사용량이 2008년 대비 47% 감소한 것은 USLP 성과로 꼽힌다.

탄소 감축에도 적극적이다. 유니레버는 '깨끗한 미래 프로그램'을 통해 2030년까지 모든 제품에서 탄소 배출을 0으로 만들 계획이다. 이를 위해 100% 재생 또는 재활용 가능한 원료를 사용한다. 전 세계 공장들은 재생 가능한 스마트 그리드 전력을 이용한다. 식품사업에서는 식물성 원료로 만든 고기와 유제품을 생산하고 있다. 트랜스지방과 포장재 사용량도 줄이고 있다.

베트남을 공략한 유니레버 린스는 지속가능경영 사례를 보여준다. 유니레버가 베트남에 선보인 컴포트원린스(Comfort One Rinse)는 소량의 물로도 빨랫감을 헹굴 수 있도록 만든 제품이다. 제품 슬로건은 "세 양동이의 물 대신 한 양동이만으로 족하다"이다. 물 사용이 많은 베트남 세탁 문화에서 착안해 적은 물 사용만으로도 세탁이 가능하게 제품을 만들었다. 물 절약뿐 아니라 세탁 시간도 줄었다. 유니레버는 또한 베트남에서 물 절약 세탁 캠페인도 벌였다. 사회문제 해결과 동시에 수익 창출이 가능하다는 것을 보여주는 사례다.

유니레버는 미국 경제전문지 포천이 발표한 '2021년 세계에서 가장 존경 받는 50대 기업(2021 World's Most Admired Companies 50)'에서 30위를 차지했다. 미국 기업을 제외한 외국 회사 중 가장 높은 순위다.

사진제공=환경재단

나석권 SK 사회적가치연구원장

양질의 데이터를 제공해
검증 가능한
비재무적 지표를 만들어야

공부(Study)하고 선택(Select)한 뒤
지지(Support)하는 행동(Act)까지 하는
3SA를 해야 차이 만들어낼 수 있어

"비재무적인 요소들은 재무제표를 보는 것보다 상
대적으로 측정이 어려운 것이 사실입니다. 하지만
ESG를 제대로 하기 위해서는 ESG 성과를 측정하
고 관리하려는 노력이 우선입니다."

나석권 SK 사회적가치연구원장은 주요 기업들의
화두가 된 ESG 경영을 위해서 실질적·객관적 평
가지표를 수립하는 것이 선행되어야 한다는 사실을
강조한다. 공직에서 오랜 시간을 보낸 뒤 SK그룹에
합류한 그는 SK그룹이 출자해 설립한 비영리 연구
재단인 사회적가치연구원에서 SK를 포함한 각 기
업의 ESG 활동이 창출하는 사회적 가치를 제대로
측정하기 위해 노력을 기울이고 있다. SK는 ESG
활동을 독려하기 위해 지난 2019년부터 각 계열사
의 ESG 활동 가치를 화폐단위로 환산하고 이를 계
열사 평가에도 반영하고 있다.

매일경제와 환경재단이 공동 주최한 ESG 리더십
과정에 참석한 나 원장은 ESG의 글로벌 표준이라
고 할 수 있는 내용은 없지만 세계적인 자산운용사
인 블랙록의 래리 핑크 회장이 논의에 불을 붙인 상
태라고 설명했다. 실제로 래리 핑크 회장은 2020년
주요 기업 CEO들에게 보낸 서한을 통해 "석탄화력
을 생산하거나 제조 과정에 이용하는 기업의 주식
을 포트폴리오에서 제외하고 팔아버리겠다"고 선
언한 바 있다. 여기에 코로나19라는 특수 상황까지
더해져 환경 이슈도 주목받으면서 오늘날 ESG가
모두의 관심이 된 셈이다.

나 원장은 ESG 경영을 위해 우선 '측정'하고 '생태
계'까지 만들어나가는 것이 우리 모두에게 주어진
과제라고 밝혔다. 아직은 유럽증권거래소, 미국증
권거래소 등 주요 기관들 역시 ESG 평가에 대한 공
적 정확성과 감독은 부족하다는 진단이 뒤를 이었
다. "측정하지 못하면 관리할 수 없다"는 석학 피터

드러커의 말을 화두로 던진 나 원장은 "ESG에 대한 생각은 사람이나 기업마다 다를 수 있지만 양질의 데이터를 제공해 검증 가능한 비재무적 지표를 만들어야 한다는 데는 이견이 없다"고 말했다. 이어 그는 "측정을 잘하면 결정을 잘할 수 있는 것"이라며 "영화〈머니볼〉에서 나온 것처럼 감독의 직감이 아닌 통계와 데이터에 근거한 야구를 해야 하고, 명확한 지표와 함께 경영도 해야 한다"고 밝혔다.

ESG 성과에 대한 측정을 제대로 하기 위해서는 경영에 관련된 여러 이들의 자발적 참여를 이끌어내야 한다는 것이 나 원장의 생각이다. 나 원장은 "과거 어떤 책이 많이 팔리는지 궁금했던 아마존은 일반적인 설문 조사로 원하는 결과를 얻지 못한 뒤 설문 조사를 제대로 해주는 이들에게 무료 포장을 제공하는 방식으로 비로소 원하는 데이터를 얻을 수 있었다"며 "ESG에 대한 참여와 측정을 잘하기 위해 창발적 전략이 필요한 이유"라고 말했다.

이를 통해 장기적으로는 ESG 생태계가 만들어질 수 있고, 그렇게 방향을 이끌어야 한다는 것이 그의 주장이다. 나 원장은 "ESG를 제대로 측정할 수 있는 표준화된 기준이나 지수가 만들어지고 나면 자본 시장에 데이터를 제공해서 돈 버는 기업들이 제2의 시장을 창출하고, 투자자들은 이런 내용들까지 폭넓게 보고 투자를 결정하는 구조가 이뤄진다"며 "현재 글로벌 단위로 벌써 600여 개의 지수가 존재하는데 각 기업들은 단순히 지수에서 점수를 높이려는 접근만 하지 말고 생태계적 접근을 이어가야 한다"고 주장했다.

그렇다면 구체적이고 시급한 과제로는 어떤 것들이 있을까. 나 원장은 다양한 ESG 과제 중에서도 탄소중립과 이해관계자 자본주의에 대한 이해를 우선 과제로 꼽으며 각 기업이 자신의 산업에 맞는 기준을 보

성과 측정 제대로 하기 위해서는 경영에 관련된 이들의 자발적 참여 중요

고 대비를 하길 바란다고 말했다. 환경문제, 특히 기후변화를 막자는 글로벌 공감대는 이미 형성돼 있다. 온실가스 배출량 감축이라는 피상적 목표를 내세웠던 1997년 교토의정서와 달리 2015년 파리 기후변화협약에서는 지구 평균 온도 상승 폭을 산업화 이전 대비 1.5℃로 제한하자는 목표가 제시된 상태다.

다만 이런 노력을 기울이면서도 동시에 성장을 이루는 것은 불가능한 목표가 아니다. 나 원장은 유니레버(Unilever)와 바스프(BASF), 파타고니아 등의 기업이 훌륭한 선례를 보여주고 있다며 "유니레버에서는 2010년 폴 폴먼 회장이 등장해 '작은 변화가 큰 차이를 만든다(Small Change can make Big difference)'를 모토로 탄소 배출은 65%, 물 사용량은 47%를 줄였고, 바스프 역시 화학기업으로서 필연적인 환경오염을 무시하지 않고 직접 측정에 나서고 있다"고 소개했다. 그는 "이제는 경제 가치 외에 사회 가치까지 고려해야 존경받고 스마트한 기업이 될 수 있다. 다가오는 ESG 물결 속에 그대로 가라앉을지(Sinking), 적당히 수영을 하며 버틸지(Swimming), 아니면 그 위에 올라타서 선도하는 기업이 될지(Surfing) 선택할 시간"이라고 말했다.

나 원장은 "오늘날 기업에게 ESG는 하면 좋은 것에서 반드시 해야 하는 것으로 바뀌었다"며 "이처럼 닥쳐오는 ESG 태풍에 대해 각 기업이 공부(Study)하고 선택(Select)한 뒤 지지(Support)하는 행동(Act)까지 하는 3SA를 해야 작은 변화로도 큰 차이를 만들어낼 수 있다"고 강조했다.

류영재 서스틴베스트 대표

CSR가 자가발전이라면 ESG는 자본시장 메커니즘 함께 바뀌는 것

ESG는 연기금이 주도하는 것
자본 논리로 투자 원칙 바뀌어

"ESG는 'CSR 시즌 2'가 아닙니다. CSR가 자가발전이라면 ESG는 자본시장 메커니즘이 함께 바뀌는 것이죠."

류영재 서스틴베스트 대표는 ESG(환경·책임·투명경영)가 CSR(기업의 사회적 책임)와 동일한 개념이라고 여기는 시각은 완전한 오해라고 강조한다. 자본시장의 큰손이 함께 움직이기 때문에 ESG는 CSR보다 큰 파급력을 가질 수밖에 없다는 것이다.

"ESG는 연기금이 주도하는 거예요. 일반 펀드는 단기 수익률을 추구하기에 자발적으로 ESG를 고려할 수 없죠. 유럽, 캐나다, 미국, 일본 연기금들이 ESG 철학과 원칙을 세우고 운용사에 지침을 내려주니까 ESG가 확산하는 거예요. 래리 핑크 블랙록 회장이 개과천선해서 ESG 투자를 하는 게 아니예요. 블랙록이 운용하는 9조달러는 모두 연기금이 맡긴 건데 자금을 유치하기 위해선 그들의 요구를 맞춰야 하는 것이죠."

이에 류 대표는 한국 경제·산업계도 ESG 패러다임 전환에 발 빠르게 적응해야 한다고 주장했다. "OECD 국가 중에서 가장 숏텀 플레이하는 게 대한민국이거든요. 대한민국은 화석 기반 경제 모범생이었어요. 그 성공에 취하면 대한민국에 미래는 없습니다. 한국 맥락에 맞는 ESG 이슈에 천착해야 합니다."

투자자들이 ESG에 대한 경각심을 갖도록 하기 위해선 국민연금의 역할이 중요하다는 말도 덧붙였다. "국민연금의 철학이 바뀌지 않으면 여의도 투자자들은 ESG 투자를 절대 자발적으로 하지 않아요. ESG는 5~10년 퍼포먼스를 봐줘야 하는 건데, 한국에서는 투자자 압력이 너무 없는 거예요. 규제자 중심으로 산업이 발전해온 탓이죠. ESG를 개선하는 것은 시장 메커니즘이란 것을 명심해야 합니다."

소비자들의 ESG에 대한 요구도 날이 갈수록 강해질 수밖에 없다고 그는 예측했다. 바로 MZ세대(1980년대 초~2000년대 초 출생한 밀레니얼 세대와 1990년대 중반~2000년대 초반 출생한 Z세대를 함께 일컫는 용어)의 부상 때문이다.

"베이비부머 세대가 물러나고 MZ세대가 그 자리를 채우고 있죠. 우리 회사에는 2000년대생도 인턴으로 들어오고 있는데요. 완전히 다른 종족이라는 생각이 듭니다. 사고 방식이 달라요. 주요 대기업에서 성과급 배분을 두고 이들이 일어났죠. 연봉협상을 할 때면 자신들이 왜 그런 평가를 받았는지 로데이터(Raw Data·미가공 자료)를 요구한다죠. 베이비부머라면 상상도 못할 일이에요. MZ세대는 자신들의 가치와 세계관에 맞는 소비를 하고, 또 그런 투자를 하는 세대입니다."

인터넷의 발달도 ESG 확산을 가속화하고 있다.

"클릭 한 번으로 기업의 웬만한 정보를 다 얻을 수 있죠. SNS(소셜네트워크서비스)를 통해서 정보를 퍼나르고, 이해관계자들은 인터넷을 통해서 연대할 수 있어요. 기업이 이해관계자를 의식할 수밖에 없는 상황인 거예요."

ESG 경영을 경시한 기업의 사례로는 '디젤 게이트' 당시 폭스바겐을 들었다. 디젤 게이트는 2015년 9월 폭스바겐 AG 그룹의 디젤 배기가스 조작을 둘러싸고 벌어진 사건이다.

"디젤 게이트가 불거진 지 이틀 만에 폭스바겐 시가총액이 30조원가량 증발했어요. ESG 리스크가 곧 재무 리스크임을 보여준 사례죠. 환경 사고가 터지면 잘나가던 기업도 한 방에 훅 갈 수 있어요. 전 세계 3000개 기업이 발생시키는 환경 비용이 2조2000억달러예요."

그는 한국에 ESG가 정착하기 위해선 정부가 생태계를 조성해줘야 한다고 말했다.

"한국의 ESG 평가기준이 아닌 ESG 정보 공개 가이드라인을 조속히 제정하고, 이에 근거한 상장회사 ESG 정보 공개 시기를 당초 계획보다 앞당겨야 합니다. 객관적 평가는 신뢰할 만한 정보를 전제로 하기 때문입니다. 제3자로부터 검증된 객관적 ESG 데이터는 평가의 출발선인 셈이죠. 유럽은 이미 2018년부터 500인 이상 상장사의 비재무정보 공개제도를 도입했고, 일본도 조만간 ESG 정보 공개를 유도하기로 했어요. 우리도 상장사 ESG 정보 공개 시기를 앞당기지 않으면 대다수 글로벌 장기펀드들의 외면을 받을 거예요."

韓도 화석경제 성공 신화 잊고 새로운 패러다임에 적응해야

ESG 전문 리서치 회사인 서스틴베스트는 연기금을 비롯한 기관 고객사에 ESG를 분석해주고 운용전략을 제시한다. 2019년 말 기준으로 국내 SRI(사회적 책임투자) 시장 안에 서스틴베스트 고객사가 판매 중인 펀드는 30조원을 넘는다. 서스틴베스트 ESG 평가 모델은 연간 1000개 이상 상장사의 기업 보고서, 공시, 뉴스, 공공부문 데이터를 아우른다. 대규모 정보를 수집하는 과정을 자동화하고, 알고리즘 수준을 지속적으로 높여 ESG 평가에서 발생할 수 있는 실수를 최소화한다. 산업별로 가치가 창출되는 부문마다 ESG 성과를 측정하는 것이 특징이다. 특히, 한국에 맞는 ESG 평가가 필수적이라는 철학을 기반으로 삼아 글로벌 기준과 국내 특수성을 균형 있게 반영했다.

윤순진 서울대 환경대학원 교수

기업 스스로가 기후변화 완화에 먼저 나서야

RE100에 참여하는 일은
경영진이 리더십을 행사하는 기회

"ESG(환경 · 사회 · 지배구조) 경영은 선택이 아니라 필수입니다. 특히 재생에너지 활용을 통한 기후위기 대응이 핵심입니다."

윤순진 서울대 환경대학원 교수는 2021년 4월 말 매일경제와 환경재단이 공동 기획한 '제1기 ESG 리더십 과정'에 '기후환경 위기 시대, 기업의 도전과 기회'를 주제로 한 발표에서 "ESG 경영은 변화하는 기후규제에 능동적으로 대응하는 게 중요하다"며 이같이 밝혔다. 윤 교수는 "기업 스스로가 기후변화 완화에 나서야 한다"며 "이를 통해 (기후변화로 인해) 고통당하는 취약계층에 일종의 에너지 복지를 제공하는 것도 ESG 경영의 한 요소로 볼 수 있다"고 강조했다. 그는 기후문제에 대해 "자본과 기술이 부족한 개발도상국에서 기후문제가 더 심각하게 발생하고 있다"며 "그 피해는 가난하고, 생물학적으로 열악한 사람들에게 가장 먼저 간다"고 설명했다. 이어 "(기후문제는) 속도와 시간문제일 뿐 현재 처한 기후 위기는 벗어날 수 없다"며 "결국 선진국과 개도국 모두 기후 위기에 대응하지 않으면 안 되는 상황에 놓였다"고 덧붙였다. 특히 산업부문에서 배출되는 온실가스량이 상당해 기업의 참여가 절실하다고 했다.

국내 업종별 온실가스 배출량과 관련해서는 철강업이 압도적으로 많다고 했다. 그는 "포스코가 우리나라 배출량의 10.2%를 차지할 정도로 많다"며 "공정상 배출되는 것인데, 지금 철강업에서 수소를 활용하는 게 굉장히 중요한 과제가 됐다"고 말했다. 이어 "미국과 유럽에 이어 우리나라도 탄소중립을 말하기 시작했다"며 "아직까지는 출발선에 서있는 단계"라고 했다.

윤 교수는 이를 해소하기 위한 기업들의 에너지 전환 노력으로는 가장 먼저 'RE100(사업전략의 100%를 재생에너지로 충당하는 기업)'을 꼽았다. 그는 "RE100에 참여하는 일은 경영진이 리더십을 행사하는 기회가 될 수 있다"고 말했다. 현재 RE100에는 전 세계 309개 기업이 참여하고 있다. 2020년 말 참여

기업 수는 280개였지만, 2021년 들어서만 30개 가까이 늘어난 것이다. 지금도 계속 증가하는 추세다. 국내 기업으로는 SK그룹 6개사와 아모레퍼시픽, LG에너지솔루션 등이 가입해 있다. RE100에 참여한 기업 중 이미 목표를 달성한 기업은 53개이고, 목표의 90%까지 달성한 기업도 65개에 이른다. RE100뿐만 아니라 EV100도 소개했다. EV100은 기업에서 쓰는 업무용 차량을 모두 전기차로 대체한다는 목표를 두고 있다.

윤 교수는 기업의 적극적인 참여를 호소했다. 그는 "국내에도 녹색프리미엄, 전력 구매 계약(PPA) 등이 생겼다"며 "과거에는 한국전력공사만 전력을 구입할 권한이 있었지만 지금은 소비자인 기업이 재생에너지 발전사와 직접 계약을 해서 살 수 있다"고 말했다. 그만큼 의지만 있으면 기업 스스로 재생에너지 100%를 충족할 수 있다는 의미다. 그러면서 "에너지 체계의 변화는 에너지원만 바꾸는 게 아니라 에너지를 사용하는 방식부터 우리들의 생활습관, 사고체계까지 다 바꿔야 한다"며 "에너지 전환은 매우 민주적인 가치가 담겨 있다"고 힘줘 말했다.

이와 함께 '기후 난민'이 아닌 '기후 시민'이 돼 달라는 당부도 했다. 시민 스스로가 기후변화에 대한 교육자가 되자는 취지에서다. 윤 교수는 "예전에는 '님비(NIMBY · Not In My BackYard)'가 있었다면 최근에는 '임비(YIMBY · Yes In My BackYard)'라는 구호가 생겼다"며 "시민 스스로 기후 친화적인 삶을 실천하거나 에너지 생산자가 돼가고 있다"고 전했다.

이와 함께 "덴마크 등에서는 시민이 재생에너지를 얼마나 소유했느냐가 정치인들에게 큰 영향을 준다"며 "이제는 정치뿐 아니라 '화폐 투표'를 잘해야 할 때"라고 강조했다. 그러고는 "소비는 매일 화폐로 하는 일종의 경제 투표"라며 "고효율 제품이나 재활용

시민 스스로 기후 친화적 삶을 실천하거나 에너지 생산자 돼

가능 제품, 폐기물 감량 제품 등을 직접 구매하거나 탄소 배출을 줄이려고 노력하는 기업들의 제품을 사주는 행위가 이에 해당한다"고 덧붙였다. 또 "환경 · 에너지 비용을 제대로 부담해야 한다"며 "지금 제대로 하지 않으면 후대에 부담이 넘어갈 수 있다"고 지적했다.

낮은 수익성 탓에 기업들의 재생에너지 투자가 쉽지 않다는 일부 비판에 대해서는 "국내 기업들이 재생에너지에 투자하고 있지만 구조적으로 수익을 내기 어렵다"며 "가장 큰 이유는 전기요금이 매우 저렴하기 때문"이라고 설명했다. 이어 "그렇기 때문에 환경 · 에너지 비용을 제대로 부담하도록 체계를 만들어야 한다"며 "RE100 특구를 지정하든지 전기요금의 정상화를 추진하든지 해야 한다"고 덧붙였다. 또 "외국의 경우 농촌을 중심으로 에너지 자립 마을이 생겨나고 있다"며 "우리나라도 전기를 생산 · 판매하는 농촌으로 바뀌어야 한다"고 했다.

다만 기업들의 에너지 전환 과정에서 주의해야 할 부분도 있다고 전했다. 윤 교수는 "전기차 구매가 지속적으로 늘고 있고, 노르웨이의 경우 2020년 판매차의 54%가 전기차라고 한다"며 "우리나라도 2020년 전기차 구매량이 전년 대비 50% 증가했다"고 말했다. 그러고는 "내연기관 차량을 제조하지 않겠다는 국가들이 많아지고 있는데, 이는 관련 제조업체가 많은 우리나라에 심각한 영향을 줄 수 있다"며 "전기차는 내연기관차에 비해 들어가는 부품 수가 3분의 1밖에 안 되기 때문에 새로운 시장이 열리는 동시에 손실을 입는 기업도 생길 수밖에 없다"고 했다.

사진제공=환경재단

원종현 국민연금 기금운용위 투자정책위원장

ESG는 글로벌 시장서 기업의 지속가능성·경쟁력 담보하는 전제

수탁자 책임을 다하기 위한 방법으로
ESG의 중요성 점차 커져

"국민연금기금은 투자를 결정하는 과정에서 중장기적인 수익성·안정성·공공성을 추구해 국민노후보장을 위한 수탁자책임을 다하고자 합니다." 원종현 국민연금 기금운용위 투자정책위원장은 매일경제와 환경재단이 공동 주최한 ESG 리더십 과정에서 'ESG'라는 단어를 우선적으로 말하지 않았다. 소수의 돈이 아니라 모든 국민이 내는 돈이기에 이해관계를 상시적으로 체크하고 기업가치 향상과 장기 수익을 높이는 데 주안점을 두는 것이 먼저라는 설명이었다. ESG는 국민의 돈을 관리하는 국민연금 시각에서 봤을 때 그 자체로 목적은 아니라는 것이다. 하지만 그러면서도 원 위원장은 "실질적으로 ESG가 글로벌 시장에서 각 기업의 지속가능성과 경쟁력을 담보하는 전제라는 것을 깨닫고 있다"며 "ESG를 제대로 하지 못해 해외에서 경쟁력이 떨어진다면 이는 국민연금 입장에서도 손해"라고 말했다. 국민연금의 시각에서도 ESG의 중요성이 점차 대두되고 있다는 것이다.

물론 그의 말대로 국민연금이 한순간에 ESG를 위해 방향을 트는 것이 쉬운 일만은 아니다. 현재 시점에서 국민연금 기금은 규모만 두고 봤을 때 GPIF(일본공적연금), GPFG(노르웨이 국부펀드)와 함께 세계 3대 연기금으로 꼽힐 정도로 덩치가 크다. 800조원을 훌쩍 넘는 국민연금 기금 규모는 국내 증시 시가총액(코스피·코스닥 합산 약 2500조원)의 3분의 1 수준에 달할 정도다.

원 위원장의 말에 따르면 2020년 국민연금은 국내 19개 기업에서 1대 주주, 150개 기업에서 2대 주주 자리를 맡아 국내 주식시장에서 대주주, 주요 주주로서 역할을 해왔다. 당연히 기존의 재무적 평가 요소에 ESG 평가까지 더하는 것은 커다란 부담이기도 하고 도전 과제일 수도 있다. 원 위원장은

"시장 상인들도 국민연금 가입자이긴 하지만 국민연금을 직접 투자받는 기업에 다니는 가입자는 약 10%에 불과하다"며 "결국 국민연금은 ESG나 개별 기업보다 가입자 전체, 국민에 대한 책임을 우선할 수밖에 없다. 해외 유명 기금들은 월스트리트의 룰을 지키지 않는 기업이 있다면 투자를 물리면 되지만 국내에서 활동하는 기업들에게 국민연금이 그렇게 할 수도 없지 않느냐"고 반문을 던지기도 했다.

그럼에도 원 위원장은 ESG가 시장의 대세로 자리잡으면서 수탁자책임을 다하기 위한 방법으로, ESG의 중요성이 점차 커지고 있는 것은 사실이라고 인정했다. 국민연금 기금운용위원회는 국민연금의 최고 의사결정기구로서 산하에 수탁위, 투자정책위, 위험관리위 등 3개의 전문위원회를 두고 있다. 이 중에서도 수탁위는 국민연금의 책임투자, 보유 상장주식에 대한 주주권 행사 등에 관한 사항을 정하고, 그 결과를 국민연금 기금운용위원회에 보고하는 역할을 맡고 있다. 원 위원장은 "그동안 기관투자자로서 역할이 부족했다는 내부적인 반성을 하고 있고, ESG를 통해 각 기업의 부정적 외부효과를 제거하고 이익을 늘릴 수 있다는 것을 배우고 있다"고 말했다. 현재는 ESG 분야를 상시 모니터링하고 매주 보고서를 받고 있다고 밝힌 원 위원장은 "예를 들어 산재가 계속 발생하는 기업이 있다면 지속적인 모니터링 및 중대성 평가 결과 반영을 하고, 이를 정기 주주총회 때 판단 기준으로서 적용하기도 한다"고 밝혔다.

과거 외환위기를 겪으며 IMF(국제통화기금)의 신세를 져야 했던 나라인 한국은 대기업의 지배구조를 바로잡는 노력을 하는 등 G 분야와 관련한 제도 정비는 상대적으로 빠르게 이뤄졌지만 여전히 환경(E)과 사회적 지속가능성(S)에서는 부족한 부분이 많다는 평가를 받고 있다. 원 위원장 역시 "E와 S를 제대로 하기 위한 바람직한 G가 먼저 구성되어야 한다"고 못박으며 "지금까지는 G를 중점적으로 보고 횡령 배임 등 경제범죄에서는 즉각적으로 개입하는 식으로 임해왔지만 이제 E와 S도 더욱 신경을 쓸 단계"라고 말했다.

국민연금 자체적으로 ESG 평가 위한 기준 만들어갈 예정

국민연금은 현재 E 분야에서 기후변화를 중점적으로 관리하고 있다. 원 위원장은 "주요 기업의 온실가스 배출량, 에너지 소비량 등 자료를 체크하고 있다. 이런 부분에 가중치를 주고 있는데 심하면 ESG 등급을 조정하고 주식운용역에 정보를 제공한다"고 말했다. 또한 S 분야에서는 인적자원관리 및 인권, 산업안전 부분을 2021년부터 더욱 강조할 계획이다. "우선 산재 다발 산업장을 따로 지정하고, 하도급거래와 제품안전, 공정경쟁 및 사회발전 등도 볼 예정"이라는 말이 따라붙었다.

다만 글로벌 시장에서 통용될 수 있는 ESG 기준이 아직 마련되지 않은 부분에 대해서는 원 위원장도 우려를 하고 있다. "치타보다 빠른 게 비행기고 그보다 빠른 게 광속이며 제일 빠른 건 ESG 전문가가 등장하는 속도"라고 꼬집은 원 위원장은 "ESG 원칙을 확립하는 것이 중요한데 국민연금에서 말하는 ESG는 각 기업에서 말하는 것보다 소극적일 수밖에 없다"며 "국민연금 자체적으로도 지금까지 주먹구구식이 많았던 ESG 평가를 위해 세부적인 공부를 지속해 2021년 상반기 내지는 늦어도 내년 정도까지는 나름대로의 기준을 완성할 예정"이라고 말했다.

이재혁 고려대 경영학과 교수

절차적 공정성과 사회적 정당성 이끌어내는 것이 ESG의 핵심

기업 존재 이유는 이윤 창출…
ESG는 그 과정이 '지속가능'할지 평가하는 것

"한밤중에 폐수를 버리고 직원을 함부로 대하는 기업이 지속가능할까요? 그렇지 않습니다. 기업은 지속가능해야 하고 ESG는 그 지속가능성을 판단할 수 있는 기준입니다. 기업이 이윤을 창출하는 과정에 ESG라는 초점을 맞추고 있습니다. ESG는 결코 새로운 것이 아닙니다."
ESG 전문가로 꼽히는 이재혁 고려대 경영학과 교수는 매일경제와 환경재단이 공동 주최한 'ESG 리더십 과정'

에서 이와 같이 말했다. 최근 많은 전문가들이 ESG 시대를 맞아 비(非)재무가치에 역량을 쏟아야 한다고 주장하지만, 이 교수는 기업의 존재 이유가 이윤 창출이라는 것을 잊지 말아야 한다고 강조했다. 그 이윤 창출 과정에서 '절차적 공정성'과 '사회적 정당성'을 확보해야 하는데 바로 이것이 ESG의 핵심이라고 강조했다.

이 교수는 급등하는 아마존 주가와 아마존 직원들이 회사에 항의하는 상황을 예로 들었다. 아마존의 주가는 이 회사의 재무가치를 대변한다. 반면 직원들의 항의 시위 여부를 통해 기업의 지속가능성을 비재무적 가치로 판단할 수 있다. 이 교수는 "기업의 재무적 가치가 아무리 크다고 하더라도 ESG로 대변되는 비재무적 가치가 낮은 경우, 그 기업의 지속가능성은 결코 낙관할 수 없다"고 말했다.

그는 ESG 시대가 도래했으니 ESG와 관련한 신사업을 구상한다는 식의 발상을 경계해야 한다고 조언했다. 이 교수는 "ESG는 기업이 절차적 공정성과 사회적 정당성을 이끌어냈는지가 핵심이지, 새로운 제품을 만드는 게 아니다"라고 강조했다. 소셜네트워크서비스의 비약적인 발전으로 과거와 달리, 기업과 이해관계자 간의 정보 비대칭성이 급격히 줄어들면서 기업의 ESG 경영에 대한 사회의 관심이 급증한 것에 주목했다. 미국 아웃도어 브랜드 '파타고니아'의 미션을 살펴보자. 이 교수는 "파타고니아는 최근 회사의 미션을 '우리는 지구를 구하기 위해 사업을 하고 있다'로 바꿨다"며 "최고의 제품을 만들어 이윤을 창출하는 것은 기본이지만, 그 과정에서 환경을 파괴한다면 회사의 비즈니스 모델 그 자체가 지속가능하지 않기 때문에 시대적 변화에 따라 환경보호의 중요성을 깨달은 것"이라고 말했다. 코로나19 확산으로 사회적 거리두기가 새로운 사회 현상으로 자리 잡았고, 글로벌 가치사슬의 재편이 이뤄지는 등 기업의 외부 환경이 바뀌고 있다. 과거에는 누가 값싼 제품을 제공하느냐가 파트너십 체결 여부를 결정했지만, 이제는 '나는 ESG를 잘하고 있는데 혹시 협력사 때문에 내가 피해를 받지 않을까' 라는 걱정도 생길 수 있다.

중소기업들 위험한 상황에 놓여
대기업, 협력사 택할 때 더 엄격해진다

이 영향으로 중소기업이 가장 위험한 상황에 놓여있다고 그는 우려했다. 대기업이 협력사를 선정할 때 앞으로 더 까다로워질 것이라는 이유에서다. 이 교수는 "애플은 RE100 정책을 통해 자사의 전력 수요 100% 이상을 재생에너지로 충당하는 프로그램을 가동하고 있다"면서 "글로벌 공급망에도 이를 적용해 대만 폭스콘을 포함한 협력업체들에게 연쇄적인 영향을 끼치고 있다"고 언급했다. 글로벌 공급망 관점에서 우리나라 기업들도 원청업체 혹은 협력업체로서 RE100으로 대변되는 새로운 ESG 추세에 적극 대응할 필요가 있고, 이를 위해 국내의 관련 법규도 재검토해볼 필요가 있다고 말했다.

이 교수는 많은 이윤을 창출하는 기업에 대해 사회가 달갑지 않은 시선을 보낸다면 그 이유가 무엇인지 돌이켜봐야 한다고 지적했다. 절차적 공정성을 준수하지 않고 사회로부터 정당성을 이끌어내지 못한 것이 그 이유인지 자문해봐야 한다. 그때 사용할 수 있는 세 개의 망원경이 ESG라고 이 교수는 강조했다. 그는 "ESG는 전혀 새로운 것은 아니지만 그

중요성을 파악해야 한다"고 말했다.

세계적 화학회사인 독일 BASF는 자사 제품 4만 5000개에 대해 탄소발자국 정보를 제공하겠다고 했는데, 다른 경쟁사는 그것조차 할 수 없기 때문에 소비자는 BASF의 정책에 동조하고 그 회사의 제품을 살 개연성이 높다. BASF가 이런 전략을 추구하려는 것은 환경보호라는 대의명분과 함께 탄소발자국을 줄일 수 있는 나름의 역량을 갖추었다는 것으로 이해할 수도 있다. 우리나라 기업들도 각자의 핵심역량을 더욱 발전시켜 ESG 시대에 새로운 이니셔티브를 제시할 수 있도록, 기업과 정부가 함께 지혜를 모으는 게 중요하다는 것이 이 교수의 뼈 있는 주문이다.

유럽에서는 자국 기업의 경쟁력이 갖춰진 상황에서 입법이 추진되는 경향이 있다. 자국의 글로벌 선도 기업들을 중심으로 많은 이니셔티브가 양산되고 정부가 관련 정책을 밀고 있다. 유럽 기업의 자생력이 없다면 유럽 정부 차원에서 입안하지 않았을 것이라는 얘기다. 이런 사례처럼 한국도 다른 나라에 휘둘리기보다는 우리가 잘할 수 있는 것을 먼저 찾는 게 우선적인 사항인 것으로 보인다.

ESG 열풍이 빠르게 확산되는 상황이지만 자기 회사의 사정을 차분히 살펴보고 개별 기업에 따른 차별화 전략을 세우라는 조언도 잊지 않았다. 그는 "한국의 많은 기업들이 ESG를 추진하는 과정에서 유사한 방향으로 가고 있다"고 평가했다. 이 교수는 "ESG를 전략적으로 활용한다면, 개별 기업의 ESG 전략은 다를 수밖에 없다. 지금까지는 ESG위원회를 만들고 외부 전문가를 영입하는 등 유사한 행보를 보이고 있다"면서 "자기 회사를 돌아보고 가장 적합한 전략을 세워 ESG라는 새로운 시대적 요구에 잘 적응하길 바란다"고 말했다.

ESG
인사이트 *07*

임대웅 UNEP FI(금융 이니셔티브) 한국대표

최근 지속가능경영의 핵심은 '기후변화 대응과 탄소중립'에 맞춰지고 있어

TCFD 기반 재무분석을 통해 기후 리스크 관리 강화

"국내 철강회사 P사가 현재 수준으로 탄소를 배출한다면 2030년엔 연간 6조원의 규제준수비용을 지출해야 합니다."

임대웅 UNEP FI(금융 이니셔티브) 한국대표는 매일경제와 환경재단이 공동 주최하는 ESG 리더십 과정에서 이같이 말했다. 임 대표는 ESG(환경 · 사회 · 지배구조) 분야 최고 전문가 중 한 명으로 꼽힌다. 그는 "'ESG 1.0'에서 'ESG 2.0'으로 전환하는 시대에 우리가 살아가고 있다"고 말했다. UN환경계획 국제이니셔티브는 2005년 금융투자를 할 때 ESG를 고려하는 것이 '수탁자책무(Fiduciary Duty)'에 대한 책임 있는 투자'라는 법률 해석을 제시하며 ESG를 공식 용어로 사용하기 시작했다. UN은 2006년 책임투자원칙(PRI · Principles for Responsible Investment)을 통해 ESG를 금융의 국제 표준으로 제정했다. 2020년 말 기준 운용 규모 약 11경4000조원에 달하는 전 세계 3038개 기관투자가들이 PRI에 가입했다. 이것이 'ESG 1.0'의 시초다.

임 대표에 따르면 'ESG 1.0'은 경영자가 자발적으로 ESG 경영을 시도하는 것이 아니라 투자를 받는 측으로부터 요구받거나 경영진의 자발적 경영적 판단에 의해 이뤄졌다. 또 비재무적 측면에서만 중요성이 강조됐다. 하지만 'ESG 2.0'에서는 기후변화 이슈가 본격적으로 제기되며 중앙은행과 금융감독당국의 감독이 강화되기 시작한다. ESG를 고려하는 것이 법적 책임이 됐고, 의무로 여겨지는 셈이다.

우리나라 국민연금은 2006년부터 투자에서 '책임투자'를 고려하기 시작했다. 2022년에는 전체 기금의 50%인 400조~500조원가량을 투자 및 운용할 때 ESG를 고려할 예정이다. 선진 금융기관들은 UN 파이낸스 이니셔티브를 중심으로 투자, 보험, 은행부문의 3가지 지속가능금융원칙을 제정했다. 먼저 책임투자원칙(PRI)은 투자 분석과 의사결정에 있어 ESG에 대한 이슈를 통합하는 것이다. 지속가능보험원칙(PSI)은 보험 비즈니스와 관련한 의사결정에 ESG 이슈를 통합하는 것을 의미한다. 고객 및 비즈니스 파트너와 함께 ESG 이슈에 대한 인식을 제고하고 리스크를 관리하며 솔루션을 개발한다. 책임은행원칙(PRB)은 은행의 비즈니스 전략을 파리 기후협정 및 관련 국가 · 지역 프레임워크와 같은 사회목표에 일치시키고 기여하는 것을 의미한다.

임 대표에 따르면 최근 지속가능경영의 핵심은 '기후변화 대응과 탄소중립'에 맞춰지고 있다. 국제통화기금(IMF)은 2019년 10월 '기후변화를 억제하는 재정정책'을 촉구하며 각국 재무장관에게 탄소세 인상을 요구했다. 내용은 현재 탄소세를 도입 중인 50개국이 2030년까지 1톤당 75달러까지 인상해야 한다는 것이다.

국제결제은행(BIS)은 2020년 1월 기존 정책(탄소세)만으로는 기후변화 대응에 역부족이라고 판단했다. 이에 따라 중앙은행이 지속가능금융정책과 새로운 기후변화 재무 리스크 식별 방법론을 구상할 것을 요구했다.

G20 재무장관과 중앙은행장 회의 요청에 따라 금융안정위원회(FSB)는 금융기관이 보다 나은 기후변화 정보를 토대로 금융서비스를 제공할 수 있도록 기업의 기후변화 관련 재무정보 공개를 요구하는 TCFD (Task Force on Climate−related Financial Dis−closure) 권고안을 발표했다. TCFD는 기후변화를 재무영역에서 통합시키는 가장 강력한 표준으로 현재 자리 잡았다. 2021년 기준 총 1755개 글로벌 기관이 TCFD 지지를 선언했고, 이 중 금융부문은 859개 기업에 달한다. TCFD 권고사항은 거버넌스, 전략, 리스크관리, 메트릭스 등 목표에서 4가지 핵심 요소를 제시했다. 특히 전략 요소를 위해 미래 시나리오 기반의 리스크 평가가 필요하다.

해외 금융기관들은 은행 여신 프로세스에 TCFD를 반영하고 나섰다. 은행이 보유한 포트폴리오별로 탄소자산이 차지하는 비중을 측정하고, 업종별 익스포저를 공개하는 것이다. 또 녹색경제활동 관련 대출

자산 포트폴리오의 탄소 배출량 정확히 산정하고, 탄소중립 목표 설정

과 투자의 비중, 온실가스 배출 현황 등을 투자자들에게 제공한다.

우리나라의 경우 2021년 ESG와 관련해 기업들이 투자를 적극 늘려나가고 있지만 외국, 특히 유럽 등과 비교하면 늦은 것이 사실이다. 임 대표는 국내 철강업종 P사의 2℃ 시나리오를 분석했다. P사는 2019년 기준 8024만t을 연간 배출하고 있는데 만약 IMF의 제안대로 2030년까지 이 수준을 유지할 경우 연간 약 6조원을 규제준수비용으로 지출해야 하는 셈이다. 이는 현재 P사의 당기순이익 1조9800억원의 약 3배를 차지하는 규모다.

우리나라는 2019년부터 금융당국과 범정부, 국회 등의 적극적 참여로 녹색금융이 제도화되고 있다. 금융감독과 규제체계에 기후 리스크를 반영하고 TCFD 기반 환경정보 공시 요구가 더 강화될 것이라는 게 임 대표의 전망이다.

임 대표는 기업들에 TCFD 추진을 위한 제언을 했다. 우선 파리기후협정이 2021년 1월부터 발효되고 바이든의 기후변화 써밋, P4G 써밋 등 굵직한 이벤트를 계속 열 예정이다. 기업은 이런 주요 회의체에서 나오는 목소리에 귀를 기울일 필요가 있다. 또 탄소중립과 기후금융 관련 글로벌 스탠더드에 적극 참여해야 한다. 무엇보다도 자산 포트폴리오의 탄소 배출량을 정확히 산정하고, 국제 표준 기반 포트폴리오 탄소중립 목표를 설정해야 한다. TCFD 기반 재무 분석을 통해 기후 리스크관리를 강화하는 한편 탄소중립과 저탄소 비즈니스 포트폴리오로 전환해 나가는 데 투자를 아끼지 않아야 한다.

임성택 지평 대표변호사

ESG의 'S'는 이해관계자와 관련된 이슈로 봐야

현재 시장에선 여성 임원뿐 아니라 여성 활약 지수(Women Index)도 요구

"ESG 경영은 '착한 기업'을 만들기 위한 경영이 아니라 중장기 수익을 높여 기업가치를 올리기 위한 경영이다. ESG의 'S'는 사회적 가치로 자주 표현되지만, 이는 이해관계자와 관련된 이슈로 보는 것이 옳다."

ESG 전문가인 임성택 지평 대표변호사가 기업의 ESG 경영에 대해 가장 강조한 점이다. 임 변호사는 기업들이 가장 명심해야 할 점으로 꼽은 건 ESG가 '시장의 요구'에 따라 시작된 흐름이라는 것이다. 법이나 규제로 인해 기업들이 부담해야 할 비용이 늘어난 게 아니라, 기업들이 중장기 수익을 위해 시장에서 원하는 수요에 맞추는 것이라고 생각해야 한다는 의미다.

우선 임 변호사는 S에 포함되는 이해관계자들을 직원, 협력회사, 고객, 지역사회, 인권경영 등으로 나눴다. 이 중 가장 가까운 이해관계자인 직원은 다시 한 번 인적자본(Human Capital)과 다양성·형평성·포용성(DE&I)으로 나눴다.

인적자본은 기존에 근로자를 인적자원(Human Resource)으로 보던 시각에서 벗어난 개념이다. 근로자를 자본주의의 최고 핵심인 '자본'으로 보기 시작한 것이다. 이미 미국에선 DE&I의 중요성이 점점 부각되고 있다는 게 임 변호사의 설명이다. 이는 ESG에서 주목받는 개념인데, 특히 미국에서 BLM(Black Lives Matter) 운동이 시작되고 사회 전반적으로 인종문제를 돌아보게 된 후 더 각광 받았다. 미국 유수 기업들의 임원들이 모두 백인이라는 사실이 밝혀진 후엔 기업들이 나서서 인종정책을 수정하거나 다양성 보고서를 발간했다. 마이크로소프트는 DE&I 정책을 위해 흑인 임원 비율을 2배 늘리고 다양성과 포용성 분야에 약 1억5000만달러를 투자하기로 결정했다. 또 테스코는 다양한 피부톤의 붕대를 출시하기도 했다.

반면 임 변호사에 따르면 우리나라 기업들은 더 노력이 필요한 상황이다. 법적으로 한국 기업들은 반드시 여성 임원을 둬야 한다. 기업 입장에서 여성 임원을 두는 건 어렵지 않지만, 현재 시장에선 이를 넘어 여성 활약 지수(Women Index)까지 요구하고 있다. 법과 상관없이 여성 임원 비율을 높여야 한다는 뜻이다. 현재 우리나

유럽연합(EU)은 기업들에게 '인권 실사'를 하겠다고 얘기하고 있는 상황

라는 장애인 고용률도 낮다.

임 변호사가 뽑은 두 번째 이해관계자는 '협력사'다. 협력사는 원청 기업의 공급망을 구성하고 있기 때문에 중요하다. ESG 시대에선 공급망에 들어있는 하청업체의 잘못에도 원청업체의 책임이 있다고 보기 때문이다. 법적 책임이 없어도 시장에서 책임을 요구하는 것이다.

임 변호사는 대표적으로 네슬레의 사례를 들었다. 과거 네슬레의 하청업체 중 한 곳이 오랑우탄 서식지를 파괴했다며 그린피스에서 네슬레의 초콜릿 광고를 패러디한 영상을 뿌렸다. 이에 네슬레는 법적 책임이 없었던 만큼 영상 상영 금지 가처분 신청을 냈고 법원은 이를 받아들였다. 하지만 오히려 동영상은 더 빠르게 퍼졌고 큰 위기에 빠졌던 네슬레는 책임 구매(Responsible Sourcing) 시스템을 구축하게 됐다.

다음 이해관계자는 '고객'이다. 고객과 관련된 가장 큰 이슈는 '접근성'이다. 모든 고객이 제품이나 서비스를 이용할 수 있어야 한다는 뜻이다. 임 변호사는 이를 설명하기 위해 스타벅스의 사례를 활용했다. 스타벅스는 법적 의무가 없던 매장에도 휠체어나 유모차가 편하게 들어갈 수 있도록 구성했다. 스타벅스는 단순 커피가 아닌 따뜻함과 소속감을 준다고 마케팅하고 있다. 같은 맥락에서 성 소수자, 노인, 장애인 등이 모두 환영 받도록 매장을 만들고 있는 것이다. 이를 위해 스타벅스는 큰 글자 메뉴를 만들거

나 점원이 수화로 이야기하는 매장을 열기도 했다.

네 번째 이해관계자로 임 변호사는 '지역사회'를 뽑았다. 이는 기업들이 지역사회를 위해 사회적 문제 해결에도 나서야 한다는 의미다. 대표적으론 코카콜라가 아프리카에 만든 매뉴얼 유통 센터(MDC)가 있다. 아프리카엔 도로가 깔리지 않아 트럭이 가지 못하는 지역이 많다. 코카콜라는 사람들이 자전거나 손으로 코카콜라를 배송할 수 있도록 유통망을 만들었다. 이를 통해 아프리카의 많은 사람에게 일자리를 제공했다. 심지어 35%는 여성 직원을 채용했다. 이 유통망을 사용해 코카콜라가 전개한 '라스트 마일 프로젝트'도 유명하다. 아프리카 어디에도 닿는 코카콜라 유통망을 활용해 의약품 보급에도 나선 것이다.

임 변호사는 사회적 문제 해결과 기업의 이익을 연결시킨 '임팩트투자'도 강조한다. 강연에서 두 임팩트투자 사례를 들었다. 먼저 180여 개국, 780만 명 이상의 학생에게 직업훈련 교육을 제공한 시스코의 아카데미다. 이는 실제 시스코의 이익으로 이어졌다. 교육을 개발도상국 국민들이 기술에 대해 알게 되며 새로운 고객으로 떠올랐기 때문이다. 테슬라가 1등에게 560억원을 준다고 선언한 탄소포집기술 공모전도 임팩트투자 사례다. 테슬라는 사회적 문제를 해결하며 동시에 신사업 기회를 탄소포집기술에서 찾고 있는 것이다.

ESG 시대에선 인권경영도 중요하다는게 임 변호사의 설명이다. 실제로 유럽연합(EU)은 기업들에게 '인권 실사'를 하겠다고 얘기하고 있는 상황이다. 여기엔 해당 기업뿐 아니라 공급망에 포함된 협력업체들도 포함된다. 이로 인해 유럽 시장을 공략하고자 하는 기업들은 보다 인권경영을 생각해야 하는 시대가 왔다.

조윤남 대신경제연구소 대표

지배구조 투명화는
합리적 의사결정구조와
이에 따른 통제 시스템이 핵심

기업의 ESG 순위 세우기에
관심을 덜 가질 필요도 있어

2021년 5월 대신경제연구소는 국민연금 ESG (환경 · 책임 · 투명경영) 평가 데이터 및 리서치 용역 사업자로 최종 선정됐다. 대신경제연구소가 해당 사업자로 뽑힌 건 전년도에 이어 2년 연속이다. 다수 ESG 평가기관이 도전했던 해당 용역 사업자로 연속해서 선정된 비결을 묻자 조윤남 대신경제연구소 대표는 "나를 포함한 주요 구성원들이 증권사 애널리스트 출신"이라며 "우리의 금융투자업에 대한 이해가 좋게 평가됐다고 생각한다"고 밝혔다.

대신경제연구소는 전통적으로 정보기술(IT)이 뛰어나다는 평가를 받아왔다. 대신경제연구소 ESG 평가 모델은 200여 개의 지표를 가지고 해당 기업이 속해 있는 산업의 특성을 고려하여 ESG를 평가하고, 기업의 활동영역과 네거티브 이슈들을 균형 있게 고려해 반영한다.

조 대표는 "ESG 평가 모형을 보다 수준 높게 업그레이드해서 시장의 난제인 ESG와 경영 · 투자성과의 연결고리를 찾겠다"고 강조했다.

2021년 1월 국제신용평가사 무디스(Moody's)가 국가별 ESG 평가 결과(ESG 요소가 국가신용등급에 미치는 영향)를 발표했다. 우리나라는 144개 국가 중 ESG 평가 등급이 1등급으로 나왔다. 환경과 사회는 2등급, 지배구조는 1등급이었다. 주요 매체는 이를 코로나 위기에 대한 대처가 적절했다는 평가 때문인 것으로 보도하고 있다. 우리와 같이 1등급을 받은 국가는 덴마크, 독일 등이며, 2등급은 미국, 영국, 호주 등이다. 하지만 스위스 소재 ESG 평가기관 로베코샘(RobecoSAM) 등에 따르면 아직도 한국의 ESG는 북미와 유럽 주요 선진국 대비로는 낮은 위치에 있다.

조 대표는 "ESG의 세 가지 영역에서 우리나라가 해외보다 잘하고 있다고 단언하기는 힘들다"면서 "가장 우선적으로 대응해야 할 영역은 환경(E)부문"이라고 강조했다. 온실가스 저감 등 기후변화에 가장 우선적으로 대응해야 한다는 것이다. K-RE100(한국형 RE100)을 도입하는 등 국내 기업들도 기후변화 대응을 위해 많은 노력을 기울이고 있다.

'이사회 독립성 최우선으로 하다 보면 전문성 간과' 주의해야

과거 해외에선 한국의 지배구조(G) 개선이 필요하다는 시각이 지배적이었다. 재벌 개혁의 필요성, 충분한 소유와 경영의 분리가 필요하다는 점, 소액주주 보호 등이 지배구조 개선의 주요 이슈로 지적됐지만, 최근 수년 전에 비해 분명히 개선됐다는 평가가 많다.

실제 이사회의 다양성 확보를 위해 2020년 1월 자본시장법의 개정을 통하여 일명 '여성 임원 할당제'가 신설됐고, '지배구조보고서' 공시는 2019년 유가증권시장의 상장법인 대상으로 의무화했다.

조 대표는 국내 기업의 지배구조를 투명하게 만들기 위한 핵심 과제로 "합리적인 의사결정구조와 이에 대한 통제 시스템 구축"을 꼽았다. 지배구조의 투명성을 증진시키기 위해서는 이사회의 독립성과 적정성을 확보하기 위해 노력해야 하고, 윤리경영과 내부통제 기능도 적절하게 작용해야 한다는 주장이다. 기업 총수 일가의 횡령과 배임 등에 대한 이슈, 경영진의 모럴해저드(도덕적 해이) 같은 부정적 이슈들이 기업의 지배구조에 대한 외부 이해관계자들의 회의를 증폭시키고 있어 이에 대한 통제 수단을 두는 것도 필요하다.

그는 "다만 균형과 견제를 너무 강조하다 보면 이사회의 독립성이 최우선시돼 전문성은 간과될 수 있다는 점도 명심해야 한다. 기업의 생존과 성장을 고민하는 전문가 집단 이사회의 구성은 절대 간과돼서는 안 된다"고 덧붙였다.

일각에선 보여주기식 ESG 경영에 대한 우려도 제기된다.

변화하는 ESG 트렌드에 대응하기 위해 일부 기업들이 '대외적인 ESG 경영 선언', '산업별 특화된 이니셔티브(Initiative)' 가입을 통하여 보여주기식 ESG 경영을 하고 있다는 것이다. 이에 대해 조 대표는 "기업의 생존전략과 맞닿아 있는 ESG 경영의 방향 정립이 중요하다. 또한 기업의 ESG 순위 세우기에 관심을 덜 가질 필요도 있다. 이를 통해 기업의 부담도 경감되고, 기업이 ESG 경영을 하기에 우호적인 환경을 조성해줄 수 있기 때문"이라 강조했다. 기업의 생존과 번영을 위해 ESG가 왜 필요한가에 대한 경영진과 임직원의 심도 있는 고민이 선행돼야 하고, 소비자(제품과 서비스의 수요 공급자들 포함)와 투자자들의 인식변화가 기업들의 선택을 강제할 수도 있다.

조 대표가 스스로 생각하는 ESG에 대한 표현 중 하나는 'ESG란 기업의 3C에 대한 이해를 돕는 도구'라는 것이다. 3C는 커뮤니케이션, 컬처, 컬러다. 기업의 소통은 문화를 만들고, 문화는 기업의 독특한 색깔이라고 설명한다. 대신경제연구소의 핵심 경쟁력은 다양한 인적구성원 상호 간의 시너지 효과 발휘와 집단지성을 통한 문제해결 능력이다. 인재들이 편안한 근무환경에서 자신의 역량을 충분히 발휘할 수 있는 방법을 고민하고 있다.

사진제공=환경재단

ESG 인사이트 10

사이먼 스미스 주한영국대사

탄소중립으로 가는 여정에서
사실 우리가 모르는 방법은 없다

탄소중립에 헌신한다면
소비자와 투자자들이 먼저 알아볼 것

"탄소중립으로 가는 여정에서 사실 우리가 모르는 방법은 없습니다. 기업들이 새롭게 결정해야 하는 것들이 아닙니다. 이미 존재하는 여정을 두고 충분히 결정할 수 있는 것입니다."

사이먼 스미스 영국대사는 2021년 5월 13일 '매일경제 · 환경재단 ESG 리더십 과정'에 강연자로 나서 기업 관계자들에게 탄소중립에 대한 영국 정부의 입장을 전했다.

스미스 대사는 영국 정부가 진행한 탄소 배출 저감 정책을 구체적으로 설명했다. 먼저 2021년 11월 영국 스코틀랜드 글래스고에서 열리는 제26차 유엔기후변화협약(UNFCCC) 당사

국총회(COP26)의 의장국으로 영국의 역할 과목표를 언급했다. 스미스 대사는 "COP26은 지금까지 국제사회가 공약한 많은 것들을 달성하고 있는지 점검하는 회의가 될 것"이라며 "영국 정부의 목표는 2050년까지 이산화탄소 510억t을 없애 넷제로(Net zero · 탄소중립)를 달성하고 재출발하는 것"이라고 강조했다. 이어 "살아가는 방식이나 관행을 어떻게 바꿀지, 정부와 재계의 방식이 탄소 저감을 위해 어떻게 이뤄져야 하는지가 탄소중립 목표에 포함돼 있다"며 "온 세계가 경쟁사회에 살고 있지만 기후변화 같은 목표의 성공을 위해서는 협력이 필요하다"고 덧붙였다.

COP26에서는 2015년 프랑스 파리에서 열린 제21차 UNFCCC 당사국총회(COP21)에서 처음으로 공식화한 '지구 기온변화 1.5℃'에 대한 중간평가가 이뤄질 것이라는 점을 지적했다. COP21에서 197개 회원국은 지구의 평균 온도 상승 폭을 산업화 이전(1850~1900년)의 2℃ 아래로 유지하고, 1.5℃로 제한하도록 노력한다는 내용의 파리기후협약을 승인하고 탄소 저감 정책에 나서왔다.

스미스 대사는 "빨리 움직이지 않으면 1.5℃로 제한한다는 것 자체가 무너질 수 있다"며 우려했다. 그는 탄소 저감을 위해 기업들의 노력이 중요하다는 점도 강조했다. 특히 회사가 설립 이후 배출한 모든 이산화탄소를 거두겠다고 발표한 마이크로소프트(MS)와 2050년까지 넷제로를 선언

英 초기부터 금융기관이
환경을 착취해 돈 버는 기업에 투자 거부

한 포스코를 예로 들며 기업이 주도하는 기후변화 대응을 긍정적으로 평가했다.

국가적 우수 사례로는 일본을 꼽았다. 정부 주도로 탄소중립 목표 달성에 나서고 있는 여느 국가와 달리 기업들이 정부에 적극적인 대응을 요구하는 형태가 독특하다는 점을 강조했다. 스미스 대사는 앞서 넷제로 선언을 마친 영국 정부 입장에서 한국 정부의 탄소 저감 움직임도 긍정적으로 평가하면서도 속도를 낼 필요가 있다는 점을 강조했다. 스미스 대사는 "2020년 말 한국 정부도 2050년까지 넷제로 목표를 맞추겠다는 공약을 내세웠지만 목표 설정은 시작에 불과하다"며 "방향도 중요하지만 속도가 느리면 지는 싸움이나 다름없다"고 조속한 정책 진행의 중요성을 강조했다.

스미스 대사는 이날 강연에 참석한 기업인들에게 "넷제로에 진심으로 헌신한다면 소비자와 투자자들이 먼저 알아볼 것"이라며 "그들은 기업에게 지속적으로 탄소 저감에 대한 증거를 요구하게 될 것"이라고 행동을 요청했다.

탄소중립 정책 추진을 통한 많은 변화에서 기회를 얻을 수 있다는 점도 덧붙였다. 스미스 대사는 "재난과 같은 나쁜 일이 생길 것이라는 얘기를 하고자 하는 것이 아니다"라며 "빠른 행동을 취한다면 새로운 기회가 혁신을 가속화할 거라고 얘기하고 싶다"고 말했다.

특히 재생에너지의 가격 경쟁력 확보가 조속히 이뤄져야 한다는 점을 강조하면서 더 많은 투자 유치가 필요하다는 점을 언급했다. 스미스 대사는 "탄소 중립성에 대한 영국 정부의 비전에 수소가 큰 역할을 할 것"이라며 "수소에너지가 저렴하게 생산될 수 있는 다양한 방정식이 수정돼야 하며, 이를 위해 더 많은 투자 유치가 이뤄져야 선순환 구조를 만들 수 있다"고 전했다.

스미스 대사는 "넷제로는 선택의 문제가 아니며 이제 반드시 해야 하는 의무가 됐다"며 "지금 진행되는 속도보다 더 빠르게 진행돼야 극단적인 기후가 가져올 재난에서 우리를 보호할 수 있을 것"이라고 강조했다.

스미스 대사는 "처음 한국 왔을 때와 비교하면 재생에너지에 관한 언급들의 온도 차가 생겼다"며 "특히 풍력이나 태양열에 대해서 한국인들의 부정적인 시각이 많았지만 이제 어느 정도 학습이 된 것 같고, 예전에는 불가능했던 부분이 기술 발전에 의해 가능한 부분으로 전환되면서 긍정적인 태도로 바뀌어가는 것을 느꼈다"고 말했다.

영국과 유럽연합(EU)이 아시아 국가들에 비해 기후변화에 대한 대응이 빨랐던 이유에 대해 스미스 대사는 "영국은 국민들이 이산화탄소 문제에 대해 거의 30년간 확고하게 진보적인 태도를 유지해왔다"며 "정권의 방향과 관계없이 기후변화에 급진적인 태도가 이어지면서 국가 전체를 설득하는 데 힘이 됐다"고 설명했다.

영국 금융감독당국이 초기부터 재계의 기후 관련 이슈에 관심을 가진 점도 긍정적으로 평가했다. 스미스 대사는 "초기부터 은행 등 금융기관이 기후와 관련해 악영향을 가져올 수 있는 기술을 활용해 악의적으로 착취해 돈을 벌고 있는 기업에 대해 투자를 거부하는 움직임을 보였다"며 "기후변화 문제에 대응하는 속도가 빨랐던 점이 재계를 움직이게 하는 원동력이 됐다"고 말했다.

지속가능경영보고서
어떻게 작성하나

코스피 상장사 2025년부터 지속가능경영보고서 공시
〈자산 2조원 이상〉
홍보 아닌 기업의 경영전략 관점에서 접근해야

정세우 THE CSR 대표

ESG(환경 · 사회적 책임 · 투명경영) 공시 의무화가 예정됐다. 자산 2조원 이상 코스피 상장사는 2025년부터 환경(E)과 사회적 책임활동(S)을 포함한 지속가능경영보고서를 공시해야 한다. 2030년엔 모든 코스피 상장사로 확대 적용된다. 기업지배구조보고서(G)는 2019년부터 자산 2조원 이상 코스피 상장사에 공시 의무가 부과됐다. 2022년 1조원, 2024년 5000억원 이상, 2026년에는 전체 코스피 상장사로 확대된다.

지속가능보고서 작성의 국제 표준은 GRI(Global Reporting Initiative)다. GRI는 지속가능경영보고서에 대한 가이드라인을 제시하는 비영리기구다. 1997년 미국 환경단체 CERES(Coalition for Environmentally Responsible Economies)와 UNEP(유엔환경계획) 주도로 설립됐다. GRI 핵심은 지속가능성 보고 표준이다. 2016년 GRI는 최초의 글로벌 지속가능 보고 표준인 GRI스탠더드를 제시했다. GRI스탠더드는 경제 6개 주제, 환경 8개 주제, 사회 19개 주제 등을 제시한다. 현재 전 세계에서 1만5000곳이 넘는 조직이 GRI 가이드라인에 따라 지속가능경영보고서를 발간하고 있다.

지속가능경영보고서 컨설팅 회사인 더씨에스알(THE CSR) 정세우 대표는 "기업은 지속가능경영보고서를 통해 전사적 리스크관리 시스템을 보여줄 수 있어야 한다"고 강조했다.

예를 들어 윤리경영 보고 시 ▲윤리경영이 해당 회사에 왜 중요한지 ▲중장기적으로 지향하는 목표와 이를 실천하기 위한 경영 시스템은 어떻게 가동되고 있는지 ▲윤리경영 활동 결과와 향후 개선점 등에 대한 정보가 지속가능경영보고서를 통해 전달돼야 한다.

이같은 방식으로 윤리 · 환경 · 안전경영 · R&D 등 ESG 경영의 제반 이슈들을 경영 시스템에 공개할 수 있다면 투자자와 이해관계자는 기업을 신뢰할 수 있게 된다.

정 대표는 "지속가능한 비즈니스 모델로의 혁신 차원에서 중장기적 성장에 대한 비전을 제시할 수 있어야 한다"며 "〈지속가능보고서〉엔 기후변화, 물 부족, 친환경 소비 트렌드 확산 등 시장 흐름을 읽고, 비즈니스 기회로 승화시키려는 노력이 드러나야한다"고 설명했다.

기업은 지속가능경영보고서를 통해 투자자에게 비즈니스 방향성이 어디를 향하는지 제시할 수 있

지속가능경영보고서 작성 절차

1	주제 선정
2	보고 기획
3	내용 작성
4	내용 검증
5	대외 공개

주제 선정 절차

경영 기초자료 수집 및 검토 **1**	**2** 국내외 ESG 동향 분석
중요 주제 선정 **4**	**3** 이해관계자 의견 수렴

출처=한국거래소

어야 한다는 얘기다.

정세우 대표는 "투자자나 다른 이해관계자와 어떻게 관계를 맺고, 그들의 기대와 의견을 경영에 반영해 가는지도 보고서에 담겨야 한다"고 전했다.

그는 "지난 10년간 지속가능경영보고서에 대한 비판적 시각이 늘 존재해왔다"며 "기업이 당면한 지속가능성 이슈가 전략적 실행보다는 홍보 관점이 강한 경우 비판은 언제나 제기될 수 있다"고 말했다.

정 대표는 ESG 시대 지속가능경영보고서는 경영 전략 관점에서 접근하라고 제언했다. 기업의 진정성은 ESG 이슈에 대한 위험관리(Risk Management), 가치창출(Value Creation), 이해관계자 관여(Stakeholder Engagement) 차원에서 기업이 리스크를 예방하고, 미래가치를 창출해 가는 일련의 활동을 이해관계자와 함께해 나가는 경영 전략을 표현함으로써 드러날 수 있다.

더씨에스알은 지속가능경영에 특화된 컨설팅회사다. 보고서 발간(Reporting)을 중심으로, ESG 경영전략(Strategy), ESG 평가 대응(Analytics) 3대 주력 분야에 대한 통합컨설팅 서비스를 제공하고 있다. 지속가능경영보고서 리포팅 전문가 과정과 THE CSR 비즈니스 포럼 등 지속가능경영 저변 확대에도 힘쓰고 있다. 주요 고객사는 하나금융그룹, 신한금융투자, 한국투자증권, 대신증권, 한국교직원공제회 등 금융회사들과 SK하이닉스, GS건설, LG디스플레이, CJ, 포스코건설, 현대엔지니어링, 만도 등이다.

ESG 정보 어디서 얻으면 좋을까

매일경제 ESG 홈페이지

esg.mk.co.kr

ESG 우수 경영 사례와 ESG 뉴스를 소개하는 ESG 전문 온라인 플랫폼이다. ESG 연구기관과 증권사, 자산운용사 등의 ESG 보고서도 게재하고 있다.

지속가능발전소

www.whosgood.org

2014년 설립한 지속가능발전소(WHO'S GOOD)는 국내외 11건의 특허를 보유한 아시아 최초의 AI(인공지능) 기반 ESG 평가기관이자, 국내 유일의 기업 지속가능성 신용평가 모델(Sustainability Credit Bureau · SCB)을 보유한 혁신 핀테크 스타트업이다.

사회적가치연구원

www.cses.re.kr

SK그룹의 사회적가치 전문 연구 조직이다. 기업이 창출하는 사회적 가치 측정 지표를 만들고 작업 성과를 계량화하는 작업을 전담하고 있다.

서스틴베스트

www.sustinvest.com

연기금을 비롯한 기관 고객사에 ESG 분석과 운용전략을 자문하는 ESG 전문 리서치 회사다.

한국기업지배구조원

www.cgs.kr/main/main.jsp

자본시장 발전을 위한 주요 기준(Code)을 제 · 개정하고 이의 활성화를 위한 ESG 평가, 의안 분석 서비스, 정책 연구 등을 제공하는 기관이다.

서스테널리틱스

www.sustainalytics.com

기업의 ESG 리스크 평가 및 리서치 등에서 전문성을 갖고 있는 ESG 평가기관이다. 2020년 글로벌 펀드 평가회사 모닝스타에 인수됐다. 모닝스타는 서스테널리틱스의 ESG 평가 방법론을 활용해 펀드, 주식, 자산 분석에 ESG 요소를 통합하고 있다.

MSCI

www.msci.com/research/esg-research

ESG 영역별 10개 주제, 35개 핵심이슈를 평가해 AAA~CCC 7개 등급으로 평가 결과를 부여한다. 거버넌스 평가에 가중치가 부여되며, 전체 평가 등급 외에 ESG 영역별 등급도 별도로 부여한다.

S&P글로벌

www.spglobal.com

S&P글로벌은 2019년 12월 스위스 지속가능경영 평가사인 로베코샘의 ESG 평가사업을 인수했다. 2020년 5월 S&P 글로벌 ESG 스코어 서비스를 출시했다.

렙리스크

www.reprisk.com/news-research#reports

1998년 설립된 ESG 데이터 평가기관이다. 인공지능 등을 활용해 전 세계 15만 개 이상의 기업 ESG 리스크를 분석한다.

트루밸류랩스

www.truvaluelabs.com/

AI기반 데이터 리서치 업체다. 2020년 10월 기업 데이터 플랫폼 회사인 팩트셋에 인수된 바 있다.

글로벌지속가능투자연합(GSIA)

www.gsi-alliance.org/

2014년 유럽, 호주, 캐나다, 영국, 미국, 일본, 네덜란드의 투자기관들이 함께 설립한 조직이다. GSIA는 ESG 투자 방법론을 7가지 부문으로 구분해 제시한다.

지속가능성회계위원회(SASB)

www.sasb.org/

미국 증권거래위원회(SEC)에 보고하는 비재무정보 공시기준을 마련하기 위해 설립된 회계위원회다. 2018년 77개 산업별 지속가능성 보고 표준을 발표했으며, 각 산업별 중대이슈에 관한 정보 공개를 요구하고 있다.

기후관련 재무정보공개 태스크포스(TCFD)

www.fsb-tcfd.org/

TCFD는 기후변화가 미치는 기업의 재무적 영향 공개 기준을 만들기 위해 G20 재무장관과 중앙은행 총재들의 위임을 받은 금융안정위원회에서 발족한 태스크포스다. 기후변화를 통해 발생할 수 있는 리스크·기회를 식별하고, 그에 따른 재무적 영향을 기재할 것을 권고하고 있다.

글로벌보고이니셔티브(GRI)

www.globalreporting.org/

기업의 지속가능경영보고서에 대한 가이드라인을 제시하는 비영리기구다. GRI스탠더드는 경제 분야 6개 주제, 환경 분야 8개 주제, 사회 분야 19개 주제 등 주제별 영향 보고를 위한 세부지침과 글로벌 우수 사례를 제시한다.

탄소정보공개프로젝트(CDP)

www.cdp.net/

2000년 영국에서 설립된 국제 비영리기구다. 전 세계 9600여 개 기업의 기후변화 대응 등 환경 경영 관련 공시를 분석해 투자자 등에게 제공한다. 매년 발표되는 CDP 평가 결과는 금융기관들의 ESG 투자 의사결정 과정에서 참고자료로 활용된다.

Climate Action 100+

www.climateaction100.org/

파리기후변화협약 달성을 위해 2017년 결성된 글로벌 투자자 이니셔티브다. 블랙록 등 545개 이상 투자자들이 협력하기로 서명했다. Climate Action 100+의 투자자들은 기업들이 온실가스 배출량을 억제하고, 기후 관련 금융 공시를 강화할 것을 요구하고 있다.

매일경제신문사

황인혁 증권부장
성균관대 무역학과 졸업, 연세대 경제대학원 석사. 1997년부터 매일경제에서 지식부, 산업부, 경제부, 금융부, 사회부를 거쳐 2015~2018년 뉴욕특파원 역임. 사회부장, 디지털테크부장을 역임한 뒤 증권부장을 맡고 있으며 ESG사무국 관할.

강계만 증권부 차장
고려대 경영학과 졸업, 한양대 언론정보대학원 석사. 한화증권을 거쳐 2003년 매일경제 입사. 증권부, 사회부, 정치부, 경제부, 산업부 등에서 취재. 현재 워싱턴특파원으로 활동.

정승환 재계·ESG 전문기자
서강대 경영학과 졸업, 캘리포니아대 샌디에이고캠퍼스(UCSD) 국제관계학 석사. 미래에셋증권을 거쳐 2004년부터 매일경제 유통경제부, 사회부, 산업부, 증권부 등에서 취재.

권한울 부동산부 기자
숙명여대 언론정보학부에서 정보방송학·경제학 전공, 동 대학원에서 미디어학 석사 수료. 2010년 매일경제에 입사해 증권부, 콘텐츠기획부, 중소기업부, 부동산부 등에서 취재.

송광섭 산업부 기자
동국대 신문방송학과 졸업. 2012년 더벨을 거쳐 2015년 매일경제에 입사. 증권부 IB팀과 사회부 법조팀을 거쳐 현재 산업부 재계팀 기자로 활동.

박창영 증권부 기자
연세대 경영학과 졸업. 2014년 매일경제에 입사해 사회부, 문화부, 산업부에서 근무. 2020년부터 증권부 IB팀에서 M&A 이슈와 회계법인 등 담당.

이용익 디지털테크부 기자

연세대 신문방송학과 졸업. 2014년 매일경제에 입사해 정치부, 스포츠부, 디지털테크부 등을 거쳤고 현재 게임업계 등 IT산업을 취재.

박대의 유통경제부 기자

일본 게이오대 상학부 졸업. 2015년 매일경제에 입사해 사회부, 국제부에서 근무했고 현재 유통경제부에서 유통업계 전반을 취재.

김유신 금융부 기자

고려대 경영학과 졸업. 뱅크오브아메리카(BOA) 한국지사를 거쳐 2017년 매일경제에 입사. 지식부, 사회부를 거친 뒤 현재 금융부에서 근무.

이종화 벤처과학부 기자

연세대 경제학과 졸업. 2019년 매일경제에 입사해 벤처과학부에서 중소기업 업계와 여러 과학 이슈를 함께 취재.

매경LUXMEN

김병수 부장

고려대 사회학과 졸업, 고려대 국제대학원 석사. 2000년부터 매경이코노미에서 IT, 산업, 거시경제 등을 두루 취재. 2017년부터 경제월간지 〈매경LUXMEN〉에서 취재 팀장을 맡고 있음.

박지훈 기자

서강대 법학·신문방송학 전공. 2010년부터 〈매경LUXMEN〉에서 경제, 금융, 증권, IT 등 다양한 분야의 현장을 누비고 있음.

이것이 ESG다

초판 1쇄 2021년 7월 9일
초판 3쇄 2021년 11월 15일

지은이 매일경제 ESG팀
펴낸이 서정희
펴낸곳 매경출판㈜
마케팅 강윤현 이진희 장하라
디자인 김보현 김신아 이은설

매경출판㈜

등록 2003년 4월 24일(No. 2-3759)
주소 (04557) 서울시 중구 충무로 2(필동1가) 매일경제 별관 2층 매경출판㈜
홈페이지 www.mkbook.co.kr
전화 02)2000-2632(기획편집) 02)2000-2636(마케팅) 02)2000-2606(구입 문의)
팩스 02)2000-2609 **이메일** publish@mk.co.kr
인쇄 · 제본 ㈜M-print 031)8071-0961
ISBN 979-11-6484-298-8(03320)

책값은 뒤표지에 있습니다.
파본은 구입하신 서점에서 교환해 드립니다.